소멸하지
 않는
도시

일러두기

- 지명·기관명 등은 공공 기관과 주요 언론에서 통용되는 표기를 따랐으며, 외국 지명이나 원문 등의 영문 표기는 본문의 가독성을 고려해 최소한으로 병기하였습니다.
- 외래어 및 전문 용어의 표기는 국립국어원의 외래어 표기법과 관련 전문 학회의 용어집을 기준으로 통일하였습니다.
- 본문의 이해를 돕기 위한 간단한 설명은 각주로, 보다 자세한 출처나 인용 자료는 미주로 정리하였습니다.

경신원 지음

소멸하지 않는 도시

축소의 시대, 세계 도시들은 어떻게 다시 살아났는가

머리말

축소 시대, 도시를 살리는 건 '매력'이다

우리는 지금 '축소의 시대'에 들어섰다. 한때 성장과 번영의 신화를 누리던 도시들이 인구 감소와 경제 침체로 흔들리고 있다. 이제 도시의 생존은 단순한 '성장'이 아니라, '얼마나 매력적인가'에 달려 있다.

한국도 예외가 아니다. 언론은 최근 몇 년간 지역 소멸과 축소 도시 문제를 지속적으로 다루고 있지만, '소멸'이나 '축소'라는 단어는 여전히 우리에게 낯설다. 성장에 익숙해온 한국 사회에서는 좀처럼 받아들이기 어려운 표현이기 때문이다.

나는 1970년대 초반에 태어나 한국의 고도 성장기를 몸소 경험했다. '빨리빨리'라는 구호 아래, 도시와 경제는 숨 가쁘게 팽창했다. 하지만 그 이면에서는 고령화와 인구 감소 또한 빠르게 진행되고 있었다. 최근 출생률이 소폭 반등했지만, 급격히 축소되는 도시 현실 앞에서는 미약한 변화일 뿐이다.

흔히 출생률 감소가 지역 소멸의 주된 원인이라고 생각하지만, 출생률이 높아진다고 해서 지역 소멸 문제가 저절로 해결되는 것은 아니다. 1970년대 한국은 인구 증가를 우려해 국가 차원의 출산 억제 정책을 펼쳤다. 그러나 농촌을 중심으로 한 지방의 많은 지역 인구는 더 나은 기회를 찾아 도시로 이동하면서 감소했다. 이는 곧 지역의 매력이 부족하면 인구 증가도 소멸을 막지 못한다는 사실을 보여준다.

더 큰 문제는 축소가 더 이상 지방의 일만이 아니라 대도시의 현실이 되고 있다는 점이다. 이는 단순히 인구가 줄어드는 현상이 아니라, 도시의 경제와 사회 구조 전체가 근본적으로 흔들리고 있음을 보여준다.

이런 변화는 한국만의 이야기가 아니다. 나는 영국에서 박사 과정을 밟으며, 탈산업화로 제조업 기반을 잃은 도시들이 어떻게 쇠퇴해가는지를 목격했다. 활력을 잃은 도시는 건물과 도로 같은 물리적 인프라만 낡아지는 것이 아니라, 도시의 공동체 기반 자체가 무너질 수 있다는 사실을 그때 처음 깨달았다.

한국의 상황은 더욱 심각하다. 출산율은 경제협력개발기구OECD 최저 수준까지 떨어졌고, 특히 산업 기반이 약한 지방 중소도시는 수십 년 안에 인구의 절반 이상이 사라질 수 있다는 전망까지 나온다. 도시의 생존이 위협받고 있다는 것이다.

그러나 이것은 위기만은 아니다. 우리 도시를 재구상하고 변화시킬 수 있는 기회이기도 하다. 도시의 매력은 곧 회복의 가능성이기 때문이다. 매력이 없는 도시는 사람을 잃고, 매력이 있는 도시는 다시 사람을 끌어들인다. 축소의 시대에도 도시의 생명력은 매력에서 되살아날 수 있다.

이 책은 바로 그 지점에서 출발한다.

1부에서는 축소 도시의 개념과 원인, 그리고 한국의 현실을 살펴본다.

2부에서는 '매력적인 도시란 어떤 도시인가'라는 질문을 중심으로, 이론적 틀 속에서 탐구한다. 3부에서는 세계 여러 도시들이 어떻게 매력을 회복하고 창출했는지 구체적 사례를 통해 보여준다. 마지막 4부에서는 도시가 매력을 회복하고 지속 가능하게 나아가기 위한 5가지 전략을 제안한다.

    우리는 지금 새로운 전환점 앞에 서 있다. 축소의 위험 앞에서, 성장이 아닌 매력의 시대로 나아가야 한다. 이 책은 그 길을 모색하는 모든 도시와 사람들을 위한 이야기다.

2025년 가을
경신원

차례

5 　머리말 축소 시대, 도시를 살리는 건 '매력'이다

1부.
사라지는 사람들, 무너지는 도시

12 　1. 굴뚝 없는 도시의 탄생 탈산업화가 바꾼 도시의 구조
19 　2. 세계화 vs 탈세계화 교차점에 선 도시들
24 　3. 도시화는 어떻게 인구를 줄였는가 도시화와 출생률의 변화
30 　4. 사람의 이동, 도시의 흥망 인구 이동이 가져온 사회·경제적 변화
36 　5. 이주, 끝나지 않은 여정 농촌에서 도시로, 그 후
45 　6. 청년은 왜 도시를 떠나는가 일자리 부족과 삶의 질에 대한 갈증
53 　7. 그 많던 사람들은 어디로 갔을까 사람이 떠난 도시의 유휴 공간

2부.
매력적인 도시는 어떻게 만들어지는가

60 　8. 세계에서 가장 매력적인 도시들의 비밀 2024 레저넌스 랭킹
75 　9. 서울의 매력은 어디까지 왔는가 한류의 중심, 서울의 매력을 측정하다
81 　10. 도시 관찰자, 제인 제이콥스에게 배우다 매력적인 도시의 조건
96 　11. 세종시 vs 워싱턴 D.C. 제인 제이콥스의 시선을 통해 본 계획도시
113 　12. 창의적 인재가 모이는 도시의 조건 샌프란시스코의 사례로 배우다

3부.
쇠락에서 부활까지, 세계 도시의 재창조 프로젝트

- 126 13. 맥주로 재탄생한 부두 브리즈번 하워드 스미스 와프
- 139 14. 한 농부의 축제가 도시를 살리다 글래스턴베리 이야기
- 149 15. 회색 겨울도 황금자원이 된다 런던의 윈터 원더랜드
- 158 16. 힙스터들이 만든 트렌드 허브 쇼디치의 기적
- 165 17. 공동체와 예술의 합작 LA 아트 디스트릭트
- 174 18. 책으로 다시 태어난 마을 헤이온와이 책마을
- 182 19. 현대적인 맛을 더하다 런던과 LA의 전통시장
- 201 20. 발전소, 도시의 문화가 되다 배터시와 브리즈번의 재탄생

4부.
우리 도시가 매력을 되찾는 5가지 전략

- 230 21. '발견'하라 숨겨진 자산과 정체성 복원
- 236 22. '경험'하게 하라 감각과 기억이 머무는 공간
- 246 23. '함께' 만들게 하라 참여와 협력의 거버넌스
- 256 24. '자라나게' 하라 창의적 생태계 구축
- 264 25. '한계'를 디자인하라 제약을 가능성으로 바꾸기

- 271 맺음말 개발에서 재발견의 시대로
- 276 미주
- 283 참고문헌

사라지는 사람들, 무너지는 도시

1부.

1. 굴뚝 없는 도시의 탄생

탈산업화가 바꾼 도시의 구조

 탈산업화Deindustrialization란 경제가 성장하고 일정 수준에 도달했을 때 자연스럽게 나타나는 현상이다. 도시와 국가의 중심이 더 이상 공장과 제조업이 아니라, 서비스업·금융업·지식 산업·정보통신 산업 같은 고부가가치 산업으로 옮겨가는 과정이다.
 1970년대 후반부터 1990년대에 이르기까지 많은 선진국이 이런 변화를 겪었다. 그 배경에는 여러 요인이 있다. 기술의 발전, 인구 구조의 변화, 세계화와 국제 무역, 해외로의 생산 이전 등이 그것이다. 특히 기술이 발전하면서 생산 효율은 높아졌지만, 오히려 제조업 일자리는 줄어들었다. 탈산업화는 이렇게 고용과 산업 구조를 바꾸는 데 그치지 않고, 경제 전반과 사회 전체에까지 광범위한 영향을 미친다.

공장이 멈추자, 도시도 멈췄다: 러스트 벨트의 교훈

미국의 사례를 살펴보자. 미국의 탈산업화는 다른 선진국과 마찬가지로 1970년대 후반부터 본격적으로 시작되었다. 특히 북동부와 중서부의 산업 지역, 이른바 '러스트 벨트Rust Belt'에서 그 현상이 두드러졌다.

이 지역은 19세기와 20세기 초반 미국 산업화의 중심지로, 뉴욕, 피츠버그, 클리블랜드, 디트로이트, 시카고 등이 주요 도시였으며 철강, 자동차, 기계 등 중공업이 주요 산업이었다.

미국의 제조업은 1970년대부터 세계화, 기술 발전, 환경 규제 강화 등의 여러 복합적인 요인으로 쇠퇴가 촉진되었다. 특히 1979년부터 1982년까지 미국 연방준비제도Fed의 금리 인상은 달러 가치를 상승시켜 미국 제품의 수출 경쟁력을 약화시켰다. 이로 인해 많은 공장이 폐쇄되고 산업 시설이 녹슬어 가는 모습을 보이기 시작했다. '러스트 벨트'라는 명칭은 이러한 모습에서 유래했다.

미국에서 나타난 탈산업화의 주요 원인은 세계화와 국제 경쟁 심화에서 찾을 수 있다. 특히 일본은 우수한 품질의 자동차와 전자제품으로 미국 시장에서 경쟁 우의를 점하며, 미국 제조업체들에게 큰 압박을 가했다. 1970년대 초반 오일쇼크 이후 연비 좋은 일본 소형차는 미국 자동차 산업을 더욱 위기로 몰아넣었다.

한국과 대만 같은 신흥 공업국들도 값싼 노동력을 기반으로 섬유, 신발, 의류 등을 대량 수출하며 미국 제조업체들을 압박했다. 결국 많은 저숙련 제조업 공장은 임금과 규제가 덜한 해외로 생산기지를 옮길 수밖에 없었다. 이는 미국의 높은 인건비와 복지 비용, 그리고 강화된 환경 규제 등으로 인한 생산 비용 증가에 대응하기 위한 것이었다.

그 결과 제조업 중심의 도시들에 치명적인 영향을 미쳤다. 1969년부터 1996년 사이, 러스트 벨트 지역의 제조업 고용은 30% 이상 줄었다. 미국 평균 실업률은 1969년 3.5%에서 1982년에는 10%에 가까워졌다. 특히 중부와 동부의 중공업 도시들은 일자리와 인구가 동시에 빠져나가며 급격히 쇠퇴했다.

자동차 산업의 메카였던 디트로이트는 그 대표적 사례다. 1950년대 말부터 1980년대 초까지 제조업 일자리의 절반 가까이가 사라지면서, 인구는 1950년 185만 명에서 2010년 73만 명으로 줄었다. 특히 1970년대 한 해에만 30만 명 이상이 떠나갔다. 공장이 문을 닫자 인근 주거지와 상업지도 함께 무너져 내렸고, 빈 땅과 폐허가 된 건물이 도시 전경을 채웠다. 도심 공동화는 심화되었고, 결국 디트로이트는 2013년 파산을 선언하기에 이르렀다. 러스트 벨트의 경험은 도시의 경제구조가 제조업 하나에만 집중되었을 때, 도시가 얼마나 빠르게 붕괴할 수 있는지를 단적으로 보여준다.

최근 러스트 벨트 지역은 새로운 기술과 서비스 산업을 통해 다시 일어서려는 시도를 하고 있다. 디트로이트는 전기차와 자율주행차 기술의 중심지로 변모하고 있고, 피츠버그는 로봇공학과 의료 분야에서 새로운 가능성을 모색하고 있다. 러스트 벨트의 변화는 경제 산업 구조가 도시의 운명을 어떻게 바꾸는지 보여주는 생생한 사례다.

미국을 비롯한 서구 국가들은 탈산업화로 인해 제조업 중심 도시들의 사회적·경제적·물리적 쇠퇴를 경험했으며, 이에 대응하여 다양한 도시재생사업을 추진하고 있다. 대표적인 사례로 영국의 셰필드, 버밍엄, 맨체스

1900~1910년 건설 중인 디트로이트 패커드 10호 공장*

터, 프랑스의 릴, 그리고 독일의 루르 지역 등을 들 수 있다. 이 도시들의 전략에는 몇 가지 공통점이 있다. 경제 구조를 다각화하고, 기술 혁신과 스타트업을 지원하며, 문화·창조산업을 육성하고, 주민이 지속적으로 참여할 수 있는 기반을 만드는 것이다. 이러한 노력 덕분에 많은 도시들이 과거의 산업도시에서 문화관광도시, 혹은 첨단산업 중심지로 거듭나고 있다. 탈산업화는 단순히 산업이 무너지는 현상에 그치지 않는다. 도시의

* 패커드 자동차 회사Packard Motor Car Company는 1899년 설립되어 20세기 초반까지 미국을 대표하는 고급 자동차를 생산하였으며, 1950년대 후반 경영난으로 역사 속으로 사라졌다. (출처: Wikipedia Commons, Public Domain)

경제, 인구, 공간, 공동체를 한꺼번에 약화시키는 구조적 변화다. 미국 러스트 벨트의 사례는 그 파급력이 얼마나 크고 깊은지를 잘 보여준다. 한국은 산업화의 시기와 경로가 다르지만, 이 흐름에서 결코 자유로울 수 없다. 한국의 도시들은 지금, 이 위기를 어떤 방식으로 대응하고 있을까?

한국에도 러스트 벨트가 생겨나고 있다

선진국에 비해 산업화가 뒤늦게 시작된 우리나라는, 1990년대 후반부터 점차 탈산업화의 과정을 겪기 시작했다.

6·25 전쟁 이후 경제적 어려움을 극복하기 위해 1960년대 초반에는 경공업 중심의 산업화가 추진되었고, 정부 주도의 경제개발 5개년 계획을 통해 수출 주도형 공업화가 본격화되었다. 섬유·신발·가발 등 노동집약적 경공업이 성장하면서 서울과 부산 같은 주요 도시는 빠르게 팽창했고, 산업화에 따른 인구 집중 현상도 나타났다.

1970년대 중후반에는 산업 구조가 중화학공업으로 전환되며 본격적인 경제 성장이 이어졌다. 철강·조선·기계·전자·화학·비철금속 등 여섯 개 분야를 집중 육성하여 제조업의 부가가치를 높였고, 중화학공업 단지와 연계된 지역 개발도 활발히 진행되었다. 울산은 조선과 석유화학의 중심지로, 포항은 철강 산업의 거점으로, 창원은 기계 산업의 도시로 성장했다. 이들 도시는 산업화를 통해 인구와 경제 활동이 집중되며 현대적인 도시로 탈바꿈했다.

이러한 고도 성장은 1990년대 초반까지 이어졌고, 1996년에는 '부자국가 클럽'으로 불리는 OECD에 가입하는 성과를 이루었다. 그러나 1990년대 들어 세계화가 가속화되면서 한국의 노동집약적 산업은 경쟁력을 잃고 동남아시아와 중국 등으로 이전하기 시작했다. 이로 인해 제조업 고용 비중은 점차 줄었고, 한국 역시 선진국들이 먼저 겪었던 탈산업화 과정을 밟게 되었다. 글로벌 경쟁 심화와 산업 구조 변화는 한국의 제조업 중심 지역에 큰 충격을 주었다. 한때 철강·조선·기계·자동차 산업이 발달했던 포항, 울산, 구미, 창원, 군산 등은 경제 쇠퇴와 대규모 실업, 인구 유출을 겪으며 지역 경제의 공동화 현상이 심화되고 있다. 이 같은 흐름은 한국에도 일종의 '러스트 벨트'가 형성되고 있음을 보여준다.

1990년대 이후 한국의 산업 구조는 크게 변했다. 제조업은 단순 생산에서 기술 집약적이고 고부가가치를 창출하는 첨단 산업으로 무게중심이 옮겨갔으며, 동시에 서비스 산업도 빠르게 성장했다. 특히 지식정보산업과 기업 대상의 전문 서비스업이 성장을 주도하고 있다. 정부는 이러한 변화를 통해 경제의 질적 성장과 경쟁력 강화를 꾀하고 있다.

우리나라의 탈산업화는 선진국과 마찬가지로 경제 발전 과정에서 나타나는 자연스러운 현상으로 볼 수 있다. 그러나 그로 인한 제조업 일자리 감소, 도시 쇠퇴, 지역 불균형 심화는 오늘날 우리가 직면한 중요한 과제가 되었다. 특히 전통적인 제조업 중심 도시들은 경제적 침체와 실업, 인구 유출로 기능이 약화되고 있으며, 이는 지역사회의 지속 가능성을 위협하고 있다.

더욱이 최근에는 인구 자연감소까지 가속화되면서 일부 도시들은 인구 절벽의 위기에 놓여 있다. 이러한 복합적 문제를 해결하기 위해서는 보다 혁신적이고 포괄적인 접근이 필요하다. 도시의 매력을 높이고 활력을 되찾기 위해, 사람과 자본을 유치할 수 있는 새로운 전략을 마련해야 한다. 각 도시가 지속 가능한 성장의 길을 찾고, 주민들에게 더 나은 삶의 질을 제공할 수 있도록 해야 할 것이다.

2. 세계화 vs 탈세계화

교차점에 선 도시들

도시 분야에 관심 있는 이들이라면 사스키아 사센Saskia Sassen 교수의 저서 《세계도시The Global City: New York, London, Tokyo》를 한 번쯤 들어봤을 것이다. 사센 교수는 이 책에서 탈산업화와 세계화가 현대 도시 발전에 어떤 영향을 미쳤는지를 설득력 있게 설명한다.

세계화로 인한 글로벌 경제 네트워크의 재편은 경제 활동의 중심축을 크게 흔들었다. 과거에는 특정 국가 중심의 전통적 경제 구조가 일반적이었다면, 이제는 뉴욕·런던·도쿄와 같은 '글로벌 도시'가 그 역할을 이끌고 있다. 최근에는 아시아를 포함한 다양한 도시들이 글로벌 도시 네트워크에 편입되면서, 이 네트워크는 더욱 다층적이고 복합적인 구조로 재편되었다. 글로벌 도시들은 상호 의존하며 긴밀하게 협력하고 있어, 한 도시의 금융 결정이 곧바로 다른 도시의 경제에 영향을 미치는 특징을 지닌다.

이들 글로벌 도시는 국제 금융의 중심지로 기능할 뿐 아니라, 고급 생산자 서비스와 다국적 기업 본사가 집중되어 있다. 산업과 문화가 융합되며 세계총생산GWP에 큰 영향을 미치고 있으며, 자본·정보·서비스는 이 네트워크를 통해 국경을 넘어 자유롭게 이동한다.

그러나 글로벌 도시 네트워크의 형성이 모든 도시에 균등한 기회를 제공하는 것은 아니다. 일부 도시는 혁신과 성장의 기회를 잡았지만, 다른 도시는 구조적 쇠퇴에 직면했다. 특히 전통적인 제조업 중심 도시는 디지털 전환과 서비스 경제 확대라는 새로운 산업구조 변화에 적응하지 못하면서 어려움에 빠졌다. 앞서 '탈산업화가 도시에 미친 영향'에서 살펴본 것처럼, 이들 도시에서는 산업 클러스터 붕괴, 일자리 감소, 젊은 층과 전문 인력의 유출로 인한 인적 자본 약화가 나타났다.

이 같은 변화는 1995년 세계무역기구WTO의 출범 이후 본격화된 글로벌 생산 분업화와 밀접히 관련되어 있다. 관세 장벽 완화와 무역 자유화는 기업들로 하여금 생산 공정을 비용 효율성과 전략적 접근성에 따라 지역별로 분할하도록 만들었다. 예컨대 자동차 산업은 독일과 일본에서 설계·연구개발R&D이 이루어지고, 멕시코와 동유럽에서 조립이 이뤄지는 식으로 역할이 나뉘었다. 이는 곧 저임금 국가에 대한 의존성 강화를 의미했다.

더욱이 정보통신기술ICT의 발전으로 생산 공정을 원격 관리할 수 있게 되면서, 기업들은 연구개발이나 디자인 같은 핵심 역량을 제외한 분야를 과감히 아웃소싱하기 시작했다. 다국적 기업들이 노동집약적 공정을 저임금 국가로 이전하면서 글로벌 생산 네트워크는 새롭게 짜였다.

선진국은 기획이나 연구개발 같은 고부가가치 영역에 집중하고, 부품 생산과 조립 같은 공정은 개발도상국으로 옮겨 계층적 분업 체계를 더욱 공고히 한 것이다. 이 과정에서 일부 제조업 도시는 글로벌 공급망에서 점차 배제되며 경제적 기반을 상실했다.

그러나 세계화 흐름의 정점에서 최근에는 또 다른 변화, 즉 '탈세계화 Deglobalization'가 빠르게 부상하고 있다. 경제·정치적 불확실성, 미·중 무역 갈등, 코로나19 팬데믹, 글로벌 공급망 충격, 러시아-우크라이나 전쟁 등은 초국가적 협력보다는 자국·지역 중심의 산업 전략을 강화시켰다. 생산기지 회귀, 공급망 다변화, 기술·자본·정보의 보호주의가 강하게 촉진되면서, 그동안 세계화의 엔진이었던 도시 네트워크의 유연성과 연결성은 흔들리고 있다. 글로벌 도시의 성장 공식 자체가 재검토되는 상황에 이르렀다. 탈세계화의 흐름은 세계 도시에 몇 가지 주요한 변화를 가져온다.

- 외부 의존적 성장 모델의 한계와 리스크 인식 확대
- 지역산업·자산·커뮤니티 중심의 내생적 성장 전략 부각
- 투자·인재·기술의 본국 회귀, 블록화와 지역 연계 가속화
- 글로벌 공급망 충격에 대응한 복원력 강화

즉, 앞으로의 도시는 세계화의 기회와 위험, 그리고 탈세계화라는 새로운 도전 사이에서 내·외부 균형과 지속 가능한 경쟁력을 동시에 고민해야 하는 시대적 전환점에 서 있다.

글로벌 공급망 재편, 한국 도시의 위기

글로벌 가치사슬의 재편은 한국의 주요 산업도시에도 큰 변화를 가져왔다. 1990년대 이후 중국과 동남아시아가 급속히 성장하면서 산업단지의

기능 자체가 근본적으로 달라졌다. 김영삼 정부(1992~1997년)의 세계화 정책은 기업의 해외 직접 투자를 적극 장려했고, 이에 따라 중소 규모 조립공장의 해외 이전이 빠르게 진행되었다. 이 과정에서 국내 산업단지는 새로운 역할을 모색하게 되었다.

한국의 전통 제조업 도시인 울산과 포항의 중공업 기업들은 값싼 노동력과 시장 접근성을 확보하기 위해 중국으로 생산 기지를 옮겼다. 창원의 IT 부품 기업들 또한 동남아시아 현지 법인과 분업 체계를 구축해 반도체 장비 부품을 수출하고 완제품을 재수입하는 '크로스보더Cross-Border 생산 모델'을 정착시켰다. 이처럼 생산기지가 해외로 이동하고 분업이 심화되면서, 국내 산업단지는 연구개발, 기술 표준화, 품질 관리, 고부가가치 제품 생산에 집중하는 방향으로 기능이 바뀌었다.

1990년대 후반 조성된 광주 첨단국가산업단지나 서울 디지털산업단지(G밸리)는 이러한 변화 속에서 기존의 생산 중심 산업단지와 달리 산·학·연(산업계와 학계와 연구 분야를 아울러 이르는 말)이 결합된 복합 클러스터로 자리 잡았다. 그러나 중소 규모 조립공장의 해외 이전은 군산이나 포항 등의 전통적 제조업 도시의 생산 기반을 크게 약화시켰고, 이는 곧 지역 경제 쇠퇴로 직결되었다. 더구나 민간 주도의 경제 체제로의 전환되면서 대기업의 연구개발 센터가 수도권에 집중되었고, 지방 공업도시는 기술 경쟁력 약화와 청년층 유출이라는 이중고를 겪게 되었다. 그 결과 수도권과 비수도권 간의 격차는 더욱 커졌고, 이는 지금까지도 지역 경제 불균형의 주요 원인으로 남아 있다.

세계화로 자본과 인력이 자유롭게 이동하면서 도시 간 경쟁은 한층 치열해졌다. 특히 '두뇌 유출' 현상이 심화되고 글로벌 기업들의 투자가 대도시에 집중되면서 도시 간 격차는 더욱 벌어졌다. 이로 인해 부와 노동의 양극화 같은 새로운 도시 문제가 대두되고 있다.

이러한 상황에서 '도시 경쟁력' 확보는 더욱 중요한 과제가 되었다. 도시가 글로벌 네트워크에서 소외되지 않고 지속적으로 성장하기 위해서는 새로운 산업과 기술 혁신을 수용하고, 우수한 인재를 유치하며, 글로벌 경제 네트워크에 적극 참여해야 한다.

최근에는 탈세계화 흐름까지 더해져 도시 경쟁력의 조건은 더욱 복합적으로 변하고 있다. 정책 결정자와 지역 리더들은 외부 자본과 인력을 끌어오는 데 그치지 않고, 자립적인 산업과 기술 생태계, 지역 공동체와 자원의 연계, 위기 대응과 복원력이 강화된 도시 구조를 마련해야 한다.

글로벌 공급망의 불확실성, 국제 정세 변화, 무역·기술 분쟁 같은 변수에 효과적으로 대응하기 위해서는, 도시가 고유의 정체성과 회복 탄력성을 기반으로 경제적·사회적 지속 가능성을 추구하는 전략이 필수적이다.

세계화는 도시 간 불균형 발전과 지역 격차를 심화시켰지만, 동시에 새로운 기회와 도전도 함께 제공했다. 결국 도시가 지속 가능한 발전을 이루려면 변화에 능동적으로 적응하며 경쟁력을 강화하는 노력이 무엇보다 필요하다.

3. 도시화는 어떻게 인구를 줄였는가

도시화와 출생률의 변화

 탈산업화와 세계화는 도시의 산업 구조와 공간적 배치를 크게 변화시켰다. 이러한 사회적·경제적 변화는 단순히 도시의 외형뿐만 아니라, 인구 구조와 출생률에도 깊은 영향을 미치고 있다.

 이러한 변화는 개인과 가족의 삶에도 뚜렷하게 드러났다. 내가 태어났던 1970년대 초반에는 '딸, 아들 구별 말고 둘만 낳아 잘 기르자'라는 구호가 전국 방방곡곡에 울려 퍼졌다. 지독한 가난의 굴레를 벗어나기 위해서 정부는 산아제한 정책을 적극적으로 실시했다.

 '딸, 아들 구별 말고'라는 문구는 당시 우리 사회에 남아선호 사상이 깊게 뿌리내리고 있어, 아들을 낳기 위해 출산을 반복하는 일이 흔했기 때문이다. 실제로 내가 어릴 적 살던 동네에는 '칠공주집'이라 불리는 집이 있었는데, 아들을 낳기 위해 딸을 일곱 명이나 낳았기 때문이다.

 '둘만 낳아 잘 기르자'는 구호는 1980년대에 이르러 '하나 낳아 젊게 살고, 좁은 땅 넓게 살자'로 바뀌었다. 1970년에 4.53명이었던 합계출산

1970년대 산아제한 가족계획 포스터(출처: 조선일보)

률*이 1980년에는 2.82명으로 급격히 하락했음에도 불구하고, 정부는 인구가 다시 증가할지도 모른다는 불안감에 따라 산아제한 정책에 더욱 박차를 가했다.

인구 증가에 대한 두려움은 우리나라 정부만의 것이 아니었다. 세계적인 진화생물학자인 폴 에얼릭Paul Ehrlich 박사는 1968년 《인구폭탄The

---

* 1983년 우리나라의 출산율은 2.06명으로, 인구대체율(현 인구 수준을 유지할 수 있는 합계 출산율의 수준)인 2.1명(OECD 및 UN의 기준) 이하로 떨어졌다.

Population Bomb》이라는 제목의 책을 출간했다.

이 책에서 그는 현대 의학과 과학기술 문명의 발달이 폭발적인 인구 증가를 초래하게 될 것이며, 결국 인류는 식량 부족 문제에 직면하게 될 것이라고 주장했다. 그의 주장은 세계은행을 비롯한 여러 국제기구가 인구 조절 프로그램을 실시하는 데 막대한 영향을 끼쳤다. 이로 인해 전 세계 많은 나라들이 인구 성장 억제 정책을 도입하게 되었다. 하지만 인구가 폭발적으로 증가할 것이라는 폴 에얼릭 박사의 우려와는 달리, 1970년대 이후 전 세계 인구의 증가 속도는 크게 둔화되고 있다. 인구의 증가 속도가 둔화될 뿐만 아니라, 오히려 인구 감소를 우려하는 국가들이 점차 늘어나고 있다.

도시계획전문가인 앨런 말라흐Alan Mallach 박사의 연구에 따르면, 1960년 전 세계 평균 합계출산율은 4.98명이었으나, 1980년에는 3.71명, 2018년에는 2.41명으로 감소했다. 이에 따라 전 세계 국가의 절반 정도가 대체출산율*보다 합계출산율**이 낮았다. UN(국제연합)은 2100년까지 세계 평균 합계출산율이 대체출산율 이하인 1.8명까지 떨어질 것으로 예측하고 있다.

UN의 인구 데이터를 보면, 유럽 국가들은 1960년대 이후 인구 성장률이 지속적으로 감소해 2010~2015년 기준 0.08%에 그쳤다. 동아시아의 신흥 발전국가들에서도 비슷한 경향이 나타나, 일본은 2010년부터 총인구가 감소하기 시작했으며, 대만과 홍콩은 2020년부터 자연 인구 감소 현상이 나타났다.

우리나라는 2021년 처음으로 총인구가 감소세로 전환되었고, 세계에서 가장 많은 인구를 보유하던 중국도 최근 출산율 저하와 고령화의 영향으로 인구 증가세가 둔화되고 있다.

　한편, 전 세계의 인구 증가율은 21세기 말에 이르러 거의 0%에 가까운 수준에 도달할 것으로 예측된다.

인구 감소, 억제 정책의 결과일까?

인구 감소는 인구 성장 억제 정책보다는 도시화의 결과로 볼 수 있다. 앨런 말라흐 박사는 이를 설명하기 위해, 1979년부터 2015년까지 '한 자녀 정책'을 시행한 중국의 사례를 들었다. 그는 세계은행의 인구 데이터를 통해, 중국의 출산율이 정부의 인구 증가 억제 정책이 시행되기 약 10년 전부터 이미 급격한 도시화와 함께 크게 감소하고 있었음을 보여주었다.

　도시화율이 70% 이상인 유럽의 선진국들과 약 40% 수준인 아프리카 개발도상국들을 비교해보자. 유럽은 대부분 합계출산율이 대체출산율을 크게 밑돌고 있다. 반면, 아프리카 국가들은 여전히 높은 출산율을 유지하고 있다.

　다만, 아프리카 내에서도 국가별 차이가 존재한다. 예를 들어, 도시화

---

*　대체출산율은 인구를 안정적으로 유지하기 위해 필요한 출산율이다. 선진국의 경우 일반적으로 2.1명인데, 부모 세대를 대체하기 위한 2명의 자녀와 사고에 대비한 0.1명을 포함한 수치이다.

**　합계출산율은 한 여성이 가임기간(15~49세) 동안 낳을 것으로 예상되는 평균 출생아 수를 의미하며, 연령별 출산율의 총합을 1,000으로 나눈 값이다. 2022년 기준, 국가별 합계출산율은 한국의 0.78명부터 니제르의 6.73명으로 다양하게 나타난다.

가 빠르게 진행되고 여성들의 교육 수준이 비교적 높은 남아프리카공화국은 다른 아프리카 국가들보다 출산율이 더 빠르게 감소하고 있다.

우리나라의 도시화와 출산율 변화를 살펴보자. 우리나라의 도시화율은 1955년 24.5%에서 급격히 상승하여 1970년에는 50.2%, 1990년에는 82.7%, 2010년에는 90.7%를 기록했고, 2021년에도 90.7%를 유지했다.

반면, 합계출산율은 1970년 4.53명에서 꾸준히 감소해 1990년에는 1.57명, 2010년에는 1.23명, 그리고 2021년에는 0.81명으로 크게 낮아졌다. 이는 도시화율이 높아질수록 출산율이 감소하는 경향을 잘 보여준다.

2024년 2월 통계청이 발표한 〈통계적 지역분류체계로 본 도시화 현황〉 자료에 따르면, 농촌 저밀도 지역이 도시 고밀도 지역에 비하여 합계출산율이 높은 것으로 나타났다. 이는 도시화가 진행되면서 출산율이 감

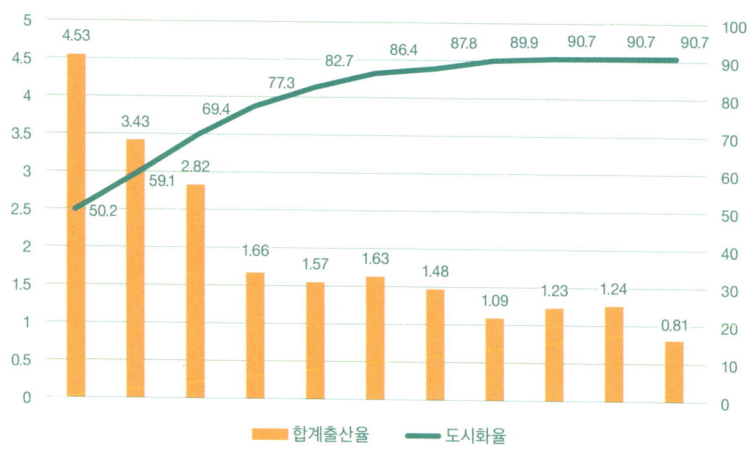

우리나라 합계출산율과 도시화율 추이(1970~2021년, 출처: 통계청)

소하는 경향을 보여주며, 이러한 현상은 많은 선진국에서도 공통적으로 관찰된다.

인구 감소는 다양한 요인들이 복합적으로 작용한 결과이다. 농어촌 인구의 대도시 이동, 여성들의 교육 수준 향상과 사회·경제 활동 참여 증가, 도시의 높은 주택 가격, 가치관과 라이프스타일의 변화, 그리고 부족한 사회 안전망 등이 주요 원인으로 꼽힌다. 이 모든 요인들이 중요한 역할을 하지만, 인구 감소의 근본적인 배경에는 도시화가 자리하고 있다고 볼 수 있다.

도시화는 사회 전반의 구조를 변화시키며, 앞서 언급한 다양한 요인들에도 깊은 영향을 미친다. 따라서 인구 감소 현상을 이해하려면 이러한 복합적인 요인들을 종합적으로 살펴보고, 특히 도시화의 광범위한 영향에 주목할 필요가 있다.

4. 사람의 이동, 도시의 흥망

인구 이동이 가져온 사회·경제적 변화

축소의 시대에서 가장 주목해야 할 점은 '인구 이동'으로 인한 도시 인구의 감소와 그로 인해 발생하는 도시 축소 현상이다.

우리나라의 도시화율*은 약 90%에 달한다. 도시화율은 한 국가의 전체 인구 중 도시에 거주하는 인구의 비율을 나타내는 지표다.

2024년 1월 말 기준, 행정안전부 주민등록인구통계에 따르면, 전체 인구(51,313,912명)의 대다수가 도시에 거주하고 있다. 이는 도시 인구 감소가 곧바로 도시의 축소로 이어질 가능성을 시사한다.

우리나라에서 인구의 자연 감소(지속적인 저출산으로 인해 출생보다 사망이 더 많은 현상)가 시작된 것은 2020년으로, 비교적 최근의 일이다. 따라서 지금까지 나타난 도시 인구의 감소는 인구의 자연 감소보다는 인구 이동에 따른 결과라고 볼 수 있다.

인구 감소와 인구 고령화는 우리나라뿐만 아니라 전 세계적으로 나타나는 현상이지만, 그 양상은 도시마다 상당한 차이를 보이고 있다. 인구 성장이 정체된 상황에서 인구 이동은 인구가 유출되는 도시와 유입되는 도시의 사회·경제·문화적 변화를 주도하며, 도시의 발전에 큰 영향을 미치게 된다. 이러한 이유로 각 지방자치단체는 더 많은 인구를 유치하기 위해 다양한 정책을 수립하고 시행하고 있다.

왜 사람들은 다른 도시로 이동할까?

인구의 이동은 교육, 직장, 보다 나은 환경 등 다양한 이유에서 발생한다. 인구학에서는 사람들이 거주지를 옮겨 얻는 이익이 이동에 드는 비용보다 크다고 판단될 때 이주를 결심하게 된다고 인구 이동을 설명하고 있다.

산업혁명이 일어났던 19세기 유럽 사회를 살펴보면, 유럽 각국의 인구는 급격하게 증가하였다. 산업혁명은 인구 증가와 더불어 도시의 성장을 가져왔고, 농촌 지역에 거주하던 많은 사람들이 도시로 이동하였다. 이러한 변화가 가장 활발히 나타났던 나라는 영국이었다. 1801년, 영국의 잉글랜드와 웨일스 지역에서 인구 2만 명 이상의 도시에 거주하는 비율은 17%에 불과했지만, 1891년에는 54%로 증가했다. 당시 영국(잉글랜드와 웨일스 지역)의 도시화율은 70% 이상으로, 유럽에서 가장 높았다. 동일 시기에 프랑스는 37%, 프러시아는 41%, 미국은 28%에 불과했다.

농촌 지역에서 농사만 짓던 사람들은 도시로 이주한 후, 초기에는 특

---

* 도시화율은 임의 국가의 전체 인구수에 비해서 도시에 살고 있는 사람이 어느 정도인가를 측정하는 지표다.

별한 기술이 없어 공장에서 단순 노동을 하며 임금 노동자로 생활해야 했다. 그러나 이들은 도시에서 새로운 기회를 찾고, 더 나은 미래에 대한 기대를 품으며 이주를 결정한 것이다.

하버드대학교의 도시 경제학자인 에드워드 글레이저 교수 또한 그의 저서 《도시의 승리Triumph of the City》에서, 사람들이 농촌에서 도시로 이동하는 주요 이유는 도시가 제공하는 새로운 기회 때문이라고 설명하였다. 그는 특히 빈곤 국가일수록 사람들이 도시로 몰려드는 현상을 강조하며, 이는 도시가 가난에서 벗어나 번영으로 나아갈 수 있는 가장 명확한 경로를 제공하기 때문이라고 분석했다.

"…전 세계의 빈곤 지역에서, 도시들은 엄청나게 확대되고 있다. 이는 밀집된 도시 공간이 빈곤에서 번영으로 나아갈 수 있는 가장 분명한 길을 제공하기 때문이다."

— 에드워드 글레이저, 《도시의 승리》[1]

이처럼 글레이저의 주장은 개인의 경제적 발전을 위해 농촌에서 도시로 이동을 결정하게 된다는 것을 뒷받침해준다.

우리나라도 6·25 전쟁 이후 많은 사람들이 농촌을 떠나 도시, 특히 서울로 몰려들었다. 1955년 24.5%에 불과했던 도시화율은 지속적으로 증가하여 1970년에는 50.2%로, 절반 이상의 인구가 도시에 거주하게 되었다. 이후 도시화율은 꾸준히 상승하여 1990년에는 82.7%, 2010년에는 90.7%, 그리고 2023년에는 92%에 도달하며, 대부분의 인구가 도시에

연령대별 수도권으로의 인구 순이동(출처: 통계청)

거주하고 있음을 보여준다.

현재 우리나라에서 나타나는 인구 이동의 특징은 지방 중소도시에서 수도권 지역으로, 특정 연령층에 집중되고 있다는 점이다. 2010년과 2020년 사이 수도권으로의 인구 이동을 연령대별로 비교해 보면, 20대에서 가장 많이 발생하고 있다. 수도권과 주요 대도시는 전국 평균보다 고령 인구 비율이 낮은 편이지만, 일부 군 지역은 청년 인구의 지속적인 유출과 고령화 심화로 인해 '지역 소멸'에 대한 우려가 커지고 있다.

2020년 기준 청년 인구의 지역별 분포를 살펴보면, 경기도 지역이 청년 인구 383만 명으로 가장 많고, 그다음으로 서울특별시(298만 명), 부산

광역시(86만 명), 인천광역시(82만 명), 경상남도(81만 명) 순으로 나타났다. 수도권 지역(서울, 경기, 인천)의 청년 인구 수가 그 외 지역의 청년 인구 수(평균)와 비교해 약 17배 정도 많은 것을 알 수 있다.

우리나라에서 지방 중소도시의 소멸 가능성에 대한 위기의식은 2014년 마스다 히로야의 책 《지방 소멸》이 국내에 소개되면서 본격적으로 제기되기 시작했다. 마스다 히로야는 향후 30년 이내에 '대도시만 생존하는 극점의 사회'가 올 것이라고 예측했다. 고용정보원의 이상호 박사는 2016년 마스다 히로야의 연구를 참고하여, 2014년 기준으로 79개의 기초자치단체(시·군·구)가 '지방 소멸'을 경험할 수 있다는 통계적 근거를 제시하였다.

일본이 겪고 있는 도쿄로의 인구 집중 현상과 그로 인한 지방 소멸 문제는 현재 우리나라에서도 유사하게 나타나고 있다. 우리나라의 지방

청년 인구 지역별 분포(2020년, 출처: 통계청)

중소도시들은 수도권으로의 인구 집중 현상에 따라 청년층 유출, 일자리 감소, 고령화 심화로 인해 지역 경제가 침체되고, 생활 수준과 생산 기능이 저하되는 악순환을 겪고 있다. 2023년 기준, 국토 면적의 약 12%에 불과한 수도권에 전체 인구의 절반 이상이 거주하고 있어, 비수도권 지역의 도시들은 빠르게 축소되거나 소멸될 위험에 처해 있다.

이처럼 인구 이동은 도시의 성장과 축소에 결정적인 역할을 해왔으며, 앞으로도 지역의 미래를 좌우할 핵심 변수임을 다시 한번 확인할 수 있다. 따라서 앞으로의 도시 정책은 단순한 인구 수치 변화만을 관리하는 것을 넘어서, 인구 이동이 가져올 사회적·경제적 결과까지 다각도로 예측하고 이에 대응하는 종합적인 정책 설계가 요구된다.

5. 이주, 끝나지 않은 여정

농촌에서 도시로, 그 후

우리나라의 인구 이동은 산업화와 함께 본격적으로 시작되었다. 인구 이동률(인구 100명당 이동자 수)은 1975년 25.5%로 최고점을 기록한 이후, 1988년 23.7%, 1998년 17.4%, 2015년 15.2%, 그리고 2023년 12%로 점차 감소하고 있다.

오른쪽의 표가 보여주는 바와 같이, 1980년대 후반 이후 우리나라 인구 이동의 총량과 이동률은 점진적인 감소세를 보이고 있지만, 미국과 일본에 비해 여전히 높은 수준이다. 특히 시도 간 이동률은 국가별 행정구역 단위의 규모 차이로 인해 직접적인 비교는 어렵지만, 단순 이동률 수치로만 살펴보면 2022년 현재 우리나라의 인구 이동률은 12%로, 8.2%인 미국과 3.9%인 일본에 비해 높은 편이다.

이러한 높은 이동률은 상대적으로 좁은 국토와 시도 간 이동 비율이 미국이나 일본보다 높기 때문으로 분석된다. 특히 시도를 벗어나는 이동률은 한국이 약 4%로, 미국과 일본의 약 1%보다 세 배가량 높은 수준이다.

지난 45년간(1975~2020년) 우리나라의 인구 변화를 살펴보면, 농촌 지역의 인구는 감소한 반면, 수도권과 대도시의 인구는 증가하는 뚜렷한 양상을 보였다.

인구가 가장 많이 줄어든 지역은 주로 농촌 지역으로, 전남 신안군이 78%의 감소율로 가장 큰 변화를 겪었다. 이어 경북 영양군(77% 감소), 전북 진안군과 전남 보성군(각각 76% 감소), 강원 정선군(75% 감소) 등이 뒤를 이었다.

반대로, 인구가 가장 많이 늘어난 지역은 수도권과 대도시였다. 경기도는 340%의 증가율로 가장 큰 성장을 보였으며, 세종시(236% 증가), 인천시(205% 증가), 울산시(201% 증가)가 그 뒤를 이었다. 이러한 변화는 수도권으로의 인구 집중 현상이 계속되고 있음을 잘 보여준다.

이와 같은 변화는 도시화와 수도권 중심의 사회적·경제적 구조가 한국 사회에 미친 영향을 단적으로 드러낸다.

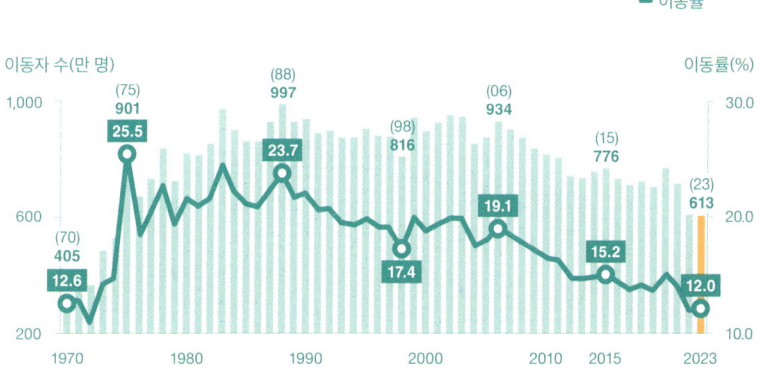

1970~2023년 우리나라 인구 이동자 수와 이동률 추이(2023년, 출처: 통계청)

시기별 인구 이동 패턴 변화

시기별 지역 간 인구 순이동 패턴을 살펴보면, 각 시대마다 뚜렷한 특징이 나타난다. 1970년대의 인구 이동 패턴을 보면, 이 시기에는 전라도와 경상도 지역에서 인구 유출이 두드러졌으며, 서울, 경기, 부산 지역으로의 인구 유입이 활발하게 이루어졌다.

　이는 급격히 진행된 산업화와 도시화로 인해 대도시로의 인구 집중 현상이 뚜렷했던 시기로, 농촌 지역에서 도시로 이동하는 흐름이 주요

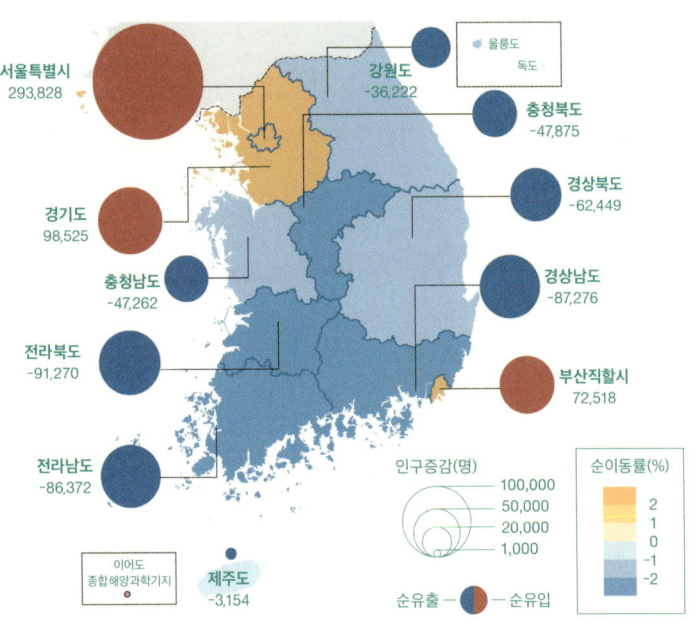

1970년 지역 간 인구 순이동(2021년, 출처: 국토교통부 국토지리정보원)

특징으로 나타났다.

　1990년대의 지역 간 인구 순이동 패턴은 이전 시기와는 다른 특징을 보여준다. 이 시기에는 전라도, 충청도, 경상북도에서 여전히 많은 인구가 빠져나갔지만, 서울과 부산에서도 인구가 유출되기 시작한 점이 주목된다. 이는 대도시 과밀화로 인한 생활 환경 악화와 경제적 요인 등이 복합적으로 작용한 결과로 볼 수 있다.

　반면, 경기도로의 인구 유입이 가장 두드러졌으며, 인천시, 대전시, 광주시로도 상당한 인구가 이동했다. 이러한 흐름은 정부의 대도시 과밀화

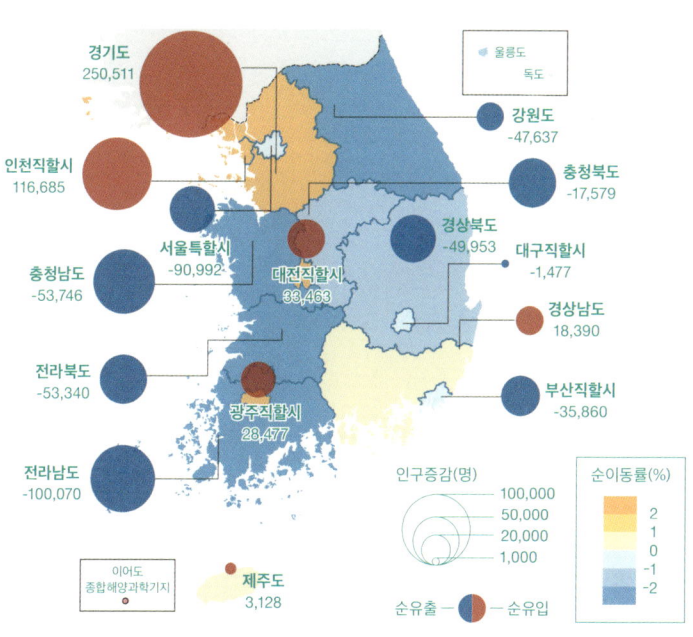

1990년 지역 간 인구 순이동(2021년, 출처: 국토교통부 국토지리정보원)

완화를 목표로 한 균형 개발 정책과 신도시 개발의 영향을 받은 결과로 볼 수 있다. 특히 수도권 외곽 지역으로의 이동은 교외화 현상의 일환으로 나타났으며, 새로운 주거지와 도시 기반 시설이 마련된 신도시들이 주요 이동 목적지가 되었다.

2010년대에는 서울에서의 인구 유출이 가장 두드러졌으며, 부산, 대구, 울산 등 대도시에서도 많은 인구가 빠져나갔다. 특히 서울의 경우, 높은 주거비와 과밀화로 인해 경기도로의 이동이 활발했으며, 이는 수도권 내에서도 서울 중심에서 경기도로의 인구 이동이 본격화된 시기로 볼 수 있다.

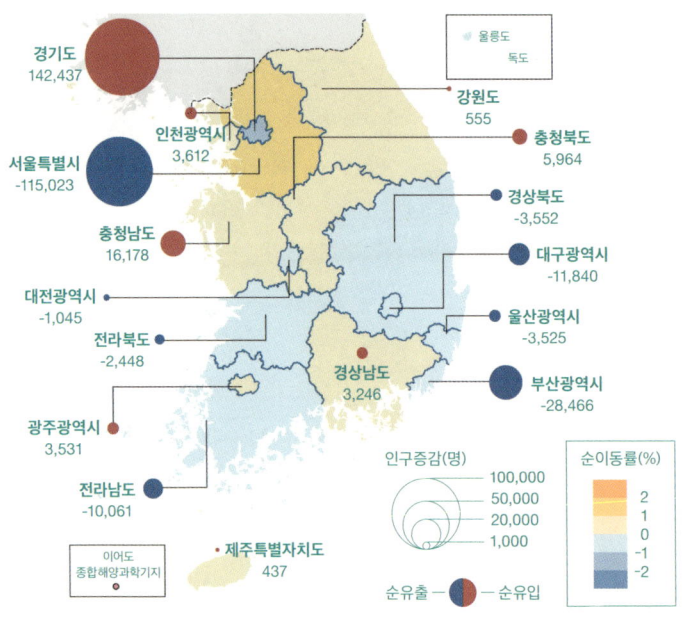

2010년 지역 간 인구 순이동(2021년, 출처: 국토교통부 국토지리정보원)

경기도는 여전히 가장 많은 인구가 유입되는 지역으로 자리 잡았으며, 충청남도와 충청북도, 그리고 인천으로도 상당한 인구 이동이 이루어졌다. 이는 수도권 외곽 및 중부권 신도시 개발과 대도시 과밀화를 완화하려는 정부 정책의 영향을 받은 결과로 해석할 수 있다.

이 시기의 특징은 수도권 내에서 서울에서 경기도로의 이동이 두드러졌다는 점과 함께, 수도권 외곽 및 중부권으로의 분산이 점진적으로 이루어졌다는 점이다.

2020년대에 들어서며 서울의 인구 감소가 지속되고 있고, 인천에서도 유사한 감소 추세가 나타나고 있다.

반면 경기, 세종시, 제주도로의 인구 유입은 꾸준히 이어지고 있으며, 이는 넓은 공간과 쾌적한 주거 환경에 대한 수요 증가, 그리고 행정 중심지(세종)와 관광지(제주)에 대한 선호가 반영된 결과로 해석할 수 있다.

코로나19 팬데믹 직후인 2020년과 2021년에는 귀농·귀촌 인구가 2년 연속 증가하며 역대 최대치를 기록했다. 이는 팬데믹 장기화로 인한 도시의 사회·경제적 불안정, 대도시 주택 가격 급등, 농촌 생활에 대한 관심 증가 등이 복합적으로 작용한 결과로 분석된다.

농림축산식품부의 〈2021년 귀농·귀촌 통계조사〉에 따르면, 귀농·귀촌 가구는 전 연령대에서 증가했으며, 특히 30대 이하 인구가 전체의 46.8%를 차지해 젊은 층의 주도적인 흐름이 두드러졌다.

귀촌의 주요 사유는 직업(34.3%), 주택(27.1%), 가족(22.2%), 자연환경(4.9%) 순으로 나타났으며, 청년층은 일자리 확보를, 중장년층은 주거 안정을 우선시하는 세대별 차이가 확인됐다. 특히 대도시 인근의 경기 화성, 남양주 등 정주 인프라가 개선된 지역으로의 유입이 활발했다.

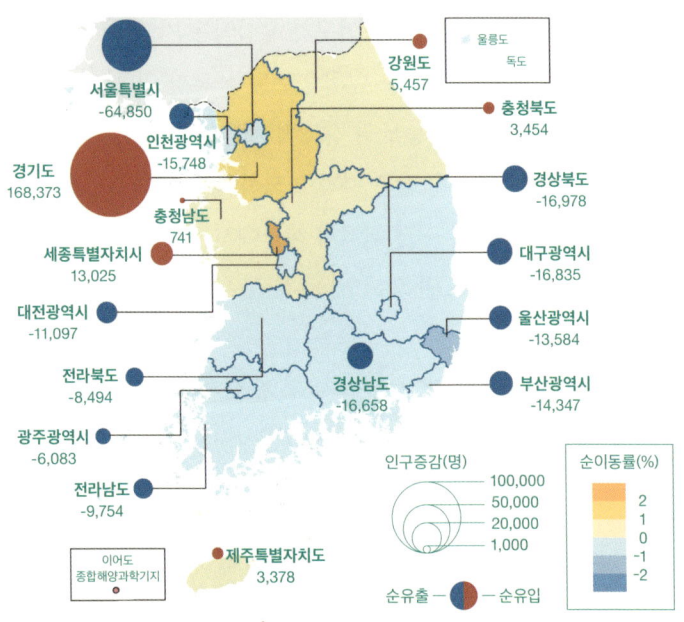

2020년 지역 간 인구 순이동(2021년, 출처: 국토교통부 국토지리정보원)

    그러나 2022년 정부의 '위드 코로나' 정책 시행 이후, 서비스업 중심의 도시 경기 회복과 주택 거래량 감소(-49.9%)로 귀농·귀촌 인구는 약 15% 감소했고, 수도권 순유입은 4.7만 명으로 전년 대비 1만 명 증가했다. 이는 팬데믹 기간 동안 일시적으로 약화되었던 수도권 쏠림 현상이 사회의 구조적 문제로 지속되고 있음을 보여준다.

도시화, 그 이후

우리나라의 인구 이동은 1970년대 산업화를 기점으로 농촌에서 서울, 부산 등 대도시로의 집중이 시작되었으며, 1990년대 이후에는 수도권 외곽(경기 신도시)과 특정 지역(세종, 제주)으로의 분산이 가속화되는 이중적인 흐름을 보여준다.

1970~1980년대에는 급격한 도시화로 전체 이동 인구의 60% 이상이 서울로 유입되었으나, 1990년대 신도시 개발과 교외화 현상으로 인해 경기 일산, 분당 등으로 인구 재분배가 진행되었다.

2000년대 이후에는 행정중심복합도시(세종) 건설과 제주 관광특구 지정으로 비수도권 거점 지역으로의 유입이 활성화되었으며, 2020년에는 팬데믹의 여파로 귀농·귀촌 인구가 2년 연속 최대치를 기록하기도 했다.

그러나 2023년 기준 수도권 인구 비중은 여전히 50.6%를 유지하고 있으며, 청년층의 지방 유출과 고령화로 인해 전체 228개 시·군·구 중 104개에서만 인구 증가가 나타날 정도로 지역 간 양극화가 심화되고 있다.

이처럼 우리나라는 도시화 이후 수도권이 인구 과밀로 인한 다양한 문제에 직면해 있는 반면, 수도권을 제외한 많은 중소도시와 광역시, 지방 도시는 오히려 인구 유출, 고령화, 경제 위축이라는 심각한 도전에 놓여 있다.

이러한 현실 속에서 '매력적인 도시'로 살아남기 위한 노력은 농촌뿐만 아니라 비수도권 도시 전반에도 절실히 요구된다. '살기 좋은 도시' 또는 '머물고 싶은 도시'로 비수도권 지역이 거듭나야 수도권으로의 인구 쏠림을 완화할 수 있기 때문이다.

이는 단순한 지원이나 투자 유치를 넘어서, 지역 고유의 개성이 살아 있는 일자리, 문화, 주거, 교육 환경을 만들어내야 가능하다. 이러한 변화는 행정적 지원이나 정책 변화만으로는 이루어지기 어렵다.

    결국 지역과 주민, 그리고 도시와 농촌이 함께 주체가 되어, 새로운 매력과 미래를 함께 만들어가야 한다.

6. 청년은 왜 도시를 떠나는가

일자리 부족과 삶의 질에 대한 갈증

농촌과 비수도권 도시의 인구 유출, 그리고 수도권 집중 현상은 지역 소멸과 도시 불균형의 가장 근본적인 원인 중 하나다. 이 같은 공간 구조 변화의 한가운데에는 바로 '청년'의 이동이 자리 잡고 있다.

최근 몇 년간 전국의 중소도시와 농촌 지역에서 청년층의 유출이 더욱 두드러지고 있으며, 이는 인구 감소와 지역 활력 저하의 악순환으로 이어지고 있다. 특히 일자리 부족과 기대에 미치지 못하는 삶의 질은, 청년들이 지역에 남는 이유이자 떠나는 이유 모두를 결정짓는 핵심 요인으로 작용한다.

호남권 주요 지역의 청년 순이동률은 지속적으로 마이너스를 기록하고 있다. 실제로 호남권은 1975년부터 2020년까지 전 기간에 걸쳐 유일하게 지속적인 인구 유출이 나타난 지역이다. 이 지역의 청년들은 더 나은 교육과 고용, 다양한 문화생활을 찾아 수도권으로 이동하고 있으며, 남아 있는 청년들조차 "정착보다는 이탈을 고민할 수밖에 없다"고 말한다.

전라남도 광주광역시를 방문해 인구 순유출 현상에 대한 현지 주민들의 의견을 들어보았다. KBC광주방송국에서 PD로 10여 년 넘게 근무하다 현재는 콘텐츠 사업을 운영 중인 김 모 씨를 인터뷰했다. 그는 2021년 청년의 날 특집 다큐 〈청년의 자리〉를 기획한 바 있다.

40대 초반의 김 PD는 평생 광주를 떠난 적이 없다. 그에게 "왜 다른 사람들처럼 서울로 가지 않으셨나요?"라고 질문을 던졌다.

"저는 광주에서 지내는 일상이 만족스러워요. 이곳에서 나고 자랐기 때문에 가족, 친지, 친구들이 있는 광주가 좋아요. 그런데 서울로 가지 않고 지역에 남아 있으면 뭔가 뒤떨어진다고 생각들을 하시죠. KBC광주방송국 PD로 일하고 있는데, 서울로 가라, 그래야 성공하지. 광주에 남아 있으면 어떡하냐고… 오히려 주변에서 더 난리시죠. 주변 성화에 못 이겨서 서울에 있는 방송국에 지원을 해서 합격을 했어요. 연봉 협상을 하는데, 그 연봉으로는 도저히 서울에서 가족들과 함께 생활이 안 되겠더라고요. 그래서 다시 광주로 돌아왔어요."

청년들은 '왜' 광주를 떠나는 걸까?

"제일 큰 이유는 일자리 때문이죠. 광주에는 양질의 일자리가 정말 없어요. 청년들은 좀 더 다양한 일들을 하고 싶어해요. 그런데 광주에는 공무원이 최선의 일자리예요. 공무원은 안정적이고 정년이 보장되죠.

하지만 청년들은 뭔가 새롭고 재밌는 일을 하고 싶어해요. 광주에는 그럴 기회가 없어요. 사람도 없고… 새로운 걸 시도하려고 해도 시스템이 그걸 용납하지 않아요. 그러니까 무조건 서울로 가는 거예요."

광주에서 문화콘텐츠 기획 회사를 운영하는 윤 모 대표를 인터뷰했다. 김 PD와 비슷한 연배인 윤 대표 역시 광주를 떠난 적이 없다. 두 사람은 '노잼 광주'라는 편견을 깨고, 청년들이 머물고 싶은 도시를 만들기 위해 지역의 고유한 문화와 역사, 자연 등을 재조명하고, 이를 기반으로 한 문화콘텐츠 생태계를 구축하기 위해 협력하고 있다.

지자체, 청년, 일자리, 뭐가 문제일까?

"한마디로 미스매치죠. 청년들은 내가 좋아하는 일, 내가 행복하고 보람을 느끼는 일들을 하고 싶은데, 지자체는 대기업 공장을 유치해서 일자리 수를 얼마나 늘리겠다고만 이야기해요. 요즘 공장에서 일하고 싶은 청년들이 누가 있어요? 창의적인 일을 하고 싶은 청년들에게 단순 업무를 하라고 하니까 지역을 떠나는 거죠."

2020년, 광주와 전남을 떠난 청년(만 19~39세)은 총 15,423명에 달했다. 이 수치는 해마다 증가하고 있다. 이 가운데 광주를 떠난 청년은 약 6,000명으로, 그중 4,000명은 수도권으로, 나머지 2,000명은 충청권으로 이동했다. 이러한 이동은 더 나은 일자리와 삶의 질을 찾아 떠나는 청년들의 선택을 보여준다.

청년층은 우리나라에서 인구 이동이 가장 활발한 계층이다. 2023년 기준 우리나라 연령별 인구 이동률을 살펴보면, 20대가 22.8%로 가장 높았으며, 그 뒤를 이어 30대(20.1%), 10대 미만(13.4%), 40대(11.0%), 50대(8.7%), 60대(7.0%) 순으로 나타났다. 특히 20대와 30대가 전체 이동률의 42.9%를 차지해, 청년층이 인구 이동에서 중심적인 역할을 하고 있음을 알 수 있다.

2023년 기준, 인구 이동률이 가장 높은 20대의 이동 경로를 살펴보면, 서울(3.4%)로의 순유입이 가장 많았으며, 그다음으로 세종(1.3%), 인천(1.0%), 대전(0.6%), 경기(0.4%) 순으로 나타났다.

20대 청년들의 이동은 광주를 떠난 청년들처럼 수도권과 충청권에 집중되고 있다.

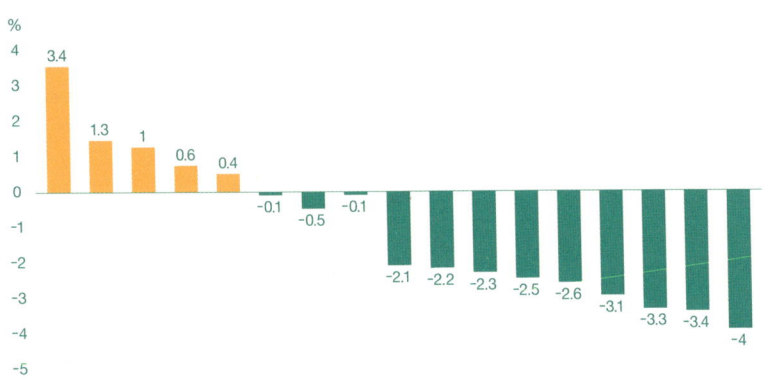

시도별 20대 인구 순이동률(2023년, 출처: 통계청)

반면, 순유출은 경남(-4.0%)에서 가장 많았고, 이어 전남(-3.4%), 전북(-3.3%), 경북(-3.1%), 제주(-2.6%) 등의 순으로 나타나, 주로 호남권과 영남권에서 수도권과 충청권으로 이동하는 흐름을 보여준다.

30대는 20대와는 달리 서울(-1.7%)에서 순유출이 가장 많았으며, 그다음으로 광주(-1.1%)와 부산(-0.7%)에서도 순유출이 나타났다.

반면, 30대의 순유입은 인천(2.3%)이 가장 많았고, 이어 세종(1.8%), 충남(1.3%), 경기(0.9%) 순으로 나타났다. 30대의 이동 흐름 역시 20대와 마찬가지로 수도권과 충청권에 집중되는 경향을 보여준다.

2023년 기준, 우리나라 인구 이동의 가장 큰 이유는 주택 문제(34.0%)였으며, 그다음으로 가족(24.1%)과 직업(22.8%)이 주요 요인으로 나타났다.

인구 유출입 결정 요인을 분석한 이찬영(2018)의 연구에 따르면, 20대는 양질의 일자리가 인구 이동의 핵심 요인으로 작용하는 반면, 30대 이

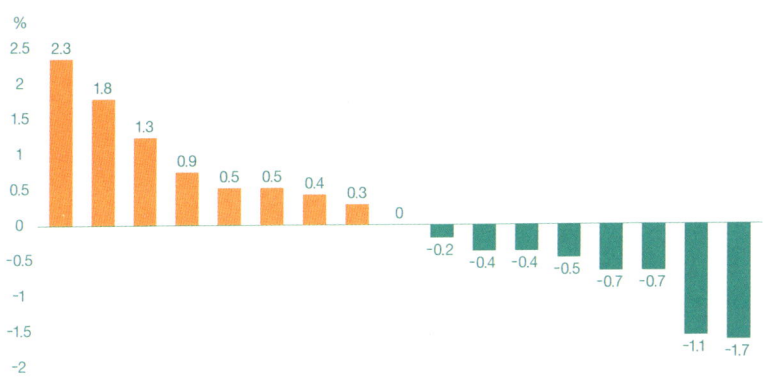

시도별 30대 인구 순이동률(2023년, 출처: 통계청)

상의 연령대에서는 주택 가격이 낮고 문화 기반 시설이 잘 갖추어진 지역으로 이동하는 경향이 있다.

20대는 학업과 직장의 기회를 찾아 서울로 집중되는 경향을 보이는 반면, 자가 소유를 희망하는 30~40대는 보다 저렴한 주택을 찾아 서울에서 출퇴근이 가능한 인천과 경기 지역으로 이동하고 있다. 이러한 이동 패턴은 연령별로 상이한 경제적·사회적 필요를 반영하며, 수도권 중심의 인구 집중 현상을 강화하고 있다.

청년들이 새로운 기회를 찾아 더 큰 도시로 향하는 것은 자연스러운 일이다. 그러나 이러한 이동은 수도권과 비수도권 간의 격차를 심화시키고, 저출산, 초고령화, 지역 소멸 등 우리 사회가 직면한 심각한 문제들과 밀접하게 연결되어 있다.

청년 인구의 수도권 집중은 지역 경제 침체와 인구 감소를 가속화하며, 국가적인 균형 발전을 저해하는 주요 요인으로 작용하고 있다.

수도권으로 이주한 청년들, 저출산과 지역 소멸을 어떻게 볼까?

전라남도 신안군은 1975년 대비 2020년 현재 인구가 78% 감소하며, 국내에서 가장 큰 인구 감소를 기록한 지역이다. 신안군 출신인 30대 초반의 한 모 씨는 대학 진학을 위해 서울로 이주한 뒤, 현재까지 서울에서 직장생활을 이어오고 있다.

"저는 어렸을 때 TV에서만 보던 햄버거가 너무 먹고 싶었어요. 부모님을 따라 서울에 올라올 때마다 햄버거를 사 달라고 졸랐어요. 지역을 왜 떠나냐고요? 서울에서는 집 문을 열고 나가기만 하면 필요한 모든 것들이 갖추어져 있어요. 그런 인프라가 좋은 거지, 서울이 좋은 건 아니에요. 저처럼 비수도권, 농촌 출신이 서울에서 살려면 정말 힘들어요. 물가도 비싸고… 하지만 고향으로 내려가고 싶지 않아요. 거기선 못 살아요. 저출산, 지역 소멸… 저도 위기의식을 느끼죠. 안타깝기도 하고요. 하지만 그게 저희 '청년들' 잘못은 아니잖아요. 아이를 낳을 상황이 돼야 낳는 거고, 지역에 살 만한 여건이 되어야 사는 거잖아요."

지방자치단체의 입장에서 '청년'은 지역 소멸 문제를 해결할 수 있는 핵심 자원이다. 어떻게 해서든 청년들을 붙잡아야 지역이 생존 가능하기 때문에, 다양한 청년 정착 지원 방안을 마련하고 있다.

그러나 출생률이 급격히 감소한 현재의 상황에서는, 지역 간 청년 정책이 결국 제로섬 게임으로 이어질 가능성이 크다. 어느 한 지역에 청년들이 몰리게 되면, 다른 지역은 소멸 위기에 처하게 되는 것이다.

〈서울-지역 협력 강화 과제 발굴을 위한 청년 지역 격차 실태조사〉 보고서(2020)에서 지적한 바와 같이, 청년 지원 정책은 근본적으로 달라져야 한다. 수도권과 비수도권 간 격차가 심각한 상황에서, 비수도권 지방자치단체 간의 협력 방안뿐만 아니라, 이러한 공동 노력을 지원할 수 있는 중앙정부의 역할이 무엇보다 중요하다. 보다 실천적이고 실행 가능한 정책과 지원책이 마련되어야 한다.

무엇보다, 청년을 지역 소멸 문제를 해결하기 위한 '수단적 존재'로만 보는 관점에서 벗어나, 청년이 '머물고 싶어 하는 지역'을 만드는 것을 목적으로 삼는 인식의 전환이 필요하다. 이는 청년들이 정책의 대상이 아니라 주체로서 참여할 수 있도록 정책과 환경을 설계하고, 이를 통해 지역 발전과 지속 가능성을 함께 추구해야 함을 의미한다.

7. 그 많던 사람들은 어디로 갔을까

사람이 떠난 도시의 유휴 공간

인구 감소가 심화되면서 도시가 축소되는 현상이 나타나는 지역에서는 공간이 방치되는 문제가 발생한다. 이 가운데 가장 두드러지는 현상은, 유출 인구에 비해 현저히 낮은 유입 인구로 인한 빈집 증가이다.

빈집에 대한 기준은 조사 기관의 목적과 정의에 따라 다소 차이를 보이며, 이로 인해 수치 간 차이가 발생할 수 있다. 통계청의 〈인구주택총조사〉에서는 빈집을 "조사 기간 동안 사람이 살고 있지 않은 주택으로, 매매·임대·이사·미입주·미분양 등의 사유로 인해 일시적으로 미거주 상태인 주택도 포함한다"라고 정의하고 있다.

빈집 비율이 가장 낮은 지역은 서울(3.4%)이며, 가장 높은 지역은 전라남도(14.5%), 제주(13.5%), 강원(12.2%) 순이었다. 주요 도시별 빈집 비율을 살펴보면, 부산이 8.5%로 가장 높았고, 그다음으로 세종(7.6%), 울산(7.5%), 인천(7.2%), 광주(6.5%), 대구(5.9%), 대전(4.9%) 순으로 나타났다.

우리나라에서 빈집 문제가 본격적으로 대두되기 시작한 시기는 1990

년대로, 생각보다 오래전부터 시작된 문제다. 전국적으로 1995년 기준 약 36만 호의 빈집이 있었으며, 이후 꾸준히 증가해 2024년 현재 약 153만 호에 달한다.

빈집 문제는 처음에는 농촌 지역에서 시작되어 점차 도시 지역으로 확산되고 있으며, 인구 감소, 이농 현상, 주택 매력도 저하 등 다양한 요인과 깊은 관련이 있다.

빈집 문제가 가장 먼저 심각하게 대두된 지역은 전라남도와 전라북도의 농촌 지역이다. 특히 전라남도 신안군, 영암군, 그리고 전라북도 김제시 만경읍 등에서 빈집 문제가 두드러졌다. 앞서 살펴본 바와 같이, 전라남도 신안군은 1975년 대비 2020년 인구가 78% 감소하며, 국내에서 가장 심각한 인구 감소를 겪은 지역으로, 빈집 문제의 대표적인 사례로 꼽힌다.

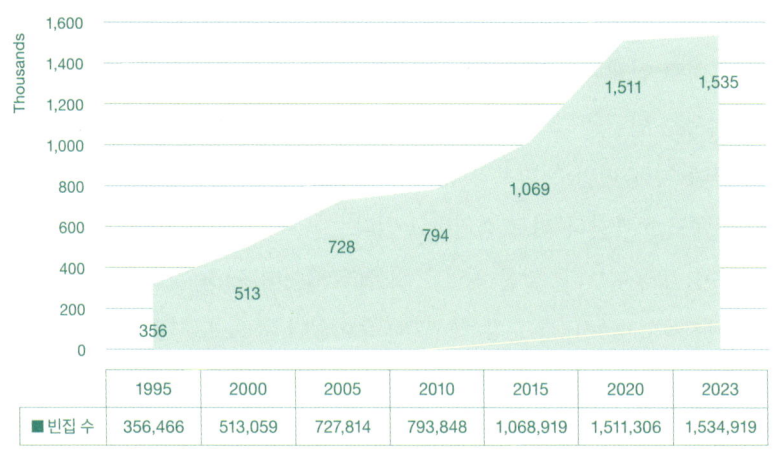

전국의 빈집 현황(1995~2023년, 출처: 통계청)

전라남도 여수시의 버려진 빈집들(2021년, ⓒ한승헌)

    2024년 기준, 전라남도는 전국에서 가장 높은 빈집 비율(14.92%)을 기록했으며, 빈집 수는 20,005호에 달했다. 그다음으로는 전라북도가 빈집 비율 13.65%로 전국에서 두 번째로 높았으며, 빈집 수는 18,300호로 나타났다. 이러한 문제는 단순히 주거 환경의 악화에 그치지 않고, 지역 소멸과 직결되는 중요한 사회적 과제로 부각되고 있다.

    빈집 증가와 함께, 축소되는 도시에서 두드러지게 나타나는 또 하나의 현상은 폐교의 증가다. 인구 감소와 함께 학령 아동 수가 줄어들면서 폐교가 늘어나고 있으며, 2024년 현재 전국 폐교 수는 총 3,955개소에 이르렀다.

    지역별 폐교 현황을 살펴보면, 전라남도(844개소)가 폐교 수 844개소

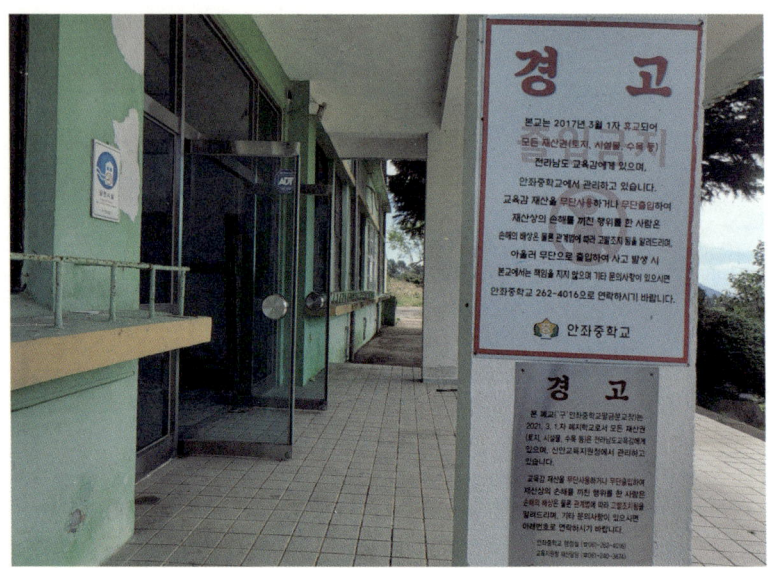

전라남도 신안군의 폐교(2021년, ©한승헌)

로 전국에서 가장 높게 나타났는데, 이는 해당 지역의 높은 빈집 비율과 직접적인 상관관계가 있다. 그다음으로 경상북도(731개소)가 높게 나타났으며, 매해 신입생 미달로 산간 지역 소규모 학교들의 통폐합이 가속화되고 있다. 경상남도(586개소)가 세 번째로 높게 나타났는데, 이 지역은 공업단지 이전으로 청년층 유출이 심각한 곳이다. 강원도(482개소)가 그 뒤를 이어 높게 나타났는데, 이 지역은 관광 지역과의 격차 심화로 인한 이주가 지속되고 있다.

    인구 감소로 축소되는 도시에서는 빈집, 폐교, 유휴 상업시설, 방치된 공장 등 다양한 버려진 공간이 도시 기능을 저하시키고 있다.

이러한 공간의 증가는 노년층의 의료 접근성 약화, 청소년의 교육·문화 기회 축소 등 주민의 일상적 불편으로 이어진다. 더욱이 유지·관리 비용이 증가하는 과잉 인프라와 세수 감소가 맞물리면서 지방자치단체의 재정 악화를 심화시키고 있다.

이러한 문제가 누적되면 지역의 경제적·사회적 매력도가 급격히 하락하고, 이는 다시 인구 유출을 가속화하는 악순환으로 연결된다. 청년층은 일자리와 인프라가 집중된 대도시로 이동하고, 잔류 주민은 고령화와 서비스 공백에 갇히게 된다.

2024년 지역소멸위험지수*에서 189개 기초자치단체가 '고위험' 판정을 받은 현실은 이러한 위기의 실체를 보여준다.

지금까지 우리는 인구가 줄어들며 도시가 점차 축소되는 과정에서 나타나는 여러 가지 변화를 살펴보았다. 빈집과 폐교, 그리고 방치된 공간들이 늘어나는 모습은 단순히 눈에 보이는 변화만이 아니라, 그 안에 사는 사람들의 삶과 지역의 지속 가능성에도 큰 영향을 미치고 있다.

도시의 기능이 약해지고, 공동체가 느슨해지며, 지방정부의 재정 부담이 커지는 이 흐름은 결국 지역의 활력을 잃게 만드는 악순환으로 이어진다.

---

* 지역소멸위험지수는 특정 지역의 인구 감소와 고령화로 인해 지역 공동체가 붕괴될 가능성을 수치화한 지표다. 이는 지역 소멸의 위험성을 평가하고, 정책적 대응을 마련하기 위해 사용된다. 일본의 마스다 히로야가 처음 제안한 방식에 기반을 두고 있으며, 한 지역의 20~39세 여성 인구 수를 해당 지역의 65세 이상 고령 인구 수로 나눈 값으로 계산된다. 젊은 여성 인구가 적을수록 출산율 감소와 고령화가 심화되어 지역 소멸 가능성이 높아진다는 점을 반영한 것이다. 이 지수가 0.2 미만이면 해당 지역은 '소멸 고위험 지역'으로 분류된다.

매력적인
도시는

어떻게
만들어지는가

2부.

8. 세계에서 가장 매력적인 도시들의 비밀

2024 레저넌스 랭킹

매력적인 도시란 단지 눈에 보이는 외형이나 유명한 랜드마크만으로 정의되지 않는다. 문화적 다양성, 포용성, 지속 가능성, 경제력, 시민 삶의 질 등 복합적인 요소들이 균형을 이룰 때 도시의 진정한 매력이 드러난다.

이번 장에서는 이런 요소들이 실제로 어떻게 도시 정책과 전략 속에 반영되는지를 알아보기 위해, 글로벌 컨설팅사 레저넌스Resonance Consultancy가 발표한 '2024년 세계에서 가장 매력적인 도시' 목록을 함께 들여다본다.

레저넌스는 지역 브랜딩, 지역 마케팅, 지역 개발 분야에 특화된 글로벌 컨설팅 회사로, 2015년부터 전 세계 인구 100만 이상인 270여 개의 도시들을 평가하여 매해마다 베스트 도시 100개를 선정해 발표하고 있다. 도시는 '주거 쾌적성Livability', '매력도Lovability', '번영Prosperity' 3가지 기준으로 평가되는데, 이를 통해 방문객과 인재, 기업들에게 도시가 얼마나 매력적인지를 보여준다.

2024년 가장 매력적인 도시, 런던

레저넌스는 2023년 10월, 위드 코로나19 시대 이후 나타난 도시의 변화를 분석해 〈2024 세계 베스트 도시〉 보고서를 발표했다.

2024년 레저넌스가 선정한 세계에서 가장 매력적인 도시는 바로 런던이다. 런던은 레저넌스가 2015년 도시 평가를 시작한 이후 지난 9년 동안 줄곧 1위를 차지하며 세계 최고의 도시로 자리 잡았다. 브렉시트*이후에도 런던은 여전히 세계에서 가장 주목받는 도시로, '주거 쾌적성'과 '매력도' 부문에서 1위를, '번영' 부문에서 3위를 기록했다.

금융업 이외에도 문화, 관광, 교육, 창의산업, 의료, IT 등 다양한 산업이 발달해 있으며, 세계적 대학과 연구 기관, 글로벌 기업 본사, 국제 행사, 관광 명소 등이 집중되어 있어 외국인 투자와 관광객, 인재 유입이 활발하다.

2018년부터 런던은 뉴욕, 싱가포르, 두바이를 제치고 국제 기업들로부터 기술 분야에서 가장 많은 외국인 직접 투자FDI를 유치했다. 구체적

---

* 브렉시트Brexit는 '영국Britain'과 '탈퇴Exit'를 합친 말로, 영국의 유럽연합EU 탈퇴를 의미한다. 2015년 총선에서 승리한 보수당이 유럽연합 잔류/탈퇴에 대한 국민투표 공약을 실천하기 위해 2016년 6월 브렉시트 국민투표를 실시했고, 그 결과 탈퇴가 결정되었다.
브렉시트의 주요 배경에는 유럽 재정 위기에 따른 부담, 이민 증가로 인한 사회·경제적 부작용, EU 규제에 대한 불만, 주권 회복 요구 등이 있었다.
브렉시트 이후 영국과 EU는 무관세·무쿼터 자유무역을 유지하기로 했으나, 통관·검역 등 새로운 규제가 생겼고, 금융 서비스, 이주, 공정 경쟁, 분쟁 해결 등 다양한 분야에서 변화가 일어났다. 영국인은 더 이상 EU 내에서 자유롭게 이동하거나 거주, 취업을 할 수 없게 되었으며, 영국 경제와 국제 금융시장에도 큰 영향을 미쳤다.

인 규모를 살펴보면, 2023년 기준으로 런던Greater London(런던 대도시권)은 디지털 기술 분야에서 132건의 FDI 프로젝트를 유치해 유럽 내 1위를 차지했다. 이는 2위 파리(47건), 3위 베를린(34건)과 큰 격차를 보인다.

또한 세계적 IT 기업인 세일즈포스는 런던에 첫 AI 센터를 설립하며 향후 5년간 AI 혁신과 성장에 40억 달러(약 5조 7천억 원)를 투자하겠다고 발표했다. 이는 런던의 기술 분야 FDI 유치가 단순 건수뿐 아니라 투자 규모 면에서도 세계 최고 수준임을 보여준다.

이외에도 마이크로소프트가 12억 7천만 달러(약 1조 8천억 원) 규모의 데이터센터 투자를 발표하는 등, 런던은 첨단 기술과 AI 분야에서 대형 글로벌 투자가 연이어 이루어지고 있다.

또한 세계에서 가장 많은 외국인 관광객을 유치한 도시로 평가받았으며, 런던 히드로 공항은 2023년 9월 월간 방문객이 700만 명을 돌파하며 팬데믹 이전 수준을 넘어서는 회복세를 보이고 있다. 2023년 기준 국제 여행객 지출액은 165억 달러(163억 파운드)로, 경제적 효과 면에서도 세계 1위의 도시로 자리매김하고 있다.

2위 파리는 런던과 비슷한 수준의 관광객을 유치하지만, 최근 몇 년간 런던이 근소하게 앞서고 있다. 뉴욕은 약 1,200만~1,300만 명 수준으로, 런던과 파리보다는 낮지만 여전히 세계 3위권이다. 서울은 2024년 외국인 관광객이 1,212만 명으로, 런던의 약 50~60% 수준에 해당하며 세계 10위권이다.

그렇다면, 런던이 2015년 이후 매년 '세계에서 가장 매력적인 도시' 1위를 유지할 수 있었던 요인은 무엇일까? 주요한 3가지 측면에서 살펴볼 수 있다.

첫째, 문화적 다양성과 창의성이 공존하는 도시 환경이다. 런던은 세계에서 가장 다양한 인구 구성을 가진 도시 중 하나로, 문화, 예술, 역사, 관광, 창의산업 등에서 독보적인 경쟁력을 갖추고 있다. 2021년 기준 전체 인구의 46.5%가 흑인, 아시아계, 혼혈, 기타 소수 민족에 속한다. 300개 이상의 언어가 사용되고, 인구의 37%는 해외 출생자다. 이러한 다양성은 음식, 축제, 종교, 예술 등 도시 전반에 깊게 스며들어 있다.[1]

런던에는 170개 이상의 박물관, 850여 개의 미술관, 350개 이상의 라이브 음악 공연장 등 세계 최고 수준의 문화 인프라가 집적되어 있다. 웨스트엔드 공연, 노팅힐 카니발, 중국의 새해 축제인 춘제 등 다문화적 행사가 연중 이어지며, 다양한 문화적 경험이 시민과 방문객 모두에게 제공된다.

문화와 예술을 바탕으로 한 창의산업creative industries은 런던 경제의 핵심 동력 중 하나이다. 영국 전체 창의산업 부가가치의 절반 이상(50.8%)이 런던에서 발생하고 있다.[2]

2019년 기준 런던의 창의산업 규모는 약 550억 파운드(약 81조 8천억 원)로, 이는 런던 전체 총부가가치GVA의 11.5%를 차지한다. 이 비율은 2010년 10.2%에서 꾸준히 증가한 수치로, 금융(17.4%), 부동산(14.3%)에 이어 세 번째로 큰 산업군이다.[3]

런던의 문화 및 창의산업관련 일자리는 2021년 기준 110만 개로, 런던 전체 일자리의 21.1%에 달한다. 2016년에는 88만 2천 개(16.9%)에서 크게 증가한 수치이다.[4] 이처럼 런던의 문화적 다양성은 기업의 혁신성과 글로벌 경쟁력 강화에도 직접적으로 기여하고 있다.

둘째, 다양한 도시 재생 사업과 녹지 공간 확대를 통한 도시 환경의

세계적인 공연예술의 중심지, 런던 웨스트엔드 극장가(© 경신원)

개선이다. 런던은 지속적인 도시 재생 사업과 녹지 공간 확대를 통해 주거 환경을 개선했으며, 낙후된 산업 지구, 유휴지, 강변, 철도 주변 등을 주거·문화·상업 복합 지구로 재탄생시키는 도시 재생 프로젝트를 진행하고 있다. 킹스 크로스King's Cross, 배터시 발전소Battersea Power Station, 캠든 하이라인Camden Highline 등이 대표적인 프로젝트다.

킹스 크로스와 배터시 발전소는 기존의 산업유산(창고, 가스 저장고 등)과 역사적 건물을 최대한 보존하면서, 주거·업무·상업·문화·예술 등 다양한 기능이 어우러진 현대적 복합 지구로 재생한 대표적인 도시 재생 프로젝트다. 캠든 하이라인 역시 방치된 철로를 녹지와 산책로가 어우러진 공공 공간으로 조성해, 도시의 녹지와 보행 환경을 확장하고 주민들에게 새로운 생활 공간을 제공하는 혁신적인 재생 사업이다.

킹스 크로스에 대한 재생 계획은 1990년대 중반부터 시작되었으나, 본격적으로 추진된 것은 2000년대 초반이다. 19세기 중반에 지어진 석탄 저장고, 곡물 창고, 가스 저장고 등을 포함한 20여 개의 산업 문화 유산을 예술 대학, 상업·문화 공간 등으로 재생했다.[5]

약 27~67에이커에 달하는 부지에 주거(1,700여 세대), 학생 기숙사, 오피스, 상업, 문화, 교육, 공공시설이 혼합된 복합 지구를 조성했다. 전체 개발 면적의 40% 이상이 공원, 광장 등 공공 공간으로 구성되었으며, 20개의 새로운 거리와 10개의 광장, 운하 변 산책로 등이 조성되었다.

구글, 《가디언》 등 글로벌 기업과 다양한 스타트업, 문화 예술 기관이 입주해 새로운 일자리와 경제적 활력을 창출했고, 킹스 크로스는 런던의 새로운 창조·혁신 클러스터로 성장했다.[6]

배터시 발전소는 1930년대부터 1980년대 초반까지 런던에 전력을 공급한 대형 화력 발전소다. 발전소 가동이 중단된 후 오랜 기간 방치되었으나, 2007년 영국 문화재 Grade II로 지정되어 보존 가치를 인정받았다. 여러 차례 재개발 시도가 있었으나 본격적인 재생 사업이 시작된 것은 2012년 말레이시아 투자 컨소시엄이 부지를 인수하면서부터다.[7]

전체 마스터플랜은 2010~2011년에 승인되었으며, 2014년부터 본격적인 대규모 공사가 진행되어 2022년 10월 발전소 본관이 공식적으로 개방되었다. 배터시 발전소 재생 사업은 아직도 진행 중인데, 2025년 5월 기준으로 전체 8단계 중 절반을 넘긴 상태로 2029년 완공을 목표로 하고 있다.[8]

3,000여 세대의 주택(500세대는 공공 임대), 250개 이상의 상점, 카페, 레스토랑, 오피스(애플 런던 캠퍼스 등), 호텔, 의료 센터, 도서관, 보육 시설, 극장, 영화관, 대규모 공연장 등이 들어서는 복합 용도 개발이다. 19에이커의 공원과 450m 길이의 템스 강변 산책로, 6에이커 규모의 리버사이드 파크 등 대규모 녹지와 공공 공간이 조성된다. 개발 완료 시 약 2만 5천 명이 거주하고 근무하는 새로운 도시 커뮤니티이자, 런던의 대표적인 오피스·문화·상업 지구로 자리매김할 예정이다.[9]

캠든 하이라인은 캠든 타운과 킹스 크로스를 잇는 약 1.2km 길이의 고가 철도 부지를 선형 공원으로 재생하는 프로젝트다. 이 사업은 뉴욕 하이라인의 성공 사례에서 영감을 받아 시작되었는데, 방치된 철도 인프라를 지역 커뮤니티와 도시 전체를 위한 새로운 녹지, 산책로, 커뮤니티 공간으로 전환하는 것을 목표로 하고 있다.[10]

2017년 지역 주민들과 활동가들이 주도해 '캠든 하이라인'이라는 비영리 단체를 설립하며 본격적으로 추진되기 시작했다.[11]

이 단체는 지역 사회, 기업, 공공 기관의 지지를 바탕으로 크라우드 펀딩과 다양한 캠페인을 통해 프로젝트를 성장시켜 왔다. 뉴욕 하이라인을 설계한 제임스 코너 필드 오퍼레이션스James Corner Field Operations가 설계를 맡았고, 다양한 건축가와 조경가가 함께하고 있다.

캠든 하이라인 개발은 지역 주민의 약 40%가 사적 녹지 공간이 없는 상황에서 모두를 위한 공공 정원의 제공이라는 측면에서 더욱 의미가 있다.[12]

기존 철도 인프라와 도시의 산업유산을 보존·활용하여 산책로, 자연생태 공간, 커뮤니티 공간, 예술·문화 공간, 야외 교실, 놀이 공간 등을 조성하고 지역 주민과 방문객을 위한 다양한 이벤트와 교육 프로그램을 기획하고 있다. 이를 통해 주민들의 건강 증진, 지역 경제 활성화, 일자리 창출, 생물 다양성 증진 등을 기대할 수 있다.[13]

셋째, 세계적 수준의 교통 인프라와 글로벌 연결성이다. 런던은 최근 수십억 파운드 규모의 교통 인프라 투자를 통해 도시 내 이동성과 국제 접근성을 크게 높이고 있다. 대표적으로 2022년 개통된 엘리자베스 라인은 런던 중심부와 외곽, 히드로 공항 등 주요 거점을 빠르고 효율적으로 연결하고 있다.

런던에는 6개 국제공항—히드로, 개트윅, 스탠스테드, 루턴, 런던 시티, 사우스엔드—이 있어 세계 400개 이상의 도시와 연결된다. 또한 국제 철도인 유로스타를 통해 유럽 대도시와 직결되는 서비스도 제공하고 있다.[14] 런던의 대중교통은 런던교통청이 운영하는 지하철, 버스, 트램, 도심 철도 등 다양한 교통수단으로 구성되어 있으며, 도시 내외부의 이동이 매우 편

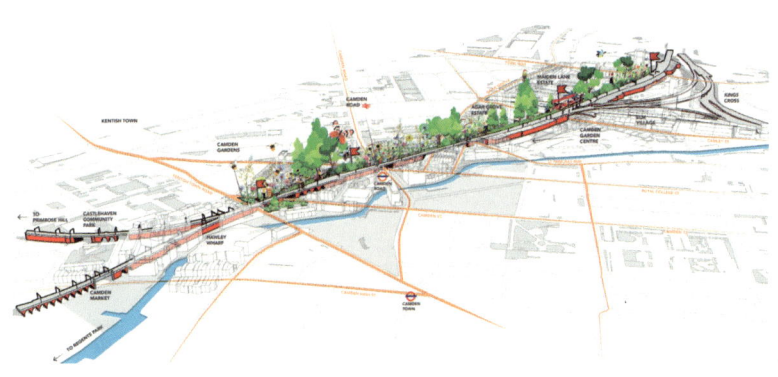

런던 캠든 하이라인 개발 마스터플랜(©https://www.camdenhighline.com/design)

리하게 이루어진다.[15] 특히, 접근성 확대와 친환경 교통수단 도입, 노약자와 장애인을 위한 무장애 정책 등 포용적인 교통정책을 시행하고 있다.[16]

2024년 두 번째로 매력적인 도시, 파리

레저넌스가 선정한 두 번째 매력적인 도시는 파리다. 파리는 '주거 쾌적성' 부문에서 2위, '매력도' 부문에서 3위, 그리고 '번영' 부문에서는 14위를 차지했다. 특히 2014년 파리 최초의 여성 시장인 안 이달고Anne Hidalgo의 취임 이후, 파리는 친환경 도시로의 전환을 본격화했다. 이달고 시장의 친환경 정책으로 시내 자동차 이용이 제한되고, 자전거 도로가 확장되었다. 또한 시민들에게 더 많은 저렴한 주택을 공급하기 위해 공공 임대주택 확대에도 힘쓰고 있다.[17]

파리가 주거 쾌적성 부문에서 2위를 차지할 수 있었던 이유는 '모두를 위한 15분 도시'라는 목표 아래, 도시 내 65%의 이동이 도보로 이뤄질 만큼 보행자 중심의 걷기 좋은 도시로 변화하고 있기 때문이다. 또한 도시 전체를 100% 자전거 친화적으로 만드는 계획을 실행 중이며, 이를 통해 시민들의 생활을 더욱 쾌적하고 건강하게 만들어 주거 만족도를 높이고자 노력하고 있다. 뿐만 아니라, 파리의 에너지 효율화 정책, 친환경 건축, 도심 내 녹지 및 쿨 아일랜드urban cool islands 조성 등과 같은 적극적인 기후 대응 정책을 펼치고 있다.[18]

이러한 도시 전략은 파리가 지속 가능성과 생활 친화성을 동시에 추구하며 글로벌 도시 경쟁력을 강화하는 데 기여하고 있다.

2024년 세 번째로 매력적인 도시, 뉴욕

레저넌스가 선정한 세계에서 세 번째로 매력적인 도시는 뉴욕이다. 뉴욕은 '매력도' 부문에서 2위, '주거 쾌적성' 부문에서는 6위, '번영' 부문에서는 12위를 차지했다.

뉴욕은 코로나19 팬데믹 기간 동안 심각한 인구 감소와 사회·경제적 변화를 겪었다.[19] 미국 인구조사국에 따르면 2020~2021년 동안 뉴욕시의 인구는 약 30만 명 감소했다. 이는 팬데믹뿐만 아니라 높은 생활비, 주택 가격 등 다양한 요인에 기인한 것이다.

그러나 2022년 위드 코로나19 이후 뉴욕은 빠르게 회복하고 있다.[20] 팬데믹 기간 동안 부동산 매매가는 50% 이상 감소했으나, 2022/23년 맨해튼의 임대료(중간 임대료)는 역대 최고치를 기록했다.

관광객 수도 증가하여 코로나19 이전 수준으로 회복되고 있는데, 2021년 3300만 명(2019년 대비 절반에도 못 미치는 수준)에서 2022년 5600만 명, 그리고 2023년에는 6100만 명으로 예측되었다.

뉴욕이 매력도 부문에서 2위를 차지할 수 있었던 주요 요인은 단순한 경제력이나 규모에 있지 않다. 브로드웨이 극장가, 메트로폴리탄 미술관, 현대미술관MoMA 등 세계적으로 유명한 공연 예술과 박물관, 갤러리, 문화 행사가 풍부하기 때문이다.

또한 세계 각국의 음식을 맛볼 수 있는 레스토랑, 바와 클럽, 트렌디한 카페 등 다양한 미식과 흥미로운 밤문화, 그리고 여러 인종, 문화, 언어, 배경을 가진 사람들이 어우러져 살아가는 다문화적 포용성 역시 뉴욕의 매력도를 높이는 핵심 요소다.

뉴욕 현대미술관 MoMA ⓒ 경신원

　뉴욕에 이어 도쿄(4위), 싱가포르(5위), 두바이(6위), 샌프란시스코(7위), 바르셀로나(8위), 암스테르담(9위), 서울(10위)이 차례로 매력적인 도시로 선정되었다.

런던, 파리, 뉴욕이 가진 매력적인 도시의 공통점

런던, 파리, 뉴욕이 세계에서 가장 매력적인 도시로 선정될 수 있었던 공통점은 무엇일까? 이 세 도시는 모두 다음의 공통된 요소를 갖추고 있다.

- 세계적인 경제력과 비즈니스 환경
- 다양한 인종과 문화를 포용하는 다문화 수용성과 시민의 포용성
- 세계적 수준의 문화예술 인프라
- 우수한 교통 연결성과 이동성
- 지속 가능한 도시정책과 도시재생 전략

또한 혁신 역량과 네트워킹, 안정성, 삶의 질 등 다양한 지표에서 고르게 높은 평가를 받고 있다.

런던, 파리, 뉴욕의 사례는 매력적인 도시란 단지 외형적 화려함이나 일시적 유행이 아니라, 포용성과 지속 가능성, 창의성과 연결성 같은 복합적 가치들이 유기적으로 작동할 때 비로소 실현된다는 점을 보여준다.

이들 도시는 국제기구가 제시한 '매력적인 도시의 기준', 즉 사회적 포용, 공공 공간 접근성, 삶의 질, 문화 다양성과 창의성, 지속 가능한 도시 환경을 실제로 구현하고 있다. 특히 단기적 개발 성과보다 장기적 비전과 시민 중심의 도시 전략을 통해 글로벌 경쟁력을 구축한 점은 오늘날 한국 도시들이 주목해야 할 부분이다.

국제 기준으로 본 '매력적인 도시'

서울시장 오세훈(2022~2026년)은 서울의 미래 비전을 담아 '동행-매력 특별시'를 슬로건으로 내세웠다. 그는 한 월간지와의 인터뷰에서, 서울을 약자와 함께 하는 상생의 도시이자, 세계에서 가장 살고 싶은 도시로 만들겠다고 밝혔다. 누구나 오고 싶어 하는 매력을 갖춘 글로벌 선도 도시를 지향하겠다는 것이다. 그렇다면 '매력적인 도시'란 어떤 도시일까? 이 개념을 국제기구들은 어떻게 정의하고 있을까?

1. 세계은행 World Bank
세계은행은 매력적이고 성공적인 도시를 다음과 같이 정의한다.
"사회·인적 개발, 환경적 지속 가능성, 정치적 자유 등 다양한 요소를 갖추되, 특히 산출, 고용 성장, 노동생산성, 가처분소득 등 경제적 성과가 뛰어난 도시"
도시의 매력을 다음의 3가지 균형 요소로 설명한다.[21]

- 경제성: 일자리 창출, 생산성 향상, 소득 증대는 도시 경쟁력의 핵심이다.
- 기능성: 인구 규모에 걸맞은 인프라, 서비스, 상업 기능의 조화가 중요하다.
- 문화와 창조성: 문화적 다양성과 지역성, 혁신은 도시의 지속 가능한 발전을 이끈다.

2. 경제협력개발기구 OECD의 정의
OECD는 도시의 매력도를 경제적 요소에 국한하지 않고, 다음과 같은 다차원적 기준으로 평가한다.

- 연결성: 교통, 디지털 인프라 등 기반시설
- 방문 매력: 관광, 문화, 여가, 편의시설
- 자연환경: 환경의 질, 지속 가능성
- 삶의 질: 공공 및 사회 서비스 등
- 토지 이용 및 주거: 공간계획과 주거환경

OECD는 도시를 사회경제적 관계에서 형성된 기능적 지역 단위로 정의하며, 도시뿐 아니라 주변 통근권역FUA까지 포함해 실질적인 생활·경제권 단위로 도시 매력도를 평가한다.

3. 유럽위원회EC와 '유럽도시헌장'의 정의

유럽위원회는 도시를 "교통, 주거, 일, 여가 활동이 조화를 이루고, 시민의 권리가 보장되며, 최고의 삶의 조건을 제공하는 공간"으로 정의한다.[22]
유럽위원회에서 강조하는 중점 요소는 다음과 같다.

- 높은 삶의 질과 도시 환경
- 지속 가능한 토지 이용과 자원 효율성
- 접근성과 이동성, 공공 서비스
- 문화적 활력과 사회적 포용성

> **세 기관의 공통점**
> - 도시는 단순한 공간이 아닌, 사람들이 모여 일하고 생활하며 다양한 기회를 누리는 복합적 공간으로 인식된다.
> - 경제성, 기능성, 삶의 질, 포용성, 환경 지속 가능성, 문화 다양성 등이 통합적으로 작용해야 도시의 진정한 매력이 실현된다.
> - 도시의 가치는 단기 성과가 아니라, 인구, 문화, 혁신, 안전, 포용성 등 다차원적 요소를 종합해 평가해야 한다.

4. 그 외 국제기구의 시각 : 유엔 인간정주계획 UN-Habitat

UN-Habitat는 '포용 도시 Inclusive City' 개념을 강조한다.

- 경제 성장뿐 아니라 정치적 자유, 사회적 다양성, 기회 접근성 등을 포함하며,
- 누구나 차별 없이 일자리, 교육, 문화, 서비스 등을 누릴 수 있는 포용적 공간을 매력적인 도시로 본다.

매력적인 도시는 경제, 사회, 문화, 환경, 삶의 질 등 다양한 요소가 균형 있게 작용하는 공간이다. 또한, 다양한 이해관계자의 요구에 유연하게 대응하며, 누구나 방문하고, 머물고, 일하고, 정착하고 싶은 도시여야 한다.

9. 서울의 매력은 어디까지 왔는가

한류의 중심, 서울의 매력을 측정하다

세계 도시들이 '매력'을 도시 전략의 핵심 가치로 삼는 지금, 서울은 과연 어디쯤 위치해 있을까? 앞 장에서 살펴본 런던, 파리, 뉴욕처럼 다양한 가치가 어우러진 매력 도시로 성장하기 위해, 서울은 무엇을 잘해 왔고 또 무엇이 부족한지를 살펴본다.

서울, 한류와 함께 세계를 매료시키다

2000년대 초반 박사 학위를 위해 영국에 갔을 때만 해도 유럽에서는 한국에 대한 인지도가 그다지 높지 않았다. 한국이 어디에 위치해 있는지, 한국에서는 어떤 언어를 사용하는지에 대한 질문을 종종 받곤 했다. 내심 자존심이 상하고 속상했지만, 그도 그럴 것이 한국은 유럽과 역사적으로 깊은 관계를 맺은 일이 많지 않았다.

그러나 2025년 지금, 전 세계는 한국의 매력에 흠뻑 취해 있다. 1990년대 후반부터 시작된 한국의 물결, 한류는 이제 아시아를 넘어 북미, 유럽, 중동 등으로 확산되며 전 세계적으로 강력한 영향력을 발휘하고 있다.

문화체육관광부가 발표한 〈2025년 해외 한류 실태조사〉에 따르면, 2024년 기준 해외 26개국에서 26,400명을 대상으로 조사한 결과 한국 문화 콘텐츠에 대한 호감도는 평균 70.3%로 나타났다. 또한 응답자들이 한국 콘텐츠를 소비하는 시간은 월평균 14시간으로, 전년 대비 약 2.4시간 증가했다.

분야별로 살펴보면 음식(53.7%), 음악(51.2%), 뷰티(50.8%), 드라마(49%)가 대중적으로 가장 높은 인기를 얻었으며, 한국어에 대한 관심도 또한 75.4%로 나타나 한국 문화에 대한 전 세계적 관심을 입증했다.

한류의 중심에는 바로 서울이 있다. 서울은 글로벌 도시로서 한국 문화 콘텐츠의 주요 생산지이자 창조적 아이디어가 집결하는 공간이다. 강남과 홍대는 K-팝과 예술 활동의 중심지로 활발히 기능하며, 경복궁을 중심으로 한 서촌과 북촌은 외국인들이 한국의 전통적인 아름다움을 체험할 수 있는 공간이다.

또한 수많은 경기와 기록을 남긴 옛 동대문운동장 터에 조성된 동대문디자인플라자DDP는 역사적 기반 위에 현대적인 랜드마크로 자리 잡으며, 서울의 전통과 현대를 조화롭게 융합하고 미래 지향적인 창조 도시로서의 가능성을 잘 보여준다.

한류를 경험하기 위해 서울을 찾는 외국인 관광객이 늘면서 관광 산업도 크게 활성화되었다. 2024년 기준 서울을 방문한 외국인 관광객 수는 1,200만 명으로, 코로나19 팬데믹 이전인 2019년 방문객 수의 약

95% 수준에 도달했다.

관광 산업 규모를 살펴보면 외국인 관광객들은 서울에서 총 9.26조 원(약 63억 9천만 달러)을 소비했으며, 이는 전년 대비 33.8% 증가한 수치로 서울 관광 산업의 회복세를 단적으로 보여준다.

전체 소비 중 약 38%는 쇼핑에 집중되었으며, 명동·강남·광화문 등에서는 K-뷰티 제품, 패션 아이템, K-팝 관련 상품이 큰 인기를 끌고 있다.

글로벌 도시 컨설팅 회사인 레저넌스는 2024년 서울을 세계에서 가장 매력적인 도시 10위에 선정했다. 서울은 개인이 보유한 지식이나 기술, 경험 등의 경제적 가치를 의미하는 인적 자본이 가장 중요하게 다루어지는 번영(8위) 부문에서 높은 평가를 받았으나, 도시의 물리적·자연적 환경 수준을 나타내는 주거 쾌적성(26위) 부문과 도시의 활력과 공간의 쾌적성을 평가하는 매력도(31위) 부문에서는 상대적으로 낮은 평가를 받았다.

한편 일본 모리기념재단 산하 도시전략연구소가 실시한 세계 도시 경쟁력 평가에서는 서울이 6위를 기록했다. 이 평가는 도시의 전반적인 경쟁력을 측정하며, 경제, 연구개발, 문화 교류, 주거 환경, 환경 지속 가능성, 교통 접근성 등 6개 주요 카테고리와 70개의 세부 지표를 기반으로 이루어진다. 서울은 연구개발(5위) 부문에서 매우 높은 평가를 받았고, 교통 접근성·문화 교류 부문에서 각각 16위, 환경 지속 가능성 부문에서 17위를 기록했으며, 주거 환경 부문에서는 35위로 상대적으로 낮게 평가되었다.

모리기념재단과 레저넌스는 서로 다른 기준과 목적을 가지고 세계 도시를 평가한다. 모리기념재단은 경제적·기술적 경쟁력을 강조하며 글로벌 도시로서의 발전 가능성을 평가하는 데 중점을 두는 반면, 레저넌스는 도시의 매력을 중심으로 더 감각적이고 대중적인 관점에서 평가한다. 이러한 차이에도 불구하고 두 평가 모두 서울이 국제적 위상을 가진 도시임을 보여주며, 서울이 글로벌 문화의 중심지로 자리 잡았음을 확인시켜 준다.

서울의 매력, 한 단계 더 도약하려면

최근 서울의 인기가 높아지면서 부정적인 인식도 함께 늘고 있다. 2023년, 대만 여대생이 '서울에 두 번 다시 안 갈 10가지 이유'라는 제목의 글을 온라인 커뮤니티에 올리면서 일본과 홍콩 등 주변 국가로 퍼져 논란이 일었던 일을 기억할 것이다. 그녀가 꼽은 가장 큰 이유는 '대기오염'이었고, 그 밖에도 '지저분한 거리 환경', '인도 위에 주차된 자동차', '복잡한 지하철' 등을 지적했다.

 물론 개인적인 경험을 토대로 작성된 것이지만, 레저넌스와 모리기념재단 평가 결과와 유사한 점을 발견할 수 있다. 두 기관 모두 서울의 주거환경 부문을 상대적으로 낮게 평가했다. 그녀가 지적한 지저분한 거리 환경—쓰레기 봉투가 쌓여 있는 골목길, 꽁초와 구토물이 남아 있는 거리, 아무 곳에서나 침을 뱉는 행위 등—은 외국인 관광객뿐만 아니라 서울을 살아가는 이들의 눈살도 찌푸리게 한다.

 서울은 국제기구와 세계 도시들이 강조하는 '매력적인 도시'의 핵심 조건과 비교할 때 분명 한계를 드러낸다. 국제기구들은 매력적인 도시의 요건으로 사회적 포용, 공공 공간 접근성, 보행 및 자전거 친화성, 문화 다양성, 환경 지속 가능성 등을 공통적으로 제시하고 있다. 런던, 파리, 뉴욕은 이 기준에 따라 보행 중심의 공간 재구성, 도시 재생을 통한 창의산업 활성화, 녹지와 공공 공간 확대, 포용적 교통 인프라 도입 등의 전략을 지속해 왔다.

반면 서울은 디지털 인프라와 문화 생산력 면에서는 강점을 갖고 있지만, 보행 환경의 단절, 자전거 인프라 부족, 도심 녹지의 부족, 공공 공간의 불균형, 소외 계층의 도시 공간 접근성 등에서 여전히 개선의 여지가 크다. 일부 지역은 도로 폭이 좁거나 차량 중심 교통체계로 인해 보행자 안전과 쾌적성이 충분히 확보되지 못하고 있다.

2020년 서울시 보행자 교통 사망 사고는 115명으로 전체 교통사고 사망자의 52.8%에 달해 전국 평균인 35.4%보다 17.4%포인트 높았다. 사망자 수는 매해 감소하고 있으나, 서울시 인구 10만 명당 사망자 수는 2.2명으로 해외 주요 도시와 비교해 여전히 높은 편이다. 2019년 기준 일본 도쿄는 1.0명, 영국 런던은 1.4명, 프랑스 파리는 1.6명이었다.

2025년 현재 자전거 전용도로율은 아직 2% 미만이며, 도로 정비가 미흡하거나 단절된 구간이 많아 일상적인 자전거 이용에 불편함이 많다. 2023년 기준 자전거 교통사고는 약 1,000~1,100건으로 전국 자전거 사고의 약 20%를 차지한다. 사고 건수는 지속적으로 줄고 있으나, 전체 자전거 사고 중 상당수가 자전거 도로에서 발생하며, 특히 과속, 안전 수칙 미준수, 시설 미흡 등이 주요 원인이다.

서울이 직면한 과제는 단지 한 도시만의 문제가 아니다. 서울의 성공과 한계는 지방 도시들이 미래를 준비하는 데 중요한 참고점이 될 수 있다. 서울이 먼저 포용성과 지속 가능성 중심의 도시 전환을 이뤄낸다면, 그것은 곧 지방 도시에도 적용 가능한 전략 모델이 될 것이다. 서울의 내일은 대한민국 도시의 미래를 가늠하는 시험대다.

서울의 환경을 조금 더 쾌적하게 만들기 위해 지자체 차원에서 해결해야 하는 부분도 있지만, 사실 우리가 조금만 노력해도 바꿀 수 있는 것들이 많다. 서울을 변화시키는 가장 큰 힘은 바로 서울을 사랑하고, 서울에 대한 주인의식을 가진 시민들에게서 생겨난다.

공공과 민간, 그리고 서울 시민 모두가 함께 힘을 모은다면 앞으로 더 나은 서울을 만들어 갈 수 있을 것이다. 서울 역시 레저넌스가 2024년 세계에서 가장 매력적인 도시로 선정한 런던 못지않게 충분히 활기와 개성이 넘치는 멋진 곳이다. 서울이 기술과 콘텐츠를 넘어 일상의 질까지 갖춘 도시로 거듭난다면, 〈2030 세계 베스트 도시 보고서〉에서 1위를 차지하는 일도 결코 불가능하지 않다. 중요한 것은 서울의 주체—공공, 민간, 시민—가 함께 만들어가는 도시의 미래다.

10. 도시 관찰자, 제인 제이콥스에게 배우다

매력적인 도시의 조건

앞 장에서 살펴본 서울의 성과와 한계는 우리에게 '과연 매력적인 도시의 조건은 무엇인가?'라는 질문을 던지게 한다. 이 장에서는 제인 제이콥스Jane Jacobs가 가진 도시 철학을 중심으로 그 해답을 찾아본다.

제인 제이콥스와 그리니치 빌리지

내가 가장 존경하는 도시학자인 제인 제이콥스는 전통적인 도시계획 교육을 받지 않았지만, 도시에 대한 실제적인 경험과 관찰을 토대로 기존의 도시계획 전문가들의 시각을 뛰어넘는 통찰력을 얻게 되었다.

1961년 출간된 《미국 대도시의 죽음과 삶The Death and Life of Great American Cities》은 기존의 도시개발 방식을 비판하며, 사람 중심의 도시계획을 옹호하는 내용을 담고 있다. 그녀는 도시를 단순히 건물이나 도로의 집합이 아니라, 그 안에서 살아가는 사람들의 다양한 활동과 커뮤니티가 서로 영향을 주고받는 복잡한 시스템으로 인식했다.

제인 제이콥스가 도시와 도시계획에 대한 독특한 아이디어를 가지게 된 데에는 그녀가 살았던 뉴욕 그리니치 빌리지의 특성이 결정적인 영향을 미쳤다.[23]

그녀가 거주했던 당시(1930년대 중반~1960년대 후반) 그리니치 빌리지는 예술가, 작가, 시인, 음악가 등 다양한 창작자들이 모여드는 자유롭고 활기찬 문화의 중심지였다.[24] 서로 다른 연령, 직업, 인종, 계층의 사람들이 어울려 생활했으며, 인위적인 격자형 계획이 아닌 자연스럽게 형성된 좁은 골목길을 따라 다양한 상점, 카페, 바, 소규모 공연장, 갤러리 등이 들어서 있어 주거와 상업이 혼재된 독특한 도시적 특성을 지니고 있었다.

거리에서는 이웃 간의 교류와 활발한 보행자 활동이 이루어졌는데, 제인 제이콥스는 이를 '사이드워크 발레sidewalk ballet'라고 표현했다. 도시의 보도 위에서 일상적으로 벌어지는 다양한 사람들의 활동과 상호작용이 마치 즉흥적이고 복잡하면서도 전체적으로는 질서와 활력이 유지되는 발레처럼 보였기 때문이다.

그리니치 빌리지 주민들은 강한 공동체 의식을 가지고 있었으며, 사회문제에도 적극적으로 참여했다.[25] 이 시기 뉴욕시는 워싱턴 스퀘어 공원을 관통하는 자동차 도로 신설과 그리니치 빌리지 서쪽 일부를 철거해 고속도로와 대형 아파트 단지로 재개발하는 계획을 추진했다. 그러나 그리니치 빌리지 주민들은 이러한 자동차 중심의 대규모 도시 재개발 계획에 맞서 동네를 지키려는 운동을 펼쳤고, 결국 뉴욕시는 재개발 계획을 포기하게 되었다. 뿐만 아니라 성소수자 인권운동, 인종 통합 촉진, 반전

운동 등 다양한 사회운동에도 앞장섰다.

매력적인 도시의 조건

제인 제이콥스가 그리니치 빌리지에 거주하면서 관찰한 내용을 바탕으로, 활기차고 생동감 넘치는 매력적인 도시를 만들기 위해 강조한 4가지 요소는 다음과 같다.

1. 혼합용도 개발
2. 짧은 블록과 보행 친화적인 거리
3. 다양한 형태와 시기의 건물
4. 충분한 인구 밀도

이러한 요소들은 당시에는 매우 혁신적이었지만, 오늘날에는 도시계획의 중요한 원칙으로 자리잡고 있다. 그녀가 제안한 4가지 핵심 요소를 살펴보자.

1. 혼합용도 개발

제인 제이콥스는 도시를 다양한 사람들이 각기 다른 시간대에 여러 활동을 할 수 있는 '살아 있는 유기체'로 보았다. 그녀가 강조한 '혼합용도 개발Mixed-use development'은 하나의 지역이나 건물에 주거, 상업, 업무, 문화, 공공시설 등 여러 기능이 자연스럽게 섞여 있는 도시 구조를 의미한다. 그녀는 도시가 '유기적이고, 자생적이며, 정돈되지 않은organic, spontaneous, untidy' 공간이어야 한다고 강조하며, 혼합용도 개발이 도시의 다양성과 활력을 유지하는 데 필수적이라고 보았다.

1960년대 초반, 제인 제이콥스가 혼합용도 개발을 주장했던 시기에는 이러한 방식이 널리 받아들여지지 않았다.[26] 당시 미국과 많은 선진국 도시에서는 '용도지역제zoning'에 따라 주거, 상업, 산업 등 각 기능을 엄격히 분리하는 방식이 주류였고, 대규모 재개발과 고속도로 건설, 구시가지 철거 등이 도시 정책의 중심이었다. 이는 산업화 시기에 발생했던 문제들이 되풀이되지 않도록 하기 위해 주거, 상업, 산업 지역을 각각 분리·구획하여 도시 내 공해 발생을 억제하고, 질서 있는 성장을 추구하는 방식이었다.

용도지역제는 토지의 이용 목적을 명확히 구분하여 주거, 상업, 산업 등 상호 충돌할 수 있는 용도를 분리함으로써 토지의 효율적 이용을 촉진하고, 이를 통해 경제적·사회적 집적이익*을 얻을 수 있다. 또한 개발이 필요한 지역과 보전해야 할 지역을 구분함으로써 개발과 보전의 조화를 도모하고, 쾌적한 생활환경 조성, 공공시설 확보 등 도시의 질적 향상에 기여할 수 있다.

---

* 경제적·사회적 집적이익이란 비슷한 업종이나 관련된 산업, 또는 사람들이 한곳에 모여 얻을 수 있는 다양한 경제적·사회적 이점을 말한다. 예를 들어 여러 가구점이 한 거리에 모여 있으면 손님들이 한 번에 여러 가게를 비교할 수 있어 더 많이 방문하게 되고, 가게들은 공동으로 광고를 하거나 물건을 대량으로 사들여 비용을 줄일 수 있다. 또한 사람들이 한곳에 모여 살거나 일할 때 자연스럽게 다양한 정보와 기술, 아이디어를 주고받으며 서로 도움을 주고받을 수 있고, 협력의 기회도 많아지며, 일자리가 많아져 인재도 쉽게 모일 수 있게 된다.

그러나 전국적으로 동일한 기준이 적용되면서 지역별 특성과 변화에 유연하게 대응하기 어렵고, 도시별로 획일적이고 경직된 토지 이용이 이루어져 오히려 효율적인 이용을 저해할 수 있다. 지나치게 분리된 용도 구획은 상업·주거·문화 기능의 융합을 어렵게 하여 도시의 활력과 다양성을 떨어뜨릴 수 있으며, 용도 지역 지정 및 변경 절차가 복잡해 사회적·경제적 변화에 신속히 대응하기 어려운 한계점도 있다.

1970년대 들어 용도지역제로 개발된 도시들은 다양성 부족과 단조로움, 교외 확산으로 인한 도심 공동화, 교통 혼잡, 슬럼화 등 다양한 문제를 겪게 되었고, 이에 따라 기존의 용도 분리 정책에 대한 비판이 커졌다.[27] 이 시기부터 이러한 도시 문제를 해결하기 위해 혼합용도 개발이 점차 재조명되기 시작했다.

1980년대 후반부터 1990년대에 이르기까지 미국, 캐나다, 유럽, 호주 등에서는 기존의 용도 분리 규제를 완화하고, 혼합용도 개발을 허용·장려하는 정책 변화가 본격적으로 이루어졌다.[28]

세계적인 창조 도시로 손꼽히는 캐나다 토론토는 1986년 상업과 주거 등 다양한 용도의 혼합용도 개발을 공식적으로 도입했다.[29] 북미 도시들 가운데서도 가장 이른 시기에 혼합용도 개발 정책을 공식화한 사례다. 이러한 도입은 상업과 주거 기능을 한 공간에 결합함으로써 도시 토지 이용의 효율을 높이고 다양한 사회적 수요를 충족할 수 있는 기반을 마련했다. 이후 토론토는 고층 콘도와 다양한 편의시설, 교통 인프라가 결합된 혼합용도 개발을 적극적으로 추진하며 도시 경쟁력을 높여 왔다.

1892년에 완공된 토론토의 역사적인 오피스 건물인 구더햄빌딩 Gooderham Building이 위치한 세인트로렌스 지역, 토론토 구시가지 일대는,

혼합용도 개발이 활발히 추진된 토론토 시내 세인트 로렌스 지역(© 경신원)

토론토 시내에서 상업·주거·문화 시설이 공존하는 혼합용도 개발이 가장 활발한 지역 중 하나다.[30]

 이 지역은 지속적으로 재개발 사업이 추진되고 있으며, 보행 친화적인 거리와 다양한 용도의 복합 배치, 그리고 문화, 상업, 주거의 공존을 지향하고 있다.

 뉴욕, 런던 등 다른 주요 도시들도 2000년대 이후 본격적으로 혼합용도 개발을 확대하고 있으며, 최근에는 관련 제도를 대대적으로 정비하고 있다.[31] 뉴욕시는 맨해튼의 주택난 해소와 도시 활성화를 목표로, 향후 10년간 10만 호의 신규 주택을 공급하는 대규모 도시계획인 '2025 맨해튼 플랜2025 Manhattan Plan'을 수립했다. 이 계획의 핵심은 혼합용도 개발이다.

기존에 주거가 제한적이었던 미드타운 사우스 42개 블록을 대상으로 상업·산업 지역을 혼합용도 지구로 재조정하고, 약 9,700가구의 신규 주택(소득 연계 영구 임대주택 포함)을 공급할 계획이다. 기존의 대형 오피스 및 산업 건물도 주택으로 전환할 수 있도록 규제를 완화하여, 코로나19 팬데믹 이후 나타난 오피스 공실 증가와 상업 지역 침체 등 도심 문제를 해결하고, 주택 공급과 지역 경제 활성화를 동시에 달성하려는 것이다.

오늘날 혼합용도 개발은 '스마트 성장[*]', '뉴 어버니즘[**]', '대중교통 지향 개발[***]' 등 지속 가능한 도시계획의 핵심 전략으로 자리 잡게 되었다.

2. 짧은 블록과 보행 친화적인 거리

1960년대 미국을 비롯한 많은 도시에서는 대규모 도시 재개발, 불량 주거지 철거slum clearance, 고속도로 건설 등이 도시계획의 주류를 이루었

---

[*]   스마트 성장Smart Growth은 도시의 무분별한 확산을 억제하고, 보행과 대중교통 중심의 고밀·복합 개발을 통해 토지 이용의 효율성과 환경적 지속 가능성을 추구하는 도시계획 이론이다.
[**] 뉴 어버니즘New Urbanism은 전통적인 근린 주구 구성 원리를 바탕으로, 보행 친화적 환경과 다양한 용도의 혼합, 대중교통 활성화를 통해 인간 중심의 도시 공간을 지향한다.
[***] 대중교통 지향 개발TOD, Transit Oriented Development은 도시 내 대중교통(지하철, 경전철, 버스 등) 정류장이나 역을 중심으로 고밀도·혼합용도의 주거·상업·업무·공공시설 등을 집중적으로 배치하는 도시계획 방식이다.

다. 이 시기 도시계획가들은 주거·상업·산업 등 각 기능을 엄격히 분리하고, 넓고 긴 블록과 자동차 중심의 도로망을 설계했다. 이러한 도시 설계는 도심 공동화, 지역 사회 해체, 보행자 감소, 거리의 활력 저하 등의 문제를 낳았다.

제인 제이콥스는 긴 블록과 단조로운 도로 구조가 사람들의 이동을 제한하고, 이웃 간 교류와 경제적 활력을 저해한다는 점을 지적했다. 그녀는 블록이 짧고 교차로가 많을수록 다양한 경로와 만남이 생기고, 보행자 유입이 늘어나며, 지역 상권과 커뮤니티가 활성화된다고 주장했다.

또한 사람들이 걷고 머무르며 다양한 활동이 일어나는 보행 친화적인 거리가 도시의 안전과 활력, 사회적 유대를 만든다고 강조했다. 자동차 중심이 아니라 '사람' 중심의 거리 설계가 필요하다고 본 것이다.

그녀의 주장은 당시에는 급진적이고 비주류로 여겨졌지만, 시간이 흐르면서 도시계획의 패러다임에 큰 영향을 미쳤다.[32] 오늘날 많은 도시에서 짧은 블록, 다양한 골목, 보행자 중심 거리가 도시의 활력과 다양성, 안전을 위한 핵심 원칙으로 평가받고 있다.

제인 제이콥스의 이러한 관점은 최근 주목받는 '사회적 도시' 개념과 매우 밀접하게 연결되어 있다. '사회적 도시' 개념은 사람들 사이의 상호작용, 일상적 교류, 공동체적 유대에 초점을 맞추는 도시 발전 패러다임이다.

영국의 도시학자 피터 홀Peter Hall과 콜린 워드Colin Ward는 에버네저 하워드Ebenezer Howard의 '전원도시' 개념을 재해석해, 현대 도시에서의 사회적 상호작용, 커뮤니티, 공공공간의 중요성, 다양한 계층과 세대가 어울릴 수 있는 도시 구조를 강조했다. 1998년, 에버네저 하워드의 《내일: 진정한 개혁을 향한 평화로운 길To-morrow: A Peaceful Path to Real Reform》(1898)

뉴욕시 그리니치 빌리지의 보행 친화적인 거리(©경신원)

출간 100주년을 기념해 《사회적 도시들: 에버네저 하워드의 유산Sociable Cities: The Legacy of Ebenezer Howard》을 출판했다. 이 책에서 피터 홀과 콜린 워드는 에버네저 하워드의 철학을 바탕으로, 도시의 미래는 물리적 확장이나 경제적 성장에 있지 않고 사람들이 일상적으로 만나고 교류하며 사회적 삶이 풍요롭게 유지되는 '사회적 도시'에 달려 있다고 보았다.

아르헨티나의 부에노스아이레스는 세계에서 가장 매력적이고 사회적인 도시 중 하나로 꼽힌다.[33] 부에노스아이레스에는 저마다 개성을 지닌 48개의 동네barrios가 있으며, 각 동네마다 다양한 상점, 카페, 거리 예술, 공공공간이 조화를 이루고 있다. 도시의 여러 명소와 동네를 도보로 쉽게 이동할 수 있고, 대중교통과 자전거 인프라도 잘 갖춰져 있어 도시 전체가 '만남의 장'이 되고 있다.

다양한 이웃과 혼합용도, 활기찬 거리와 공공공간, 보행과 대중교통 중심의 도시 구조, 그리고 개방적이고 사회적인 시민 문화를 지닌 부에노스아이레스는 제인 제이콥스가 강조한 '활기차고 사회적인 도시'의 대표적 사례로 자주 언급된다.[34]

3. 다양한 형태와 시기의 건물 혼재

제인 제이콥스는 다양한 시대와 스타일의 건물이 어우러진 그리니치 빌리지 거리를 걸으며, 사람들이 공간을 어떻게 사용하고 건물이 어떻게 활용되는지를 세밀하게 관찰했다.

그리니치 빌리지는 처음에는 17세기 초 네덜란드인들에 의해 개발된 농장 지대였으나, 17세기 중반 영국이 이 지역을 점령한 이후 주거지로 성장했다. 19세기에는 다양한 이민자, 흑인 자유민, 예술가, 노동자 등이 모여 사는 다문화 주거지로 발전했고, 20세기에는 미국 보헤미안 문화의 발상지로 자리 잡았다. 이후에는 문화, 미술, 음악, 연극 등 다양한 예술 운동과 사회적 저항, 혁신의 중심지가 되었다.[35]

이 지역은 맨해튼에서 1800년대부터 이어진 연방양식*, 그리스 리바이벌**, 이탈리아네이트***, 프렌치 세컨드 엠파이어**** 등 다양한 시대와 형태의 건물들이 남아 있는 거의 유일한 구역이다.[36] 이러한 건물의 혼합은 다양한 계층과 직업, 문화가 공존하는 환경을 만들었고, 제이콥스가 관찰한 '사이드워크 발레'와 같은 활기찬 도시생활의 기반이 되었다.

오래된 저렴한 건물부터 잘 보존된 역사적인 건물, 그리고 새로 지어진 신축 건물까지 다양한 유형의 건물이 공존할 때 여러 소득 계층이 한 지역에 함께 살 수 있는 기회가 생긴다. 오래되거나 규모가 작은 건물은 상대적으로 임대료나 거주 비용이 저렴해, 소득이 낮거나 창업 초기 단계의 개인, 소상공인, 예술가 등이 이용할 수 있다. 반대로 신축 건물이나 대형 상가는 더 높은 소득 계층이나 기업이 사용할 수 있다. 이런 환경은 한 지역에서 다양한 계층과 직업, 라이프스타일을 가진 사람들이 함께

---

* 연방양식Federal Style은 미국 독립 이후(약 1780~1830년) 유행한 건축 양식으로 미국 건축의 초기 정체성을 대표한다. 이 양식은 주로 미국 동부의 도시와 주택, 공공건물에서 널리 볼 수 있는데, 주요 특징은 건물 정면의 완벽한 대칭과 균형, 간결하고 우아한 선과 비례, 고대 그리스, 로마 건축에서 영감을 받은 기둥, 아치, 반원형 창문 등의 고전주의적 요소, 출입문 위에 반원형 또는 타원형의 유리창Fanlight, 높은 천장과 큰 창문 등이 있는 것이다.

** 그리스 리바이벌Greek Revival은 고대 그리스 신전의 웅장함과 장중함을 직접적으로 드러내는 양식으로 약 1825~1860년대에 유행한 건축양식이다. 그리스 신전에서 영감을 받은 입면과 흰색 외관, 넓은 현관과 포치, 간결하면서도 대담한 장식이 사용된다.

*** 이탈리아네이트Italianate 양식은 19세기 중반 유럽과 미국에서 유행한 건축 양식으로, 이탈리아 르네상스 시대의 건축에서 영감을 받은 스타일이다. 특히 영국과 미국의 주택, 타운하우스, 상업 건물에 널리 적용되었다. 건물은 대체로 낮고 넓으며, 평평하거나 경사가 완만한 지붕, 장식적인 처마, 높고 좁은 창문, 화려한 외관 장식이 특징이다.

**** 프렌치 세컨드 엠파이어French Second Empire 양식은 19세기 중반 프랑스의 나폴레옹 3세(제2제정, 1852~1870년) 치하에서 발전한 건축 양식이다. 이 양식은 파리의 대대적인 도시 재개발과 함께 유럽, 북미 등지로 확산되며 국제적인 영향력을 끼쳤다. 이 양식의 가장 뚜렷한 특징은 경사가 급한 2중 지붕인 '망사르드 지붕'이며, 화려하고 다양한 장식과 대칭적이고 웅장한 파사드가 특징이다.

살고 일할 수 있게 하며, 도시의 사회적 다양성과 포용성을 높인다.

그녀의 이러한 관점은 1990년대 이후 도시 정책에서, 도시 내 빈곤의 집중과 주거지의 사회적 분리를 완화하기 위한 '사회적 소외', '사회적 혼합', '다양한 소득 계층 혼합 개발'과 관련한 정책의 이론적 토대가 되었다.[37] 미국의 대규모 공공주택 재개발 프로그램과, 영국을 포함한 유럽 여러 나라에서 다양한 소득 계층이 함께 살도록 하는 혼합 주거Tenure Mix 정책이 시도되었다.

혼합 주거 정책은 다양한 소득 계층이 한 주거 단지나 지역에서 함께 거주하도록 유도하는 설계적 접근이다. 이를 통해 시장 임대와 저소득층을 위한 공공 임대가 한 단지에 공존하고, 여러 가지 주택 유형이 함께 어우러질 수 있다. 한 지역에 저소득층만 집중되는 빈곤의 집적을 해소하고, 사회적 네트워크 형성, 롤모델 제공, 교육 및 취업 기회 확대 등 긍정적인 효과를 기대하며 추진되었다.

이러한 정책들은 도시의 다양성과 포용성을 위한 중요한 시도였지만, 실제로 기대한 만큼의 성과를 거두지 못했다.[38] 이는 사회적 통합이 단순히 공간의 물리적 설계만으로 이루어지지 않기 때문이다. 진정한 통합을 위해서는 주민 간의 신뢰와 상호작용을 촉진하는 다양한 커뮤니티 프로그램, 교육, 중재, 그리고 맞춤형 지원 정책이 함께 제공되어야 한다. 이러한 비물리적 접근이 병행될 때 비로소 다양한 계층과 집단이 한 지역사회에서 조화롭게 어울릴 수 있다.

4. 충분한 인구 밀도

제인 제이콥스는 도시가 활기를 띠기 위해서는 다양한 사람들이 일정 공간에 충분히 밀집되어 있어야 한다고 주장했다. 충분한 인구 밀도는 도시의 거리와 공간이 하루 종일 활기를 유지하게 하고, 다양한 활동과 상호작용이 자연스럽게 이루어질 수 있도록 만든다. 그녀가 말한 '충분한 인구 밀도'는 단순히 정주 인구만을 의미하는 것이 아니라, 그 지역에 '머무는 사람'과 '드나드는 사람' 모두를 포함하는 개념이다.

충분한 인구 밀도는 도시의 활기뿐만 아니라 안전을 유지하기 위해서도 필수적이다. 모든 시간대에 거리에 충분한 사람들이 있을 때, 제인 제이콥스가 강조한 '거리의 눈eyes on the street' 개념이 제대로 작동할 수 있기 때문이다. 그녀는 도시의 거리에 다양한 사람들이 모이고 활동할 때, 이들이 자연스럽게 주변을 관찰하고 감시하는 효과가 생긴다고 주장했다. 즉, 지역 주민, 상점 주인, 보행자 등 다양한 사람들이 거리에서 일상적으로 활동하면서 서로를 지켜보는 것이 범죄 예방과 질서 유지에 큰 역할을 한다는 것이다.

1950~1960년대 당시 뉴욕과 같은 대도시 지역에서는 마약 문제와 함께 절도, 폭력, 살인 등 다양한 범죄가 급증하며 도시 안전에 대한 우려가 컸다. 이러한 범죄의 증가로 많은 사람과 기업들이 도심을 떠나 교외로 이동하는 현상이 급격히 진행되었고, 도심은 점점 더 사회적·경제적 취약 계층이 집중되며 범죄와 슬럼화가 심화되었다.

제인 제이콥스가 살던 그리니치 빌리지도 치안 문제가 심각했는데, 특히 마약 문제와 관련한 범죄 증가로 지역 사회에서도 이에 대한 대책 마련을 두고 논란이 많았다. 제인 제이콥스는 그리니치 빌리지 주민들이 서로를 지켜보는 일상적인 감시, 즉 '거리의 눈'과 활발한 거리 생활이 치안 유지에 중요한 역할을 한다는 점을 세밀한 관찰을 통해 발견할 수 있었다.

그녀는 뉴욕 이스트 할렘의 계획적으로 개발된 대규모 공공주택 단지와, 보스턴의 오랜 시간 동안 주민들에 의해 자생적으로 성장한 노스 엔드* 지역을 비교하였다.

이스트 할렘 지역의 대규모 공공주택 단지에서는 넓은 공원과 놀이터가 주거 동과 분리되어 배치되면서 주민들조차 자주 이용하지 않게 되었고, 이로 인해 범죄와 무질서가 발생하는 공간이 되어 주민들이 사회로부터 고립되는 현상이 나타나고 있었다.

반면, 일반적으로 '슬럼'으로 취급받던 이민자 밀집 지역인 노스 엔드 지역은 오히려 활기와 생동감이 넘치고, 주민들 간의 일상적인 상호작용이 활발하게 이루어지고 있었다. 보스턴에서 가장 오래된 주거 지역 중 하나인 노스 엔드는 다양한 이민자와 주민들이 들어오면서 자연스럽게 주거지와 상업지가 혼합된 형태로 발전한 곳이다.

이러한 관찰을 토대로 제인 제이콥스는 에버네저 하워드의 전원도시 구상이나 르 코르뷔지에Le Corbusier의 근대 도시계획 이론 등 중앙집중적이고 획일적인 공간 디자인을 추구하던 당시 도시계획가들의 접근 방식을 강하게 비판했다. 그녀는 르코르뷔지에식 고층 아파트 개발과 하워드식 저밀도 전원도시 모두 저밀도와 분산된 구조, 통행의 제한성, 그리고 일상적인 상호작용의 부족으로 인해 각 공간이 넓게 분리되고 거리 공간이 비어 있게 된다고 지적했다. 이로 인해 자연스러운 감시와 공동체의 활력이 약화되어 오히려 범죄 위험이 증대될 수 있음을 강조했다.

그녀는 빈곤이나 소수 민족, 이민자 집단이 범죄의 원인이라는 사회적 편견을 비판하고, 범죄의 주된 원인이 물리적 환경에 있다고 보았다. 실제로 뉴욕에서 가장 안전한 보행자 도로가 가난하거나 소수 민족이

사는 지역에 있다는 점을 강조하면서, 사람들이 자주 오가고 서로를 자연스럽게 감시하는 환경, 즉 자발적이고 일상적인 상호작용이 활발한 지역에서 범죄가 억제된다고 주장했다.

제인 제이콥스가 강조한 매력적인 도시 만들기의 4가지 요소 — 1. 혼합용도 개발, 2. 짧은 블록과 보행 친화적인 거리, 3. 다양한 형태와 시기의 건물, 4. 충분한 인구밀도 — 는 서로 긴밀하게 연결되어 상호 보완적으로 작용한다. 따라서 이 4가지 요소가 모두 충족될 때 도시의 다양성, 활력, 안전, 사회적 포용성이 극대화될 수 있다. 특히 네 번째 요소인 '충분한 인구밀도'는 도시의 지속적인 활력과 경제적·사회적 다양성을 유지하는 데 필수적이다. 적정한 인구의 집중은 다양한 용도의 공간과 건물이 효과적으로 활용될 수 있는 기반이 되며, 이는 자연스러운 감시와 교류, 그리고 다양한 활동이 이루어지는 안전하고 활기찬 도시 환경을 조성한다.

제인 제이콥스의 도시에 대한 철학은 과거의 대안이 아니라, 오늘날 쇠퇴와 소멸 위기에 놓인 도시들에게 여전히 살아 있는 나침반이다.

---

* 노스 엔드North End 지역은 오늘날 보스턴에서 가장 매력적인 동네 중 하나로 손꼽힌다. 오래된 공공건물과 100년이 넘은 유서 깊은 건축물, 그리고 폴 리비어 하우스Paul Revere House와 올드 노스 교회Old North Church 같은 미국 독립혁명 시대의 역사적 명소들이 곳곳에 남아 있다. 이러한 역사적 유산은 현대적인 도시 환경과 어우러져 독특한 분위기를 자아낸다. 이 지역은 '리틀 이탈리아'로 불릴 만큼 이탈리아계 이민자 전통이 강하게 남아 있어, 골목마다 정통 이탈리아 레스토랑, 베이커리, 카페가 줄지어 있다. 이처럼 노스 엔드는 풍부한 역사, 활기찬 커뮤니티, 다양한 먹거리와 문화, 그리고 걷기 좋은 환경이 조화를 이루며 방문객들에게 강렬한 인상을 남기는 특별한 동네이다.

11. 세종시 vs 워싱턴 D.C.

제이콥스의 시선을 통해 본 계획도시

행정중심복합도시, 세종시

나는 귀국한 이후 서울시립대학교 국제도시과학대학원에서 한국의 도시 및 경제 발전을 공부하기 위해 온 학생들(대부분 공무원)을 가르치고 있다. 얼마 전 지역개발론 수업 시간에 지역 균형 발전을 위해 건설된 세종시와 행정수도 이전에 관해 이야기했다. 학생들 대부분이 대학원 현장답사의 일환으로 세종시에 다녀온 경험이 있었기 때문에, 나는 세종시에 대한 느낌을 물어보았다.

학생들이 가장 먼저 지적한 것은 '거리에서 사람을 거의 볼 수 없다'는 점이었다. 도심의 상업지구는 텅 비어 있는 경우가 많고, 어디를 가더라도 일상 속 활기를 찾기 어렵다고 했다. 도시의 구조가 지나치게 효율적이고 계획적이어서 오히려 도시에 대한 흥미가 떨어진다는 것이었다.

나 역시 처음 세종시를 방문했을 때 같은 인상을 받았다. 행정안전부에서 주최한 지방 소멸 문제 관련 회의에 참석하기 위해 고속버스를 타고 세종시 정부청사역에 도착했을 때 느낀 그 황량함을 아직도 잊을 수 없다. 수도권 과밀 해소와 국토 균형 발전을 목표로 건설된 세종시에 대한 기대가 컸던 만큼 실망도 컸다.

세종시 건설은 내가 영국에서 박사과정을 하던 중 이루어졌다. 행정수도 이전은 우리나라 현대사에서 매우 큰 의미를 갖는 사건이었을 뿐만 아니라, 내 전공과도 관련이 깊어 이에 관한 뉴스를 종종 찾아보곤 했다. 2002년 노무현 대통령 후보가 충청권 행정수도 건설을 공약하면서 시작되었고, 이후 수도권에 집중된 인구와 행정 기능을 분산하기 위해 국가 차원의 대규모 계획도시로 추진됐다.

세종시는 행정중심복합도시로 설계되어 서울의 주요 행정기관을 이전함으로써 국가 균형 발전의 상징적 도시로 자리매김했다. 실제로 인구 유입 등에서 일정한 성과를 거두었고, 행정기관과 연구기관의 이전, 도시 인프라 확충 등으로 정주 여건도 꾸준히 개선되고 있다.[39]

세종시 인구는 2012년 10만 명에서 2024년 약 39만 명으로 빠르게 증가했으며, 평균 연령 역시 30대 후반으로 전국에서 가장 젊은 도시다. 그러나 세종시는 행정기관 중심의 도시로 출발해 민간 일자리, 산업 기반, 문화·상업 인프라가 충분히 따라오지 못해 자족 기능이 미흡하다는 평가를 받고 있다.[40] 상업 및 업무 용지의 과잉 공급으로 상가 공실률이 높고, 실제 수요를 초과한 상업시설이 도시 활성화에 부담이 되고 있다.[41] 인구 증가세도 최근 2~3년간 0%대로 둔화되었고, 신규 아파트 입주가 줄면서 성장 정체 현상이 나타나고 있다. 특히 다수의 청년층(20~30대) 인구가 순유출되고 있는데, 이는 일자리, 문화 및 여가 공간 부족 등

이 원인으로 지적되고 있다.[42]

뿐만 아니라 세종시 개발이 수도권 과밀 해소라는 본래 목적을 달성하는 데도 한계가 있다는 비판도 있다.[43] 실제로 2022년 기준 세종시로 전입한 인구의 51.3%가 충청권 출신으로, 대전, 충남, 충북 등 인접 지역에서 수만 명이 이동했다. 이로 인해 세종시는 수도권 인구 분산 효과보다는 오히려 충청권 인구와 자원을 흡수하는 '블랙홀' 역할을 했다는 비판을 받고 있다.

이러한 현실은 세종시 개발과정에서의 정치적 논란과 정책적 변화가 적지 않았던 점과도 무관하지 않다.[44] 세종시는 행정수도 이전이라는 국가적 과제를 추진하는 과정에서 여러 차례 방향이 바뀌었고, 그때마다 사업의 일관성과 실행력이 흔들렸다. 이로 인해 도시의 장기적인 성장 전략이나 자족 기능 확보를 위한 준비가 충분히 이루어지지 못한 측면이 있다.

세종시는 브라질리아(브라질), 캔버라(호주), 푸트라자야(말레이시아), 워싱턴 D.C.(미국) 등 세계 여러 행정수도형 계획도시들을 종합적으로 참고해 조성되었지만, 그 가운데 특히 미국의 워싱턴 D.C.를 대표적 모델로 삼았다.[45]

워싱턴 D.C.는 미국 내에서는 드물게 도시 전체가 계획적으로 설계된 도시로, 방사형과 격자형 도로망, 넓은 대로와 대규모 블록, 국회의사당·백악관 등 상징적 공간이 특징이다. 세종시 역시 대규모 블록과 넓은 도로, 상징적 공간 배치를 통해 도시의 위엄과 효율성을 강조했다. 두 도시는 행정과 공공 기능의 효율적 배치와 차량 흐름을 고려해 설계되었다는 공통점이 있다. 다만, 워싱턴 D.C.는 기존 정착지*와 혼재하며 도시 구조가 변화해 왔다는 점에서, 완전히 신도시로 개발된 세종시와는 차이가 있다.

세종시와 워싱턴 D.C.의 매력과 한계

지금부터 세종시와 워싱턴 D.C.의 매력과 한계를 제인 제이콥스가 강조한 4가지 핵심 요소적 측면에서 살펴보자.

1. 혼합용도 개발

세종시는 도시계획 초기 단계부터 혼합용도와 다핵 구조를 지향해 설계된 도시다. 2006년 행정중심복합도시 건설 기본계획에서는 '이중환상형(두 개의 링 구조) 도시공간 구조'를 도입해, 중심 녹지 공간을 둘러싸고 6개의 기능별 생활권(행정, 상업·문화, 지방 행정, 산업·대학·연구, 의료·복지, 첨단 지식 기반)이 분산 배치되도록 계획했다. 각 생활권은 다시 인구 2~3만 명 규모의 기초 생활권으로 세분화되어, 주민들이 가까운 곳에서 일상생활을 영위할 수 있도록 설계되었다.

하지만 세종시는 시설의 다양성이나 인구 밀도, 상업·문화적 다양성, 시민 주도적 공간 활용 등 도시의 '재미'와 '활력'을 만들어내는 요소가 부족하다는 평가를 받고 있다.[46]

이러한 평가는 첫째, 도시의 중심에 대규모 녹지 공간이 위치하고 그 주변으로 행정, 상업, 문화, 연구 등 주요 기능이 분산 배치된 구조에서 그 원인을 찾을 수 있다. 각 건물과 생활권 사이의 거리가 멀고, 구름다

---

* 워싱턴 D.C.의 원래 영토에는 18세기 중반에 설립된 두 개의 항구 도시, 조지타운(1751)과 알렉산드리아(1749)가 포함되어 있었다. 이후 알렉산드리아는 워싱턴 D.C. 영토 일부가 버지니아주로 반환되면서 다시 버지니아에 속하게 되었다.

리와 같은 연결 통로도 실제 보행자가 많이 이용하지 않아 거리의 활력이 떨어지고 자연스러운 만남이 이루어지기 어렵기 때문이다.[47]

단계	1단계('07~'15)	2단계('16~'20)	3단계('21~'30)
기능	중앙행정, 도시행정 기능 정부 출연 연구 기능 국제 교류 및 문화 기능	대학 기능 의료, 복지 기능 첨단지식 기반 기능	도입 기능의 완비
규모	15만	30만	50만
개발 방향	초기 집중 개발 유도	자족 기능 중심의 개발 확대	주거지 확충 도시 기반 시설 완비

세종 신도시 건설 기본 계획 및 개발 구상(2006, 출처: 행복도시건설청)

두 번째로, 문화 시설과 상업 시설, 그리고 젊은이들이 모일 만한 공간이 충분히 조성되지 않아 '놀 거리, 볼 거리, 즐길 거리'가 부족하다는 지적이 나오고 있다.[48] 이로 인해 세종시는 '노잼 시티'라는 이미지가 확산되고 있으며, 거리의 활기도 점점 더 떨어지고 있다. 우리 대학원 학생들이 거리에서 사람을 거의 볼 수 없고 활기가 부족하다고 느끼는 것도 바로 이러한 이유 때문이다.

세종시와 마찬가지로 워싱턴 D.C.도 18세기 도시계획 단계에서 다양한 기능이 어우러진 혼합용도의 '이상적 수도'를 지향했다. 프랑스 출신 건축가 피에르 샤를 랑팡Pierre Charles L'Enfant이 바로크식 도시계획*을 참고해 설계했는데, 격자형과 방사형 도로망이 결합된 구조로 주요 행정·기념 시설을 중심으로 넓은 가로와 공공 공간을 배치했다. 도시 전체가 정삼각형 축선에 맞춰 설계되었으며, 중심에는 국회의사당, 백악관, 워싱턴 기념비 등이 삼각형을 이루고 주요 도로가 이들을 연결하고 있다.

이후 인구 증가와 도시 확장에 따라 다양한 용도의 건물이 혼재되면서 20세기 초 워싱턴 D.C.는 환경 악화, 토지 가치 하락, 도시 미관 훼손 등 여러 가지 문제가 발생했다. 이에 워싱턴 D.C.의 도시계획 전문가와 정치인들은 미국 최초로 종합 조닝 조례를 도입한 뉴욕의 사례를 참고해 조닝 제도를 도입했다.

---

* 바로크식Baroque 도시계획은 기하학적이고 대칭적인 공간 구성, 방사형 직선 도로 체계, 대규모 광장과 정원, 상징적 건축물의 배치가 특징이다. 여기에 도시의 확장성과 개방성, 미적·극적 연출이 결합되어 있다. 이러한 방식은 절대왕정 시대의 권위와 부, 미적 감각, 그리고 효율성을 동시에 추구한 도시계획 방식으로 베르사유, 칼를스루에 등 유럽 각지의 대표적인 도시에서 그 특징을 찾을 수 있다.

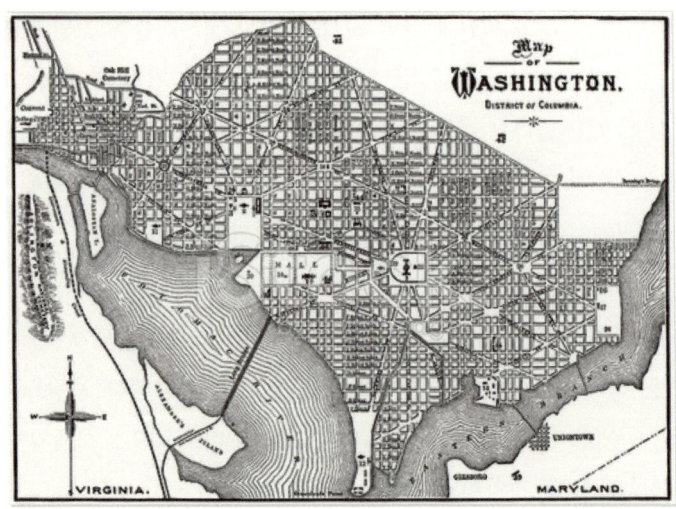

1884년 워싱턴 DC 지도(© traveler1116)

1920년대부터 본격적으로 시행된 조닝 제도에 따라, 정부 기관과 공공 시설은 특정 지역에 집중되고, 상업, 주거, 문화 공간은 각각 분리되어 배치되었다. 도로와 건물들은 바둑판처럼 격자 형태로 배열되었는데, 이러한 구조에서는 주거·상업·공공시설 등 다양한 기능이 구역별로 분산되어 배치된다. 이로 인해 주요 기능이 한곳에 모이지 않게 되어 사람들의 자연스러운 만남도 이루어지기 어렵게 되었다. 특히 퇴근 시간 이후 도심이 한산해지는 '야간 공동화' 현상이 나타나기도 했다. 그 결과 워싱턴 D.C.는 다른 도시들에 비해 거리의 활기가 부족하다는 평가를 받았다.[49]

하지만 최근에는 젊은 층 인구 유입과 다양한 야간 경제 활성화 정책,

문화 및 상업지구의 성장으로 인해 워싱턴 D.C.의 일부 지역에서는 밤에도 활기가 이어지고 있으며, 과거에 비해 야간 공동화 현상이 상당 부분 완화되고 있다. 이는 워싱턴 D.C.가 본격적으로 혼합용도제를 공식적으로 도입하고 확대하기 시작한 것과 무관하지 않다. 이전에도 도심 일부에서 제한적으로 혼합용도 개발이 시도되기는 했으나, 2016년 조닝 제도 개정 이후 오피스, 주거, 리테일, 문화 시설이 한데 어우러진 복합 개발이 본격적으로 확산되었고, '24시간 활기'가 생기고, 야간 공동화 현상이 완화되는 등 도시의 일상적 활력이 크게 높아졌다.

워싱턴 D.C.의 '더 워프The Wharf'나 '네이비 야드Navy Yard'처럼 혼합용도 지구에는 주거, 오피스, 상업, 문화시설이 집적되어, 다양한 일자리와 생활 편의, 여가를 동시에 제공하고 있다. 이러한 환경은 젊고 경제활동에 적극적인 인구가 도시로 모여드는 데 중요한 역할을 하며, 기업 또한 우수 인재 유치와 직원 만족도 제고를 위해 혼합용도 지역을 선호하는 경향이 있다.[50]

또한 혼합용도 지구는 팬데믹 이후에도 단일 오피스 지구에 비해 회복력이 높았고, 주거·상업·업무가 어우러진 환경 덕분에 경제활동이 빠르게 정상화되었다. 실제로 워싱턴 D.C.의 인구는 2020년 팬데믹으로 일시적으로 감소했다가 이후 빠르게 회복하여 2024년에는 약 70만 명을 넘어섰다.[51] 특히 30~34세 등 젊은 인구 비중이 높고, 전체 인구의 약 69%가 생산연령층(18~64세)으로 전국 평균보다 높은 수준이다. 이는 혼합용도 개발이 젊은 층 유입과 도시의 활력, 경제적 생산성에 긍정적 영향을 미치고 있음을 보여준다.

2. 짧은 블록과 보행 친화적인 거리

세종시와 워싱턴 D.C.는 모두 대규모 블록과 넓은 도로를 중심으로 한 도시 구조를 통해 상징성과 위엄, 공공 기능의 효율적 배치와 차량 통행의 편의를 강조하며 설계되었다. 그러나 이런 대규모 중심의 도시계획은 보행자의 이동을 불편하게 하고, 도시 공간을 삭막하게 느끼게 할 수 있다.

세종시는 계획 단계에서 생활권을 원형 구조로 배치해 평등한 접근성과 대중교통 중심의 도시를 지향했으나, 실제로는 대형 블록 위주의 토지 공급과 넓은 도로, 고층 아파트 단지 중심의 개발이 이루어졌다. 그 결과 짧은 블록이 주는 경로의 다양성과 개방성이 떨어져 도시 공간이 비어 보이고, 걷는 사람도 많지 않다. 친환경적이고 쾌적한 도시를 지향했지만, 오히려 거리에서 느껴지는 '공허함'이 커졌다는 지적도 있다.[52]

도시의 짧은 블록은 한 방향으로만 길게 이어진 대형 블록과 달리 여러 방향으로 쉽게 이동할 수 있는 선택지가 많아 경로의 다양성이 높아진다. 또한 골목, 교차로, 모퉁이 등이 자주 나타나 목적지까지 돌아가지 않고 빠르게 이동할 수 있어 접근성이 좋아진다. 이렇게 다양한 경로와 쉬운 이동이 가능해지면 도시 블록이나 구역의 외부와 내부, 이웃 지역 간의 상호작용이 활발해져 도시의 활력이 증진된다. 반대로 블록이 길고 크면 이동 경로가 제한되고 도시 공간이 단절되어 투과성이 낮아진다.

실제로 워싱턴 D.C.의 일부 주요 도로와 대형 블록은 보행자에게 스케일이 크고 횡단 거리가 길어 보행 접근성이 떨어지며, 일부 지역에서는 상업이나 사회적 활동이 부족해 활력이 낮다는 평가도 제기되고 있다.[53]

어릴 적 처음 워싱턴 D.C.의 내셔널몰 일대 박물관을 방문했을 때,

광활한 잔디밭과 거대한 대로, 그리고 양옆으로 늘어선 박물관들이 만들어내는 압도적인 스케일이 아직도 생생하게 기억난다. 이후 성인이 되어 워싱턴 D.C.에 위치한 Urban Institut에서 근무할 때도 도시는 매우 깨끗하고 잘 정돈되어 있었지만, 뉴욕처럼 도시의 이곳저곳을 걸어보고 싶다는 생각은 들지 않았다.* 뉴욕의 골목길은 어수선하고 다소 지저분하지만, 그 속에서 뭔가 흥미로운 것을 발견할 것 같은 설렘을 주는 도시다.

미국에서 가장 먼저 종합 조닝 조례를 도입한 뉴욕의 거리가 워싱턴 D.C.와 달리 생동감을 주는 이유는, 특히 맨해튼의 블록이 짧고 보행 친화적이기 때문이다. 맨해튼의 격자형 그리드와 짧은 블록 구조는 1811년 '커미셔너 플랜Commissioner's Plan of 1811'이라는 대규모 도시계획에 의해 도입되었다. 이 계획은 뉴욕 남쪽의 자연 발생적으로 성장한 도심(월스트리트 일대)에서 북쪽으로 도시를 확장하면서, '질서, 편의, 경제성'을 목표로 직선 거리와 짧은 블록을 의도적으로 반복 배치한 것이었다. 이를 통해 보행자의 이동 경로를 다양하게 만들고, 상업 활동의 활력을 높이고자 했다.

이후 뉴욕시는 오랜 시간 도시가 성장하고 교통수단이 변화함에 따라, 보행자 중심의 도시 환경을 조성하기 위한 다양한 정책을 모색해 왔다. 특히 최근 10~20년간 타임스퀘어, 헤럴드스퀘어, 5번가 등 주요 도로를 보행자 전용 공간으로 전환하고 자전거 도로와 공공광장을 조성하는

---

* UI가 위치한 '듀퐁 서클Dupont Circle'은 워싱턴 D.C.의 대표적인 혼합용도 지역이다. 이곳에는 다양한 레스토랑, 카페, 바, 갤러리, 상점, 주거시설, 공공 공간 등이 어우러져 있어 워싱턴 D.C.의 중심부보다는 훨씬 재미있는 공간이 많았고 거리에 활력이 있었다.

'오프 스트리트off-street' 정책을 적극 추진한 결과, 보행자 안전, 상권 활성화, 도시 활력이 크게 증진되었다.[54]

최근 세종시와 워싱턴 D.C.도 보행 환경 개선을 위한 다양한 정책을 추진하고 있다. 워싱턴 D.C.는 도심 곳곳에 공공광장을 조성하고, 일정 시간 차량 통행을 제한해 보행자에게 개방하는 '오픈 스트리트open street' 정책을 확대하고 있다. 이를 통해 시민들이 걷고 머물 수 있는 공간을 늘리고, 지역 상권과 커뮤니티 활성화를 도모하고 있다.[55]

세종시 또한 주요 생활권 내에 공공 보행 통로나 보행자 전용 도로를 조성해 대형 블록으로 인한 단절을 최소화하고, 다양한 경로 선택이 가능하도록 노력하고 있다.[56]

3. 다양한 형태와 시기의 건물 혼재

행정중심복합도시로 출발한 세종시는 계획 단계에서 의도적으로 건축적 다양성을 추구했다. 설계 공모제를 적극 도입해 아파트와 공공 건축물 등에서 관행적인 디자인을 벗어난 다양한 형태의 건축물이 들어섰다. 국립세종도서관, 대통령기록관, 세종시청사는 각각 책, 국새 보관함, 배의 형상을 모티프로 삼아 도시의 상징성과 개성을 부여했다. 한글 자음과 전통 문양을 활용한 디자인 등 한국적 정체성을 반영한 특화 건축물도 다수 조성되어 '건축박물관'이라는 평가를 받기도 했다.[57]

하지만 설계공모와 심의 기준이 엄격해 건축가들이 창의성을 충분히 발휘하기 어렵고, 실용성과 효율성 측면에서도 한계가 있다는 지적이 있다.[58] 예를 들어, 정부세종청사는 디자인적 상징성(용의 형상)에 지나치게 치중한 나머지, '비효율의 극치'라는 혹평을 받았다. 실제로 내부 동선이 불편하고, 실용성과 사용자 편의성이 떨어진다는 비판이 제기된다. 또한 신도시 특성상 대부분의 건축물이 최근에 지어져 제인 제이콥스가 강조한 '신구 건축물의 자연스러운 혼재'라는 조건을 충족하기 어렵다.

반면 워싱턴 D.C.는 오랜 역사를 바탕으로 18세기 연방양식, 19세기 빅토리아 양식*, 로마네스크 리바이벌**, 20세기 신고전주의, 현대적 건축까지 다양한 양식이 존재한다. 대표적 예로 조지타운의 연방양식 주택, 듀퐁서클의 빅토리아풍 주택, 내셔널몰의 신고전주의 정부청사, 그리고 최근의 현대 건물들을 꼽을 수 있다.*** 고도 제한으로 초고층 건물은 없지만, 시대·용도·양식별로 다양한 건축물이 도시 전역에 분포해 있다.

그러나 연방정부 구역이나 과거 1950~1970년대 워싱턴 D.C. 남서부에서 진행된 대규모 재개발은 기존 건물의 99% 이상을 철거하고, 모더니즘 고층 주거단지, 오피스, 쇼핑센터 등 획일적인 대형 개발 위주로 이루어졌다. 이는 제인 제이콥스가 비판한 '단조로운 대형 개발'의 대표 사례

---

* 빅토리안 양식Victorian Style은 19세기 영국 빅토리아 여왕 재위 기간(1837~1901년)에 유행한 건축 양식으로, 고딕 리바이벌Gothic Revival, 이탈리아네이트Italianate, 로마네스크 리바이벌Romanesque Revival 등 다양한 하위 양식을 아우른다. 화려한 장식성과 실용적 구조가 결합된 점이 특징이다.

** 로마네스크 리바이벌Romanesque Revival은 19세기 후반 유럽과 미국에서 유행한 건축 양식으로, 중세 로마네스크 건축의 요소를 현대적으로 재해석한 것이 특징이다. 창, 출입구, 벽 장식 등에 반원형 아치가 널리 사용되며, 건물의 평면과 입면은 대체로 대칭적이고 장식은 절제된 편이다.

*** 조지타운이나 듀퐁 서클은 오랜 시간에 걸쳐 자연스럽게 다양한 용도와 건축 양식이 혼합된 도시 구조를 갖추게 된 지역이다. 상업, 산업, 주거, 공공시설이 뒤섞어 발전했으며, 골목마다 서로 다른 시대의 건물이 남아 있다. 최근에도 역사적 건물과 신축 건물이 함께 어우러지는 혼합개발 프로젝트가 꾸준히 진행되고 있다.

다. 최근에는 과거와 달리 대부분 혼합용도 개발 방식을 채택하여 다양한 건축물과 기능이 어우러지도록 하는 등, 도시의 다양성과 혼재를 추구하는 방향으로 변화하고 있다. 이처럼 워싱턴 D.C.는 여러 시대와 양식의 건물이 자연스럽게 혼재되어 있는 반면, 세종시는 현대적이고 통일된 경관 위주라 건축적 다양성이 제한적이며, 시간에 따른 유기적 발전은 아직 부족한 상황이다.

4. 충분한 인구 밀도

제인 제이콥스는 도시의 다양성과 활력을 위해 '충분히 높은 인구 밀도'가 필요하다고 강조했다. 그녀가 말한 '충분한 밀도'는 과밀이 아니라, 사람들이 거리와 공간을 공유하며 다양한 활동이 일어날 수 있는 수준을 뜻한다.

2024년 7월 기준 세종시의 인구는 약 39만 명, 면적은 약 $465km^2$로, 인구 밀도는 약 848명/km^2이다. 이는 서울(약 16,000명/km^2), 뉴욕 맨해튼(약 27,000명/km^2) 등과 비교하면 매우 낮은 수준이다. 세종시는 2030년까지 인구 50만 명, 인구 밀도 약 1,075명/km^2 수준을 목표로 하고 있으나, 제인 제이콥스가 도시의 다양성과 활력을 위해 제시한 '충분히 높은 밀도'*에 크게 미치지 못한다.

특히 세종시는 계획도시 특성상 넓은 도로와 공원, 저층 주거지, 넓은 행정구역으로 인해 실제 생활권별 밀도도 낮은 편이다. 이러한 낮은 밀도는 거리의 활력, 상업·문화의 다양성, 자생적 커뮤니티 형성 등 제이콥스가 중시한 도시적 다양성을 저해할 수 있다. 다만 정부청사 주변이나 고밀 아파트 단지 등 일부 지역은 상대적으로 밀도가 높지만, 도시 전체적으로는 '충분한 밀도'에 미치지 못하는 것이 현실이다.

2024년 7월 기준 워싱턴D.C.의 인구는 약 70만 2천 명, 면적은 약 177km²로 인구 밀도는 1km²당 약 3,969명이다. 이는 세종시의 약 4.7배에 해당한다. 워싱턴 D.C.의 인구 밀도는 미국 내에서도 높은 편이지만, 제인 제이콥스가 말한 '이상적 도시 활력 밀도'(1km²당 5만 명 이상)에는 크게 못 미친다.

그러나 실제로 제인 제이콥스가 강조한 것은 '도시 전체 평균'이 아니라, 동네 단위에서의 밀도와 혼합용도, 짧은 블록, 다양한 건물 등과의 결합이었다. 따라서 도심과 일부 지역에서는 그녀가 말한 도시 활력의 조건—상대적으로 높은 밀도, 혼합용도, 다양한 건물 등—이 부분적으로 구현되고 있다.

워싱턴 D.C.의 일부 도심·역세권·혼합용도 지구(예: 듀퐁 서클, 조지타운 등)는 평균보다 훨씬 높은 밀도를 보이며, 다양한 인구와 활동이 공존하는 활력 있는 거리 환경을 갖추고 있다. 빅토리안 주택과 고풍스러운 저층 건물, 현대식 아파트, 리노베이션된 오피스가 뒤섞여 건물의 연령과 형태가 다양하다. 도로망은 조밀하고 보행자 중심의 환경이 잘 조성되어 있어 '걷기 좋은 동네'로 꼽힌다. 젊은 전문직, 예술가, 성소수자LGBTQ 등 여러 계층이 공존하며, 제인 제이콥스가 제시한 도시 다양성의 조건—혼합용도, 다양한 건물 연령과 형태, 높은 인구 밀도, 짧은 블록, 활발한 커

---

* 제인 제이콥스는 구체적으로 에이커당 100가구 이상의 밀도를 이상적으로 보았는데, 이는 약 24,711가구/km²로 한국의 평균 가구원 수(2024년 기준)인 2.2명을 적용하면 약 54,362명/km²이다.

뮤니티—이 충족된 대표적인 사례다. 이곳은 워싱턴 D.C.에서 가장 인기 있고 활력이 넘치는 지역 중 하나로 꼽힌다.

지금까지 제인 제이콥스의 시각으로 세종시와 워싱턴 D.C.의 매력과 한계를 살펴보았다. 두 도시는 모두 계획적으로 설계된 행정 중심 도시라는 공통점이 있다. 그러나 이러한 특성 때문에 다소 획일적이고 개성이 부족한 도시로 비춰질 수 있다. 실제로 세종시는 '노잼 시티'라는 이미지가 확산되고 있으며, 한때 워싱턴 D.C. 역시 지루하고 위험한 도시라는 인식이 강했다.

1950~1990년대 워싱턴 D.C.는 중산층의 교외 이주, 세수 감소, 범죄 증가 등으로 도심이 급격히 쇠퇴했다. 인구가 줄고 주차장이나 폐허가 된 건물이 늘어나면서 도심 오피스 지구는 활력을 잃고 침체의 상징으로 전락했다. 저녁이면 사람이 사라지는 '야간 공동화 현상'도 나타났다. 이에 시정부, 민간, 연방정부가 협력해 본격적인 도심 재생사업을 추진했다. 2000년대 이후에는 IT·테크 기업, 스타트업, 벤처캐피털 등 다양한 민간 기업과 여러 인종, 계층이 유입되면서 도시의 다양성과 혁신성이 크게 강화되었다.

앞서 살펴본 워싱턴 D.C.의 변화 과정을 바탕으로, 세종시가 더 매력적인 도시로 성장하기 위해 나아가야 할 방향을 짚어보자.

첫째, 제도의 유연성과 현실 적용이 필요하다. 워싱턴 D.C.는 전통적으로 엄격한 용도 구분과 경직된 계획 탓에 도심 상업공간의 공실, 주택 부족, 야간 공동화, 인구 감소 등의 문제를 겪었다. 이를 해결하기 위해 혼합용도의 복합 배치를 허용하는 방안이 본격적으로 논의되었고, 2016년 대대적인 구역제 개정으로 혼합용도 구역이 확대되었다.

둘째, 혼합용도와 실질적 기능 결합의 중요성이다. 워싱턴 D.C.는 혼합용도제 도입 이후, 실제로 주거, 상업, 문화, 업무 등의 기능이 밀도 있게 집적되도록 도시 개발정책을 적극적으로 추진하고 있다. 특히, 다양한 용도의 결합을 통해 도시의 활성화와 보행환경 개선, 24시간 도시공간 조성, 상업 및 주거 기능의 상호 보완 등 긍정적인 효과가 나타났다. 단순히 용도만 혼합하는 것이 아니라, 각 기능이 유기적으로 결합될 수 있도록 정책적, 공간적인 배려가 이루어져야 도시 활력이 실질적으로 증진된다.

셋째, 청년층 유입을 위한 콘텐츠와 문화 활성화가 필요하다. 워싱턴 D.C.는 혼합용도 개발과 함께, 문화행사, 야간활동, 경제, 창업, 예술 등 청년층이 매력을 느낄 수 있는 다양한 콘텐츠와 커뮤니티를 적극적으로 육성했다.

반면, 세종시는 물리적 계획과 인프라는 갖췄지만, 청년층이 머물고 싶게 만드는 '콘텐츠'와 '문화적 다양성'이 부족하다. 따라서 물리적 혼합용도뿐만 아니라 청년층이 실제로 즐기고 참여할 수 있는 문화와 여가, 그리고 창업 생태계가 함께 조성되어야 한다.

넷째, 교통 중심 개발TOD과 접근성 향상이다. 최근 워싱턴 D.C.는 교통 중심 개발과 혼합용도의 입체적 결합으로 활력을 회복하고 있다. 지하철역 등 교통 중심지에 혼합용도를 집중 배치해 접근성과 생활 편의를 극대화했다. 세종시도 간선급행버스체계* 등 교통 중심 개발을 시도하고 있으나, 실제 생활권 내 이동 편의와 상업 및 문화시설 접근성 개선이 더 필요하다.

마지막으로 다섯째, 문화적·역사적 자산의 조성이다. 신도시 특성상 부족한 문화적, 역사적 자산을 보완하기 위해 박물관, 미술관 등 문화 인프라와 지역의 이야기를 담을 수 있는 공간을 늘려야 한다. 또한 워싱턴 D.C.처럼 시간이 흐르면서 다양한 건축물이 자연스럽게 축적될 수 있도록 리모델링, 소규모 필지 개발, 지역 맞춤형 건축 실험 등을 장려해야 한다. 단기적 완성보다 장기적이고 점진적인 변화를 수용하는 도시계획이 필요하다.

---

* 간선급행버스체계BRT, Bus Rapid Transit는 버스 운행에 철도 시스템 개념을 도입한 새로운 대중교통 방식이다. 주요 간선도로에 버스 전용차로를 설치해, 버스가 교통체증의 영향을 받지 않고 신속하고 정시성 있게 운행할 수 있도록 설계되었다. 우리나라에서는 서울, 세종, 부산, 고양 등 여러 도시에서 운영 중이며, 세종시에는 고급형 시스템인 S-BRT Super-BRT도 도입되어 있다.

12. 창의적 인재가 모이는 도시의 조건

샌프란시스코 사례로 배우다

매력적인 도시를 만드는 사람들

리처드 플로리다 교수는 그의 대표 저서 《창조계층의 부상 The rise of the creative class》에서 과학, 기술, 예술, 디자인, 교육, 미디어 등 창의적인 지식 기반 분야에 종사하는 사람들이 도시와 국가의 경제 성장과 혁신을 주도하는 핵심 계층이라고 주장했다.

창조계층 이론은 2000년대 초 미국과 유럽의 도시 정책, 경제 개발 전략, 학계에 큰 영향을 미쳤으며, 경쟁력 있는 도시로 발전하기 위해서는 창조계층을 유치할 수 있는 다양성, 개방성, 문화적 역동성을 갖추어야 한다는 논의로 이어졌다. 특히 실리콘밸리, 시애틀, 오스틴 등 혁신 허브 도시의 성장과 맞물려 플로리다 교수의 이론은 전 세계적으로 확산되었고, 이후 도시 발전 전략의 주요 화두로 자리 잡았다.

그는 1970년대 이후 선진국을 중심으로 제조업에서 서비스업과 지식 기반 경제로의 전환이 이루어지면서 부상한 창조산업에 주목했다. 창조산업은 1980년대 말부터 논의되기 시작해 1990년대에 본격적으로 추진되었으며, 플로리다는 이 분야에서 일하는 인재들이 도시의 성장, 혁신, 경쟁력에 미치는 영향을 체계적으로 설명했다. 그는 창조산업 자체의 중요성보다는 '어떤 도시가 창조계층을 끌어들이고, 그로 인해 어떻게 발전하는가'에 초점을 맞추며, 도시재생 정책과 경제 전략 논의에 새로운 시각을 제시했다.

그는 1990년대 후반, 미국 주요 도시의 경제 변화와 인구 이동을 연구하면서 기존의 도시 발전 이론—기업 유치나 산업 클러스터 등—만으로는 설명할 수 없는 현상에 주목했다. 당시 1990년대를 지배했던 마이클 포터 교수의 클러스터 이론Cluster Theory에 근본적인 질문을 던진 것이다. 클러스터 이론은 특정 산업의 기업들이 한 지역에 모여 네트워크를 형성할 때 혁신, 생산성, 경쟁력이 높아진다고 설명한다. 즉, 기업과 산업의 집적이 우선이며, 인재는 그에 끌려온다는 관점이다.

하지만 리처드 플로리다 교수는 '기업이 먼저, 그리고 사람이 따라온다people go to jobs'는 클러스터 이론이 현대 지식 기반 경제와 문화·창의성 중심의 도시 발전을 설명하기에는 부족하다고 지적했다. 그는 오히려 '창의적 인재가 먼저 도시를 선택하고, 그들이 모인 곳에 기업과 산업이 따라온다jobs go to people'는 새로운 패러다임을 제시했다. 과학자, 예술가, 엔지니어, 디자이너 등 창의적 인재로 구성된 '창조계층'이야말로 도시의 혁신과 경쟁력을 결정짓는 핵심 요소라는 것이다. 그는 도시의 번영이 단순히 기업과 산업의 집적이 아니라, 창의적 인재를 얼마나 확보하고 유지할 수 있는지에 달려 있음을 강조했다.

창의적인 사람들이 끌리는 도시

영국을 대표하는 도시 혁신 전문가이자 컨설턴트인 찰스 론드리는 '창조도시' 개념을 창안해 전 세계에 확산시켰다. 그는 예술과 문화의 창의성이 도시 전반에 파급되어 시민들의 창조 활동이 활발해지고, 이로써 첨단 예술, 풍부한 생활문화, 혁신적 산업이 함께 성장하는 도시를 창조도시로 보았다. 창조도시는 도시가 직면한 문제를 기존의 관행이나 틀에 얽매이지 않고, 상상력과 창의적 아이디어로 해결하려는 혁신적 접근을 강조한다. 이는 도시의 경제, 문화, 조직, 기업 등 모든 분야에서 창의적 문제 해결이 연쇄적으로 일어나 기존 시스템을 변화시키는 역동성을 의미한다.

그는 1995년 《창조도시 The Creative City》를 출간하며 이 개념을 정책적·이론적으로 구체화했다. 1980년대 후반부터 기존의 '하드웨어(물리적 인프라)' 중심 도시개발에서 벗어나, '소프트웨어(문화, 창의성, 사람, 네트워크 등)' 중심의 도시혁신이 필요하다고 주장했다. 후기 산업사회에서 멀티미디어, 영화, 음악 등 문화산업이 제조업을 대체하며 지역 성장과 고용 창출에 효과적임을 강조했다. 그는 도시의 경쟁력과 지속 가능한 발전의 핵심을 '창의성'에서 찾았고, 도시를 '창의적 생태계'로 보았다. 그렇기에 창조도시는 몇몇 전문가나 행정가가 아니라, 시민사회의 다양한 집단과 개인이 자발적으로 창의력을 발휘하고 도시의 정체성과 미래 비전에 함께 참여해야 실현될 수 있음을 강조했다.

이처럼 찰스 론드리는 도시 전체의 창의적 역량과 문화적 자산, 시민의 참여와 정체성, 도시 '브랜딩'을 강조하며, 창의성이 도시 모든 영역에 스며들어야 한다고 보았다. 그는 도시를 '창의적 생태계'로 바라보고, 문화와 예술을 통한 도시 재생과 사회적 포용을 중시한다.

반면 리처드 플로리다 교수는 '창조계층'이라는 새로운 사회·경제 집단에 주목했다. 그는 과학자, 예술가, IT 전문가, 디자이너 등 창의적 직업군이 많은 도시가 혁신과 경제 성장의 중심이 된다고 보았다. 플로리다는 이들이 선호하는 도시 조건인 3T—인재Talent, 기술Technology, 관용Tolerance—를 갖추는 것이 정책의 핵심이라고 강조했다.

두 이론 모두 도시의 경쟁력과 혁신의 원천을 '창의성'과 '문화', 그리고 '인재'에서 찾으며, 도시 정책의 패러다임 전환을 촉구한다. 이러한 관점은 도시의 다양성, 자생적 네트워크, 시민 참여를 중시한 제인 제이콥스의 이론과도 긴밀히 연결된다. 제이콥스는 도시의 활력과 혁신이 다양한 사람들이 만들어내는 자발적이고 복합적인 상호작용에서 비롯된다고 보았다. 찰스 론드리와 리처드 플로리다 역시 도시의 창의적 환경과 인재의 집적, 그리고 시민의 참여가 도시 발전의 핵심임을 강조한다. 즉, 세 학자는 모두 도시의 미래를 '사람', '창의성', 그리고 '다양성'에서 찾고 있다는 점에서 공통점을 가진다.

리처드 플로리다 교수와 찰스 론드리는 런던, 뉴욕, 바르셀로나, 시애틀, 토론토, 보스톤, 샌프란시스코 등 여러 도시를 대표적인 창조도시로 꼽았다. 이 중에서도 세계 최고의 인재와 기업, 투자 자본이 끊임없이 모이는 도시인 샌프란시스코에 대해 알아보자.

창의적인 사람들이 선택한 도시, 샌프란시스코

19세기 골드러시 이후, 전 세계에서 온 이주민들이 모여든 도시인 샌프란시스코는 다양한 다양한 인종과 문화, 종교, 사회적 배경이 뒤섞인 공간이 되었다. 이러한 다문화적 토양은 새로운 사상과 예술, 기존의 규범과는 다른 생각이나 라이프스타일이 자연스럽게 유입되고 융합되는 데 중요한 역할을 했다.[59]

이러한 특성은 19세기 풍자 작가, 20세기 초 보헤미안, 1940~1950년대에 등장한 비트 제너레이션*, 1960년대 히피와 반문화, 흑인 및 성소수자 커뮤니티 등 다양한 집단의 실험과 저항을 가능하게 했다.[60]

이 시기의 반문화, 시민권 운동, 다양성과 포용의 문화는 도시 전반에 새로운 변화와 도전을 장려하는 분위기를 심어주었고, 사회적 네트워크와 창의적 자본이 축적되었다. 이러한 축적은 이후 혁신 생태계와 스타트업 문화의 토양이 되었다.[61]

제2차 세계대전 이후, 군수 산업과 전자 기술의 발전은 샌프란시스코를 비롯한 베이 지역의 산업 성장을 촉진했다. 개방적이고 혁신적인 문화, 다양한 인재의 유입, 풍부한 자본이 결합되면서 이 지역은 첨단 IT와

---

*   비트 제너레이션Beat Generation은 1940~1950년대 미국에서 등장한 문학×예술 운동이자, 그 시대의 청년 세대를 일컫는 말이다. 이들은 제2차 세계대전 이후 미국의 경제적 풍요와 물질주의, 획일화된 사회 분위기, 체제 순응적 가치관에 반기를 들고, 기존 질서와 도덕에 저항한 작가와 예술가 집단이었다. 비트 제너레이션은 미국 청년 문화, 문학, 예술에 큰 영향을 주었고, 이후 1960년대 히피 문화로 이어지는 등 현대 대중 문화의 뿌리가 되었다.

샌프란시스코 다운타운(© 경신원)

반도체 산업의 중심지로 자리 잡게 되었다.[62]

샌프란시스코 베이 지역에 위치한 스탠퍼드대학교는 산학 협동과 창업을 적극적으로 지원했다. 1939년, 스탠퍼드 출신인 휴렛Hewlett과 패커드Packard가 팔로알토Palo Alto의 작은 창고에서 휴렛팩커드HP를 창업하면서 실리콘밸리의 신화가 시작되었다.

이후 트랜지스터의 공동 발명자인 윌리엄 쇼클리William Shockley가 마운틴뷰에 반도체 연구소를 세웠고, 이곳에서 독립한 연구원들이 페어차일드 반도체와 인텔 같은 세계적인 기업을 창업했다. 스탠퍼드대학교, UC 버클리 등 세계적 대학의 우수한 인재와 자본, 창업, 인터넷 등 첨단 연구개발이 어우러지면서, 애플, 구글 등 혁신적인 기업들이 실리콘밸리에 잇따라 등장하게 되었다.[63]

특히 1970년대부터 벤처캐피털이 집중적으로 유입되면서, 신생 기업의 성장과 혁신을 적극적으로 지원하고, 실패를 용인하는 문화와 네트워크가 형성되어 연쇄적인 혁신이 이루어졌다. 또한 캘리포니아주의 유연한 노동 정책, 인재의 이동과 창업을 장려하는 정책, 창업 인큐베이터, 엑셀러레이터, 연구개발 지원 등은 스타트업의 성장을 뒷받침하는 생태계를 조성하며, 샌프란시스코를 비롯한 베이 지역 전반에 확산되었다.[64]

이러한 혁신 생태계의 기반 위에서, 오늘날 샌프란시스코는 세계적인 스타트업 허브로 성장하며 수많은 혁신 스타트업이 샌프란시스코에 본사를 두고 있다. 이는 세계 최고 수준의 기술 인재와 네트워크, 집중된 벤처캐피털과 투자환경, 실패를 두려워하지 않고 혁신과 도전을 장려하는 문화, 산학협력 및 생태계의 밀집, 정책적 지원과 도시 인프라, 글로벌 창업자 유입과 다양성 때문이다.

샌프란시스코에 거점을 둔 대표 스타트업 및 테크 기업(2025)[65]

미국의 자율주행 기술 선도기업인 웨이모Waymo의 경우, 본사는 마운틴뷰에 있지만, 샌프란시스코 시내에서 자율주행차 테스트와 상업적 로봇택시 서비스-웨이모원Waymo One을 활발히 운영하고 있다. 2021년부터 샌프란시스코에서 신뢰할 수 있는 테스터 프로그램을 시작했고, 2024년부터 시민을 대상으로 24시간 무인 로봇택시 서비스를 제공하고 있다.

웨이모와 같은 자율주행 기업에게는 샌프란시스코가 실험적이고 혁신적인 기술을 실제 도심 환경에서 테스트하고 상용화할 수 있는 최적의 장소이다. 샌프란시스코는 도로 환경이 복잡하고, 경사와 좁은 골목, 다양한 교통수단이 혼재되어 있어 자율주행기술을 고도화하기에 이상적인 테스트베드이다.[66] 또한, 웨이모의 로봇택시 서비스는 샌프란시스코의 지역 경제와 관광에도 긍정적인 영향을 미치고 있는 것으로 나타났다.[67] 혁신적인 이동수단을 경험하려는 관광객이 증가하고 있으며, 정해진 시간과 장소에 얽매이지 않고 자유롭게 이동하는 창조계층의 유연한 이동 패턴과 결합되어, 도시 곳곳의 경제 활동을 활성화하고 있다. 특히, 마라톤이나 국제 요트 경기대회와 같은 대형 이벤트 기간 동안에는 도시 전반의 교통 효율성 향상에도 기여하고 있다.

2024년 샌프란시스코를 방문했을 당시, 시내 곳곳에서 웨이모 로봇택시를 쉽게 볼 수 있었다. 한 번은 도로에서 '웨이모 로봇택시' 사진을 찍고 있자, 탑승 중이던 한 이용객이 엄지손가락을 치켜세우며 웃으며 외쳤다.

"우버보다 서비스가 좋아요! 꼭 이용해보세요!"

샌프란시스코 피셔맨스 워프에 정차된 웨이모 택시(© 경신원)

한 번쯤 타볼까 고민만 하다가 결국 시도해보지 못한 것이 지금도 아쉽게 느껴진다. 사실, 새로운 기술에 대한 기대감도 있었지만, 완전 무인 자율주행차에 대한 불안한 마음도 동시에 존재했기 때문이다. 그 순간, 새로운 도전을 두려워하지 않는 샌프란시스코의 문화를 다시 한 번 실감할 수 있었다.

앞서 살펴본 바와 같이, 샌프란시스코는 오랜 시간 동안 창조계층이 모이는 대표적인 창조도시로 인정받아 왔다.

그러나 최근에는 높은 물가, 주거비 상승, 사회적 불평등 등으로 인해 창조계층과 도시의 지속 가능성 모두에 위기가 나타나고 있다.[68]

실제로 많은 예술가와 창업가들이 임대료 부담 때문에 샌프란시스코를 떠나거나, 인근의 더 저렴한 도시로 이동하고 있어 도시의 문화적 다양성과 창조적 에너지가 약화될 수 있다는 우려가 제기되고 있다.

또한 IT 산업 고소득층과 저소득층 간 소득 격차, 홈리스 문제, 범죄 증가, 기업의 이탈 등 도시의 창조생태계에 부정적인 영향을 미치고 있다.

도시 경쟁력은 창조계층의 유입뿐만 아니라, 다양한 계층이 함께 살아갈 수 있는 포용성과 지속 가능성에서 비롯된다는 점을 샌프란시스코의 사례가 보여주고 있다. 서울을 비롯한 한국의 도시들도 주택 정책, 문화 지원, 도시 인프라 개선을 통해 창조계층의 유입과 정착을 유도해야 하며, 소득 격차와 사회적 배제, 주거난 등의 부작용도 함께 대비해야 한다.

샌프란시스코에 거점을 둔 대표 스타트업 및 테크 기업

기업명	주요 분야	특징
Airbnb	공유경제, 숙박	전 세계 숙박 공유 플랫폼
Brex	핀테크, 기업 카드	스타트업×기업용 신용카드 및 금융 서비스
Discord	커뮤니케이션	게이머 및 커뮤니티용 음성×채팅 플랫폼
DoorDash	음식배달	미국 최대 음식 배달 플랫폼 중 하나
Dropbox	클라우드 스토리지	파일 저장 및 협업 서비스
Forethought	인공지능, 고객지원	AI 기반 고객지원 자동화 솔루션
Instacart	식료품 배달	온라인 장보기 및 배달 서비스
Lyft	모빌리티, 라이드헤일링	Uber와 경쟁하는 차량 호출 서비스
Mercury	핀테크, 네오뱅킹	스타트업 대상 디지털 뱅킹 서비스
Notion	생산성, 협업툴	올인원 워크스페이스 플랫폼
OpenAI	인공지능AI	ChatGPT 등 생성형 AI 기술 선도기업
Pinterest	소셜 네트워크	이미지 기반 아이디어 공유 플랫폼
Plaid	핀테크, 데이터	금융 데이터 API 제공
Slack	협업툴, 커뮤니케이션	업무용 메시징 및 협업 플랫폼
Stripe	핀테크, 결제	글로벌 온라인 결제 플랫폼
Superhuman	이메일	고급 이메일 클라이언트
Thirdweb	블록체인, Web3	탈중앙화 앱 개발 플랫폼
Waymo	자율주행	세계 최대 규모의 완전 자율주행 로봇택시 서비스 운영

쇠락에서 부활까지,

세계 도시의 재창조 프로젝트

3부.

13. 맥주로 재탄생한 부두

브리즈번 하워드 스미스 와프

최근 도시 재생과 지역 활력 회복을 논할 때 자주 등장하는 키워드 중 하나가 '크래프트 맥주'다. 크래프트 맥주는 소규모 양조장이나 개인이 자체 개발한 특별한 제조법과 전통적인 재료로 소량 생산하는 수제 맥주를 말한다.

크래프트 맥주에 대한 관심이 높아지는 것은 단순히 주류 산업의 변화 때문만은 아니다. 지역성과 창의성, 커뮤니티 기반 라이프스타일을 담아내는 지역 문화의 상징으로 자리 잡았기 때문이다. 이러한 흐름 속에서 주목할 만한 도시가 바로 호주의 브리즈번이다.

브리즈번의 하워드 스미스 와프Howard Smith Wharves는 낡은 항만이 크래프트 맥주 브루어리와 함께 활력 넘치는 도심 수변 공간으로 재탄생한 대표적 사례다. 이 장에서는 그 변화를 통해 '로컬리티'가 도시를 어떻게 매력적으로 바꿀 수 있는지를 살펴본다.

브리즈번의 재탄생

퀸즐랜드 주의 수도인 브리즈번은 호주에서 세 번째로 큰 도시다. 2032년에는 멜버른(1956), 시드니(2000)에 이어 세 번째로 하계올림픽을 개최한다. 그러나 20세기 중반까지만 해도 '덩치만 큰 시골 마을'이라는 별명으로 불릴 만큼 잘 알려지지 않은 도시였다. 그렇다면 오늘날 브리즈번은 어떻게 매력적인 국제도시로 성장할 수 있었을까?

2024년 5월 브리즈번 출장에서 30년 이상 지역 마케팅과 브랜딩 분야에서 활동해온 메리-클레어 파워Mary-Claire Power를 만났다. 남부 퀸즐랜드 컨트리 관광청 CEO를 지낸 그녀는, 도시가 지닌 풍부한 자연경관과 항구도시로서의 역사성을 바탕으로 브리즈번을 더욱 매력적인 도시로 만들기 위한 시 당국의 지속적인 노력을 최우선 요인으로 꼽았다.

"과거의 브리즈번은 호주 내의 다른 도시로 이동하기 위한 환승 도시에 불과했어요. 시드니나 멜버른처럼 매력적인 요소가 부족했기 때문에 여행객들은 브리즈번을 최종 목적지보다는 경유지로 여겼지요. 하지만 오늘날 브리즈번은 매우 활기찬 국제적인 도시로 탈바꿈되었어요. 특히 코로나19 이후에 많은 호주인들이 브리즈번으로 이주했거나, 이주를 원하고 있어요. 이로 인해 인구가 증가하고 있고 부동산 가치도 상승했습니다.

브리즈번 시는 지역 주민, 민간 개발업자, 퀸즐랜드 관광청과 같은 공공기관과의 파트너십을 통해 단순한 환승 도시에서 머물고 싶은 도시로

변모시켰다.[1]

　브리즈번의 총인구는 2018년 약 230만 명에서 2023년 약 247만 명으로 증가했으며, 인구 순이동은 2020년 약 5,000명에서 2023년 약 50,000명으로 늘어났다. 브리즈번의 인구 증가는 국내 이동뿐만 아니라 국제 이동에 의해서도 이루어지고 있다.[2]

　현재 브리즈번 시는 브리즈번 강을 중심으로 한 워터프런트 개발을 통해 지역 재생 사업을 추진하고 있다. 그 대표적 사례로, 호주뿐 아니라 전 세계적으로도 가장 성공적인 지역 재생 프로젝트 중 하나로 꼽히는 사우스 뱅크 재개발 사업을 먼저 살펴보자.

사우스 뱅크의 재탄생

브리즈번의 문화 허브인 사우스 뱅크South Bank를 처음 찾은 것은 2018년이었다. 가장 먼저 눈에 들어온 것은 브리즈번 강변을 따라 조성된 인공 해변이었다. 지하철역에서 내려 얼마 걷지 않았는데, 갑자기 눈앞에 모래 해변에서 일광욕을 즐기는 사람들의 모습이 펼쳐졌다.

　사우스 뱅크 지역에 대한 재개발 프로젝트는 1988년 월드 엑스포 개최를 준비하며 본격적으로 추진 논의가 이루어졌다. 엑스포 개최지로 사우스 뱅크가 선정되면서, 해당 지역의 도시 환경 개선과 재개발 필요성이 대두되었다. 박람회가 끝난 뒤, 부지 활용 방안에 대한 논의가 이어졌고, 1989년 퀸즈랜드 주정부가 〈사우스 뱅크 코퍼레이션 설립법〉을 제정해 사우스 뱅크 코퍼레이션을 설립하면서 공원, 문화시설, 복합 용도 개발

사우스 뱅크에 조성된 인공 해변 ⓒ호주 퀸즐랜드주 관광청

등 본격적인 재개발이 시작되었다.[3] 부지의 소유권은 퀸즐랜드 주정부에 있으며, 사우스 뱅크 코퍼레이션이 토지를 영구 임대해 개발·운영하는 방식이다. 이는 공공이 개발 콘셉트와 품질을 통제하고, 개발 이익의 사유화를 방지하는 모델이다.

1992년 공식 개장한 사우스 뱅크 파크랜드는 국제 설계 공모를 거쳐 조성된 대규모 도심 공원이다.[4] 약 17만㎡ 규모의 부지 중앙에는 백사장과 석호가 어우러진 인공 해변 '스트리트 비치'가 대표적인 명소로 자리한다. 이외에도 다양한 식물과 산책로, 자전거 전용도로, 야생동물 보호구역, 나비 서식지 등 자연 친화적 공간이 조성되어 있으며, 인접 지역에는 퀸즐랜드 미술관, 극장, 주립도서관, 박물관, 퀸즐랜드 문화센터 등 주요 문화시설이 모여 있다. 또한 피크닉 공간, 식당과 카페, 이벤트 광장, 지하 주차장, 해양박물관, 컨벤션센터, 방송국, 호텔, 놀이터 등 다양한 공공 편의시설이 마련되어 있다.

30여 년이 흘렀지만, 관리는 여전히 잘 이루어지고 있다. 과거 산업지구였던 공간은 시민과 관광객 모두가 즐길 수 있는 복합문화공간으로 탈바꿈해 대표적인 성공사례로 평가받고 있다. 파크랜드에서는 연중 약 150개의 이벤트가 열리며, 연간 약 1,400만 명이 찾는 브리즈번의 대표적인 시민 공간이자 관광 명소로 자리 잡았다.[5]

호주 유일의 도심 인공 해변 가까이에는 브리즈번의 워터버스인 '시티캣citycat'의 주요 정류장이 있어 리버 크루즈도 즐길 수 있다. 해변을 지나

브리즈번의 워터버스 시티캣 ©경신원

강가를 따라 조성된 공원과 오픈 스페이스를 걷다 보면, 퀸즈랜드 아트 갤러리와 현대미술관 GOMA, 공연예술센터, 도서관, 시네마, 고급 호텔, 레스토랑과 카페 등 세계적 수준의 문화·예술·여가 공간이 이어진다. 과거 산업과 항만의 중심지였던 사우스 뱅크는 이제 브리즈번에서 가장 사랑받는 공간으로 거듭났다.

하워드 스미스 와프의 재탄생

사우스 뱅크 파크랜드 조성 이후에도 브리즈번 시를 더욱 매력적인 공간으로 만들기 위한 시의회의 노력은 꾸준히 이어지고 있다.

브리즈번 시의회는 2014년, 도시 및 인근 지역의 미래 성장을 위한 청사진으로 '브리즈번 시티 센터 마스터플랜 2014'를 발표했다. 이 마스터플랜은 도시의 장기적 성장과 재생, 공공공간 개선, 접근성 강화, 강·공원·아열대 공간의 활용 극대화 등을 목표로 수립된 전략적 도시계획이다.[6]

1990년대부터 2000년대 초반까지 브리즈번 시는 산업지구 재생, 인구 증가, 경제 성장에 주력해왔다. 그러나 2010년대 초반의 대홍수, 기후변화, 글로벌 도시 간 경쟁 심화 등을 겪으면서 브리즈번은 친환경성, 회복력, 국제적 매력을 결합한 새로운 도시 전략 패러다임으로 전환하게 되었다.[7]

이러한 도시 전략의 변화와 함께 브리즈번 시는 도심 강변에 위치한 유휴 산업유산 공간을 새로운 도시 자산으로 재탄생시키기 위한 다양한 재생 프로젝트를 추진해오고 있다. 그 대표적인 사례가 바로 '하워드 스미스 와프 재개발 프로젝트'다. 하워드 스미스 와프 재개발 프로젝트에 대한 이야기를 들은 것은 2018년 브리즈번의 사우스 뱅크를 방문했을 때였으나, 당시에는 프로젝트가 아직 완료되지 않은 상태였다.

하워드 스미스 와프는 1930년대 경제 대공황을 타개하기 위해 브리즈번 강가에 건설된 선착장이다. 이 선착장의 이름은 당시 주요 선박회사였던 하워드 스미스 주식회사에서 따온 것이다. 선착장에는 대규모 보관창고와 물류창고를 비롯해 설탕이나 곡물 등 대량의 상품을 보관하기 위한 콘크리트 벙커 등이 지어졌다.[8]

초기에는 브리즈번의 중요한 선착장으로 사용되었으나, 1970년대 이후 기능을 상실해 장기간 방치됐다. 2000년대 후반부터는 이 선착장의 역사적 가치를 살려 활기 넘치는 공간으로 되살리기 위한 노력이 시작되었다.

2009년 브리즈번 시의회는 하워드 스미스 와프 재개발 사업에 대한 개발 계획 승인 및 공공 의견 수렴, 개발안 수정을 진행했다. 그러나 2010~2011년 홍수 등의 영향으로 계획이 지연되었고, 2013년 새로운 개발 계획이 공식 발표됐다. 이어 2014년 HSW 콘소시엄이 민간 개발자로 선정되면서, 2017년부터 본격적인 현장 개발이 시작되었다.

하워드 스미스 와프 재개발 사업의 주된 목표는 지역의 역사적 가치를 살려내고, 접근성 향상을 통해 시민 누구나 즐길 수 있는 문화 및 휴식 공간을 조성하는 데 있다. HSW 콘소시엄은 하워드 스미스 와프 지역 내 문화재로 등록된 건물들을 복원하고 현대적인 시설로 재탄생시켰으며, 공공 공간, 공원, 보행자 도로를 조성했다. 또한 브리즈번을 대표하는 유명 셰프들이 직접 참여한 고급 레스토랑과 독특한 콘셉트의 다이닝 공간, 바, 카페, 이벤트 공간 등을 마련했다. 각 레스토랑과 바는 강변과 스

1930년대 건설 당시 하워드 스미스 와프 전경 ©howardsmithwharves.com

하워드 스미스 와프의 현재 모습(2024년, ©호주 퀸즐랜드주 관광청)

토리 브리지 전망, 야외 테라스, 라이브 음악, 프라이빗 이벤트 공간 등 다양한 부대시설을 갖추고 있다.

2024년 5월 브리즈번에 도착하자마자 이곳을 찾았는데, 이미 주말을 즐기려는 사람들로 활기가 넘쳐 있었다. 하워드 스미스 와프는 브리즈번에서 가장 핫한 장소가 되어 있었다.

하워드 스미스 와프의 중심에는 브리즈번을 대표하는 로컬 크래프트 맥주 브랜드인 '펠론스 브루잉 컴퍼니Felons Brewing Co.'가 있다. 2018년 하워드 스미스 와프 재개발의 앵커 시설(도시 재생에서 중심 역할을 하는 장소)로 문을 연 펠론스 브루잉 컴퍼니에 대해 자세히 알아보자.

하워드 스미스 와프의 나이트 라이프 ⓒ호주 퀸즐랜드주 관광청

로컬 크래프트 맥주회사, 펠론스

하워드 스미스 와프에서 가장 먼저 개장한 곳은 로컬 크래프트 맥주를 생산하고 판매하는 펠론스 브루잉 회사였다. 브리즈번 시와 재개발 프로젝트에 참여한 민간 개발업자들은 이 회사가 활기차고 매력적인 공간을 창조하려는 재개발 프로젝트의 비전을 잘 이해하고, 방문객들에게 독특한 경험을 제공할 수 있다고 판단했다.[9]

퀸즐랜드 주와 브리즈번 출신들로 이루어진 펠론스 브루잉 회사는 브리즈번의 역사와 문화를 중요시하고 지역과의 교감을 강조하는 로컬 크래프트 맥주 회사이다. '범죄자들'을 의미하는 '펠론스'라는 이름은 브리즈번 강을 처음 발견한 네 명의 유죄자들에게 경의를 표하기 위해 지어진 것이다.[10]

이들은 로컬 크래프트 맥주에 대한 열정과 외식 서비스업에서의 오랜 경험을 바탕으로, 이곳을 방문하는 사람들에게 환영하는 분위기와 커뮤니티 중심의 장소를 제공하고자 노력하고 있다. 펠론스는 브리즈번의 상징적인 스토리 브리지 아래, 브리즈번 강가의 중심부에 위치하고 있으며, 방문객들이 브리즈번 강변의 경치를 즐길 수 있도록 야외 테이블이 마련되어 있다.

1930년대에 지어진 거대한 물류 창고를 개조한 펠론스의 실내에는 대형 양조 장비가 노출되어 있어 방문객들에게 독특한 볼거리를 제공하며, 직접 제조된 크래프트 맥주를 맛볼 수 있는 기회를 제공하고 있다. 또한 양질의 고급 크래프트 맥주 외에도 스테이크, 화덕 피자 등을 포함한 파인 다이닝 메뉴를 즐길 수 있다.

하워드 스미스 와프에 위치한 펠론스 ©호주 퀸즐랜드주 관광청

    펠론스는 하워드 스미스 와프 재개발 프로젝트의 성공을 이끈 핵심적인 앵커 테넌트*의 핵심 매장으로 평가받고 있다.[11]

    2018년 말, 문을 연 펠론스는 브리즈번 시민과 관광객 모두에게 '하워드 스미스 와프를 방문한다'는 것이 곧 펠론스를 찾는다는 의미로 받아들여질 만큼 상징적인 존재가 되었다. 강변과 스토리 브리지 전망을 자랑하는 대형 비어가든beer garden, 다양한 수제 맥주, 현지 식재료를 활용한 메뉴는 물론 라이브 음악과 각종 이벤트, 사회적 모임이 가능한 커뮤니티 허브로서의 역할도 톡톡히 하고 있다.

    이와 함께 펠론스는 지역 경제 활성화에도 크게 기여하고 있다.[12] 수백 명의 일자리를 창출하고 지역 농산물과 식자재를 적극적으로 활용하는 등 로컬 비즈니스와의 파트너십을 확대해왔다. 이처럼 펠론스 브루잉 컴퍼니는 브리즈번을 대표하는 명소로 자리 잡으며, 지역민과 관광객 모두에게 반드시 들러야 할 핫플레이스로 자리매김했다.

우리나라에서도 로컬 크래프트 맥주에 대한 관심과 인기가 높아지고 있다. 2000년대 이후 시작된 로컬 크래프트 맥주 열풍은 2014년 양조 관련 규제 완화로 소규모 양조장이 시장에 진입할 수 있게 되면서 더욱 커졌다. 대표적인 로컬 크래프트 맥주 회사로는 '맥파이'(제주), '더부스'(을지로), '크래프트 탭하우스'(이태원), '개항로 맥주'(인천) 등이 있다. 지역의 새로운 가치를 창출하고 변화를 일으키는 로컬 크리에이터들의 활동과 맞물려, 지역성을 살리는 로컬 크래프트 맥주 사업이 주목받고 있으며 지자체와 함께 지역 활성화를 위한 다양한 활동에도 참여하고 있다.

로컬 크래프트 맥주로 성공한 하워드 스미스 와프 재개발 프로젝트에서 우리가 배울 점은 무엇일까? 이 프로젝트는 파트너십을 통한 사업 계획 수립, 커뮤니티 참여, 지역의 문화와 환경을 고려한 설계, 지역의 역사성을 바탕으로 다양한 활동이 가능한 복합 공간 창조 등을 통해 성공적으로 이루어졌다. 이러한 요인들 가운데 가장 중요한 성공 요인은 공공과 민간의 파트너십이다. 재개발 프로젝트에서 늘 강조되는 부분이지만, 실제로 성공적인 파트너십이 구현되기는 쉽지 않다. 브리즈번 시는 하워드 스미스 와프의 물리적 재개발뿐만 아니라 프로젝트의 지속적인 사회

---

* 앵커 테넌트Anchor tenant는 닻을 의미하는 앵커Anchor과 임차인을 뜻하는 테넌트Tenant의 합성어이다. 이는 대중을 유인해 건물의 가치를 향상시키고 지역상권 활성화에 기여하며 안정적 임대 수익까지 보장하는 '핵심 브랜드'를 의미한다.

적·경제적 성공을 위해 사업 파트너를 매우 신중하게 선택했다. 무엇보다 프로젝트에 대한 이해와 지역에 대한 애정을 지닌 '로컬' 회사를 선택한 것이 큰 역할을 했다.

　브리즈번 시는 로컬 주체 간 참여와 협업을 통해 지역 자본을 축적하고, 자생적인 순환 체계를 구축하며, 지역다움을 창출하는 '로컬리즘'이 성공의 핵심임을 잘 알고 있었다. 우리가 흔히 범하는 오류 가운데 하나는 외부나 해외의 유명 회사나 건축가가 만든 화려하고 현란한 랜드마크가 도시를 매력적으로 바꿀 수 있다고 믿는 것이다.

　그러나 가장 매력적인 도시는 '가장 로컬다운 곳'이다. 그 도시를 찾아야만 하는 이유가 있는, 그 도시만의 독특한 매력을 담고 있는 곳이어야 한다. 가장 로컬다운 공간은 그 지역에 대한 깊은 애정과 이해를 지닌 이들을 통해 만들어진다.

14. 한 농부의 축제가 도시를 살리다

글래스턴베리 이야기

앞선 장에서 우리는 크래프트 맥주를 매개로 지역의 정체성과 활력을 되살린 브리즈번의 재생 사례를 살펴보았다. 지역 자원을 창의적으로 활용하고, 공동체와의 연결을 중심에 둔 전략은 도시의 매력을 다시 일깨우는 강력한 힘이 되었다.

이번 장에서는 한 농장주의 꿈에서 시작되어 세계인의 축제로 성장한 영국의 글래스턴베리 페스티벌Glastonbury Festival을 통해, 문화와 공동체, 그리고 리더십이 어떻게 지역을 변화시킬 수 있는지를 살펴본다.

글래스턴베리 페스티벌

팝 음악에 대해서 잘 알지도 못하고, 그다지 관심이 없었던 나는 영국에서 생활하는 동안 친구들이 글래스턴베리 페스티벌에 대해서 흥분해서 이야기를 할 때도 별다른 흥미를 갖지 못했다. 그 페스티벌 티켓을 구하는 게 얼마나 힘든지 몰랐던 나는, 함께 가자는 친구들의 초대를 몇 번이나 거절했었다.

내 머릿속에는 페스티벌에 대한 설렘보다는, 온통 축제 기간 내내 야외 캠핑장에서 텐트를 치고 잘 씻지도 못한 채 머물러야 한다는 걱정뿐이었다. 히피 문화와 반문화Counterculture의 영향을 받은 글래스턴베리 페스티벌은 자연과의 조화, 자유롭고 공동체적인 캠핑이 축제의 정체성으

글래스턴베리 마을 축제 ⓒ경신원

독특한 분위기의 글래스턴베리 마을 ©경신원

로 자리 잡고 있다. 페스티벌에 참가한 사람들은 4박 5일 동안 지속되는 축제 기간 동안 폭우 때문에 텐트가 물에 잠겨 진흙탕 속에서 지내는 일이 생겨도 아랑곳하지 않고 축제를 즐겼다.

사람들은 왜 이토록 글래스턴베리 페스티벌에 열광하는 걸까?

전 세계의 사람들이 잉글랜드 서머싯주에 위치한 작은 마을인 필튼 근처, 워디 팜에 모여드는 이유는 단순히 음악을 즐기기 위한 것이 아니다. 소위 '글래스턴베리 정신'이라고 불리는 글래스턴베리 페스티벌의 독특한 분위기, 축제 기간 동안 참여자들과 함께 나누고 만들어 가는 공동체 의식, 그리고 그 속에서 얻는 특별한 경험이 바로 사람들을 작은 농촌 마을로 이끌어 들인다.

이 페스티벌은 실제로 필튼 마을에서 개최되지만, 대중적으로는 '글래스턴베리'라는 명칭을 쓰기 때문에 혼동될 수 있다. 필튼과 글래스턴베리는 차로 약 10분(10km 정도) 거리로 매우 가까우며, 두 곳 모두 서머싯주에 위치하고 있다.

글래스턴베리는 필튼보다 더 큰 마을로, 신화와 영적 명소(글래스턴베리 토Tor, 수도원 등) 및 다양한 관광 명소로 유명하다. 특히 이곳은 신비로운 분위기, 히피 문화, 아서왕 전설, 그리고 다양한 예술적·영적 분위기가 어우러진 곳으로 잘 알려져 있다.

1970년대부터 시작된 긴 역사와 전통을 자랑하는 글래스턴베리 페스티벌은 하나의 문화적 유산이자 아이콘으로 평가되기 때문에, 축제에 참여하는 것 자체만으로도 자신의 아이덴티티를 표현하는 상징적인 의미를 지닌다.

꿈의 시작

글래스턴베리 페스티벌은 미국 뉴욕주 베델의 한 낙농장에서 열린 전설적인 음악 축제인 우드스탁 페스티벌Woodstock Festival에서 영감을 받은 농장주, 마이클 이비스Michael Eavis에 의해 시작되었다.[13]

우드스탁 페스티벌은 1969년 8월 15일부터 18일까지 '3일간의 평화와 음악'이라는 슬로건으로 진행되었는데, 1960년대의 반문화 운동과 히피 문화를 상징하는 중요한 역사적 사건으로 기억되고 있다.[14]

당시 서구 사회는 베트남전쟁, 인종 차별, 사회적 불안 등 여러 갈등이 있었던 시기였다. 젊은이들은 전통적인 가치에 반대하며 평화, 자유, 사랑을 추구하는 히피 운동과 반문화 운동을 주도했다. 우드스탁 페스티벌은

글래스턴베리 페스티벌이 열리는 워디팜 ©경신원

젊은이들의 목소리를 대변하고 전쟁에 반대하는 메시지를 전달하는 상징적인 축제였다. 페스티벌에 참여했던 참가자들 사이의 유대감과 공동체 정신은 이후 여러 음악 축제에 영향을 주었으며, 음악을 통한 사회적 메시지 전달의 중요성을 강조하는 계기가 되었다.

글래스턴베리 페스티벌의 창시자인 마이클 이비스는 우드스탁 페스티벌을 모델 삼아, 음악과 공동체 정신을 중심으로 한 독특한 페스티벌을 만들고자 했다.

작은 농장에서 시작된 세계적 축제의 흔적 ⓒ경신원

그는 음악을 통해 사람들을 연결하고 공동체 정신을 강화할 수 있다고 믿었기 때문에, 페스티벌은 단순한 엔터테인먼트를 위한 장이 아니라 사람들이 서로 어우러져 존재를 인식하고, 사회적·문화적·환경적인 문제에 대한 인식을 높일 수 있는 중요한 장이 될 수 있다고 생각했다.

1970년, 그는 필튼 팝 페스티벌Pilton Pop Festival이라는 이름으로 자신의 농장인 워디 팜에서 첫 번째 축제를 열었다. 약 1,500명의 관객이 참가했으며, 티켓 가격은 단 1파운드였고 우유 한 병이 무료로 제공되었다.

작은 농촌 마을의 농장주의 소박한 꿈에서 시작된 이 축제는, 오늘날 20만 명의 관중이 참여하는 세계에서 가장 영향력 있는 예술 축제로 발전했다.

글래스턴베리 페스티벌의 성공 요인

오늘날 글래스턴베리 페스티벌은 영감을 준 우드스탁 페스티벌보다 전 세계적으로 더 큰 영향력을 발휘하고 있다. 작은 농장에서 시작된 글래스턴베리 페스티벌이 어떻게 지속적으로 성장하고 발전할 수 있었는지, 그 이유는 무엇일까? 글래스턴베리 페스티벌의 성공 요인을 바탕으로, 한국의 지역 축제가 세계적인 축제로 발전하기 위해 주목해야 할 점들을 살펴보자.

먼저, 첫 번째는 음악적 장르의 다양성이다. 글래스턴베리 페스티벌에는 록, 팝, 힙합, 일렉트로닉, 인디, 포크 뮤직 등 다양한 장르에서 활동하는 최고 수준의 아티스트들이 참여하고 있다. 특정 장르에 국한되지 않고 다양한 음악적 스타일을 보여 주기 때문에, 사람들의 각기 다른 취향을 만족시킨다. 하나의 축제에서 이처럼 다양한 분야의 세계적인 아티스트들을 볼 수 있는 기회는 흔치 않다.

두 번째는 페스티벌의 정체성이다. 우드스탁 페스티벌의 정신을 이어받아, 평화와 음악을 통해 사람들과의 연결을 목표로 하는 글래스턴베리 페스티벌은 음악 축제를 넘어 환경 보호, 평화, 인권 등 사회적 메시지를 전달하는 플랫폼으로 자리 잡았다. 이를 통해 참여자들에게 깊은 공감과 영감을 줄 뿐만 아니라, 지역과 국가를 넘어선 '지구'라는 더 큰 공동체의 일원으로서의 경험을 제공하게 된다.

세 번째는 상업성에 대한 경계다. 마이클 이비스는 페스티벌의 본질을 상업적 수익보다는 음악과 공동체 정신에 두고 있으며, 지속 가능한 축제를 만들기 위해 노력하고 있다. 페스티벌이 상업적인 압박에 의해 그 가치를 잃지 않도록 주의를 기울이고, 문화와 사람들 간의 연결에 중점을 두고 있기 때문에 다른 축제들과는 차별화된 독특한 분위기가 지속적으로 유지되고 있다.

네 번째는 지속 가능성의 추구이다. 글래스턴베리 페스티벌은 지속 가능성을 축제의 중요한 가치로 삼고 있다. 플라스틱 사용 감소 및 재활용 촉진 등의 조치를 적극적으로 추진해 오고 있으며, 워디 팜과 주변 환경을 회복시키기 위해 5년에 한 번씩 축제의 '휴식기Fallow Year'를 갖고, 이 기간 동안은 축제가 열리지 않도록 하고 있다.

다섯 번째는 사회적인 책임이다. 그린피스, 워터에이드, 옥스팜 등의 자선단체와 협력하여 환경 문제와 사회적 문제에 대한 인식을 높이고자 노력하고 있으며, 글래스턴베리 페스티벌 수익금의 상당 부분을 이들 단체에 기부하고 있다.

여섯 번째는 공동체 의식의 체험이다. 글래스턴베리는 단순한 공연장이 아니라, 페스티벌에 참여하는 사람들 사이에 강한 공동체 의식을 느낄 수 있는 공간이다. 참여자들은 농장에서 개최되는 페스티벌 기간 동안 넓은 자연환경 속에서 캠핑을 하며 공연을 즐기게 되는데, 이는 일상과는 전혀 다른 경험을 제공한다. 페스티벌에 참여함으로써 대규모 공동체의 일원이 되어 비슷한 열정과 관심을 공유하는 사람들과의 연결을 통해, 자유롭고 창의적인 분위기 속에서 공동체 의식이 형성될 수 있다.

일곱 번째는 다양한 경험의 제공이다. 글래스턴베리 페스티벌은 음악 공연 외에도 예술 전시, 워크숍, 영화 상영, 코미디 등 다양한 행사들이 열려 참여자들에게 다채로운 경험을 제공한다. 특히 관객들이 직접 참여할 수 있는 프로그램이 많아, 관객이 아닌 '축제의 일부'로 느껴지게 한다.

여덟 번째는 유연한 운영 방식이다. 음악 산업의 변화와 관객들의 요구를 반영하여, 매년 행사 프로그램과 참여 아티스트들을 업데이트하며 축제를 발전시켜 나가고 있다. 이러한 유연한 운영 방침은 페스티벌의 지속적인 성공을 가능하게 한다.

아홉 번째는 지역 사회와의 협업이다. 지역 주민들이 자원봉사 활동 등 다양한 형태로 페스티벌에 함께 참여함으로써 지역 공동체 의식을 강화하는 기회로 삼고 있다. 주민들은 축제를 통해 서로를 더 잘 알게 되고, 연대감을 느끼게 된다. 주민들과의 협력 관계는 페스티벌에 대한 지지를 강화시키고, 주민들의 자부심을 높이는 데 기여한다.

마지막 열 번째는 리더십이다. 농장을 운영하던 평범한 농장주였던 마이클 이비스는 거대한 재정적 지원 없이, 자신의 음악적 열정과 공동체적 비전을 바탕으로 자신의 농장을 기반으로 페스티벌을 기획했다. 페스티벌이 성장하면서 수익이 발생했지만, 그 수익을 주로 자선 활동과 사회적 책임에 사용하는 방식으로 발전시켜 나갔다. 그는 경제적 이익을 추구하는 데 그치지 않고, 자신이 속한 지역에서 새로운 문화적 비전을 제시하며 이를 통해 지역 주민들과 페스티벌 참여자, 지역 방문객들에게 새로운 가치를 제공해 오고 있다. 마이클 이비스의 리더십은 작은 농촌 마을을 독창적인 문화 공간으로 변모시킴으로써, 성공적인 지역 변화와 사회적인 영향력을 전 세계에 미칠 수 있게 되었다.

이처럼 글래스턴베리 페스티벌이 세계적인 축제로 자리매김할 수 있었던 데에는 여러 요인들이 있지만, 가장 큰 성공 요인은 음악과 예술이 사람들의 내면에 긍정적인 변화를 불러일으킬 수 있다는 믿음을 가진 한 농부의 비전과, 이를 꾸준히 실천한 리더십에서 찾을 수 있다.

소멸 위기에 처한 지역을 변화시키는 데 있어 리더십이 중요한 이유가 여기에 있다. 우리가 직면한 지역소멸 위기는 단순한 인구 감소 이상의 문제다. 이는 사회 전반의 활력 저하와 미래의 지속 가능성에 심각한 영향을 미치는 복합적인 위기다.

이를 해결하기 위해서는 장기적인 비전을 제시하고 실천할 수 있는 리더십이 필수적이다. 단지 4~5년 동안의 '나의 성과'에 연연하는 것이 아니라, 50년, 100년 후 대한민국의 미래를 위해 '우리가 나아가야 할 방향'을 제시하고 이를 실천하는 진정한 리더가 필요하다.

매력적인 도시는 거창한 계산이나 화려한 계획에서 시작되지 않는다. 한 사람의 신념과 작은 실천이 지역을, 그리고 세계를 울릴 수 있다는 점에서, 글래스턴베리는 도시와 공동체가 어떻게 다시 살아날 수 있는지를 보여 주는 강력한 증거다.

15. 회색 겨울도 황금자원이 된다

런던의 윈터 원더랜드

 앞 장에서는 한 농장주의 작은 꿈이 세계적인 문화 축제로 성장한 글래스턴베리 사례를 살펴보았다. 지역성과 공동체, 그리고 리더십이 어우러진 변화는 도시가 어떻게 매력적으로 탈바꿈할 수 있는지를 잘 보여주었다.

 이번 장에서는 또 다른 계절의 제약, '겨울'을 기회로 바꿔 낸 런던의 도시 전략을 살펴본다. 하이드 파크에서 매년 열리는 '윈터 원더랜드 Winter Wonderland'는 크리스마스 시즌을 지역 축제로 확장하며, 도시의 활력을 높이고 새로운 매력을 창출하고 있다.

런던의 겨울

런던은 글로벌 도시 컨설팅 회사인 레저넌스가 2015년부터 실시한 전 세계 도시 매력도 분석에서 지난 10년 동안 꾸준히 1위를 차지하고 있는 도시다. 런던은 '주거 쾌적성'과 '도시 매력도' 부문에서 1위를 기록하며, 여전히 세계 최고의 도시로 손꼽히고 있다.

하지만 겨울철의 런던은 그 매력을 발산하기 어렵다. 계속되는 비와 우중충한 흐린 날씨로 우울한 분위기를 띠는 경우가 많아, 런던 시민들조차 따뜻한 햇살을 찾아 지중해 연안으로 떠나게 만든다. 런던은 여름에는 관광객이 몰리는 대표적인 도시지만, 겨울에는 다른 유럽 도시, 특히 전통적인 크리스마스 마켓이 유명한 독일의 드레스덴이나 오스트리아의 빈에 비해 매력이 부족하다는 평가를 받곤 한다.[15]

영국의 크리스마스 마켓 전통이 다른 유럽 국가들에 비해 늦게 재개된 배경에는 헨리 8세와 올리버 크롬웰Oliver Cromwell의 영향이 컸다고 할 수 있다.[16]

16세기 중반, 헨리 8세가 로마 교황청과의 결별을 선언하고 영국 성공회를 세운 이후, 크리스마스와 관련된 많은 전통이 사라지거나 약화되었다. 이후 17세기 중반, 올리버 크롬웰이 청교도 혁명을 이끌며 크리스마스를 금지하는 정책을 추진하면서, 크리스마스 관련 상업 활동과 전통이 영국에서 크게 약화되었다.

하지만 20세기 후반부터 유럽 전역에서 문화적 재조명과 세계화가 이루어지면서, 영국도 다시 크리스마스 마켓과 관련된 문화와 전통을 되살리기 시작했다.

런던의 윈터 원더랜드는 이러한 변화의 일환으로, 독일이나 오스트리아의 전통적인 크리스마스 마켓처럼 단순히 물건을 파는 시장의 기능을 넘어, 축제와 공연, 다양한 체험을 제공하는 장소로 발전했다.[17] 이곳은 단순한 상업적 시장이 아닌, 방문객들이 겨울의 분위기를 만끽하고 특별한 경험을 할 수 있는 공간으로 현대적으로 변형되었다.

윈터 원더랜드

윈터 원더랜드는 2007년 런던의 하이드 파크에서 처음 개최된 이후, 매년 수백만 명의 방문객을 끌어모으고 있다.

윈터 원더랜드의 주요 운영사인 IMG에 따르면, 이곳을 찾는 방문객 수는 연 평균 약 250만명에 달한다.[18] 런던의 대표적인 겨울 축제로 자리 잡은 윈터 원더랜드는 매년 11월 중순부터 1월 초순까지 약 6주 동안 운영되고 있으며, 인기 있는 놀이시설과 공연은 사전 예약제를 통해 운영되고 있다. 전통적인 크리스마스 마켓의 요소와 함께 현대적인 놀이기구, 아

윈터 원더랜드 겨울 축제를 즐기는 방문객들 ©경신원

트 공연, 축제 음식들이 제공되는데, 가족 단위의 관광객들에게 인기가 있는 이벤트로 관광객과 현지인 모두 즐길 수 있는 종합 겨울 축제이다.

윈터 원더랜드 운영

윈터 원더랜드의 운영은 여러 주요 이해관계자와 파트너들의 협력을 통해 이루어진다. 주요 운영 주체는 공공기관인 영국 왕립공원 관리청, 런던 시 및 웨스트민스터 의회, 그리고 민간기관인 PWR Events와 IMG이다.[19]

윈터 원더랜드의 주요 운영 주체들이 수행하는 역할은 다음과 같다.

- 영국 왕립공원 관리청: 윈터 원더랜드가 개최되는 하이드 파크는 영국 왕립 공원 중 하나이며, 이 공원의 관리와 유지 보수는 영국 왕립공원 관리청이 담당한다. 영국 왕립공원 관리청은 공원의 관리를 책임지는 기관으로서, 행사 허가와 공원의 보호 및 운영에 있어 중요한 역할을 한다.
- 런던 시 및 웨스트민스터 의회: 윈터 원더랜드는 런던 시와 웨스트민스터 의회의 허가를 받아 진행된다. 두 기관은 행사 운영의 규제와 법적 조건을 설정하고, 안전, 소음, 교통 관리, 공공 안전 등을 감독한다. 또한 관광 및 경제적 발전을 도모하기 위해 홍보와 마케팅과 같은 간접 지원을 제공한다.
- PWR Events: PWR Events는 윈터 원더랜드를 기획하고 운영하는 영국의 이벤트 기획사다. 이 회사는 대규모 공공 행사와 축제를 전문으로

하며, 윈터 원더랜드의 전반적인 설계와 실행 계획을 통해 런던의 대표적인 겨울 축제로 성장시킨 주체다.

- IMG: IMG는 PWR Events와 함께 윈터 원더랜드의 운영과 관리를 담당한다. IMG는 글로벌 이벤트 및 스포츠 마케팅을 전문으로 하는 기업으로, 브랜드 파트너십, 홍보, 마케팅, 티켓 판매 등을 통해 윈터 원더랜드가 세계적인 축제로 자리매김하는 데 중요한 역할을 한다.

윈터 원더랜드의 주요 콘텐츠

윈터 원더랜드는 전통적인 크리스마스 마켓의 요소를 기반으로 겨울 축제의 전형을 현대적으로 재해석하여, 글로벌 트렌드에 맞춘 포괄적인 축제로 발전했다. 다양한 테마존, 공연, 체험형 콘텐츠를 통해 모든 연령층을 만족시키는 현대적 겨울 축제의 대표 사례로 꼽힌다.[20]

윈터 원더랜드의 주요 콘텐츠를 살펴보면 다음과 같다.

- 크리스마스 마켓: 전통적인 크리스마스 마켓을 기반으로 다양한 장식품, 선물, 수공예품을 판매한다. 독일의 크리스마스 마켓에서 영감을 받은 부스 디자인과, 전통적인 뜨거운 와인인 글뤼바인, 전통 소시지인 브라트부르스트 등 다양한 독일식 음식도 제공된다.
- 놀이기구와 테마파크: 대규모 놀이 공원이 포함되어 있어 회전목마, 롤러코스터, 자이로 드롭 등 다양한 기구를 이용할 수 있다. 특히 세계 최대

규모의 휴대용 대관람차가 큰 인기를 끌고 있다.
- 아이스 스케이팅: 하이드 파크 연못을 따라 조성된 영국 최대의 야외 아이스 스케이트 링크로, 화려한 조명과 크리스마스 트리로 꾸며져 있다.
- 즐길 거리: '산타의 동굴' 등 아이들을 위한 체험 공간과, 대형 텐트에서 열리는 서커스, 라이브 공연, 아이스 스케이팅 쇼 등 다양한 즐길 거리가 마련되어 있다.
- 다양한 식음료: 크리스마스 마켓 부스 외에도, 다양한 음식 트럭과 레스토랑에서 세계 여러 나라의 요리를 맛볼 수 있다.

우리나라 지방 중소도시에게 주는 시사점

윈터 원더랜드는 처음부터 오늘날처럼 대규모 축제는 아니었다. 2007년 첫 행사 당시에는 단순히 아이스 스케이트 링크와 소규모 크리스마스 마켓으로 시작되었다. 그러나 방문객들의 큰 호응을 얻으면서 이후 빠르게 확장되었다. 매년 방문객 수가 증가함에 따라 점점 다양한 놀이기구와 즐길 거리가 추가되었으며, 크리스마스 마켓의 규모도 점차 확대되면서 지금의 모습을 갖추게 되었다.

윈터 원더랜드의 성공 요인을 살펴보고, 우리나라 지방 중소도시들에게 주는 시사점을 찾아보자.

첫째, 접근성이다. 윈터 원더랜드는 런던 중심부의 하이드 파크에 위치해 대중교통과 도보로 쉽게 접근할 수 있어, 누구나 부담 없이 방문할 수 있는 지리적 장점을 가지고 있다. 우리나라의 지방 중소도시들이 갖고 있는 접근성의 한계를 극복하기 위해서는 '이동 과정에서 여행의 경험을 제공하는 전략'이 필요하다. 실제로 일부 지역에서는 축제 참가자가 머무르는 관광 코스, 기차역과의 연계, 지역 특산품 판매, 조명 거리, 포토존 등을 함께 운영하고 있다. 여기에 더해 지역이나 단체에서 축제 참가자들이 전체 여정을 하나의 특별한 경험으로 느낄 수 있도록 기획하는 '겨울 축제 루트 프로그램'을 도입하면, 도착지뿐만 아니라 이동 과정 전체가 하나의 겨울 축제가 될 수 있다.

둘째, 지역 고유성(로컬리티)과 미래지향성을 융합하는 현대적 재해석이다. 윈터 원더랜드는 전통적인 크리스마스 마켓을 놀이 공원, 공연, 미디어 아트, 글로벌 푸드 등 현대적인 요소와 결합해 다양한 세대를 끌어들이고 있다. 우리나라의 지역 축제 역시 단순히 전통을 재현하는 데 그치지 않고, '눈꽃', '얼음', '한파' 같은 지역의 자연과 기후 자원을 미디어 아트, 관람객 참여형 전시, 미래형 놀이기구, AR/VR 체험 등과 결합해, 지역의 고유성과 미래지향성을 모두 담은 새로운 겨울 경험을 창조해야 한다.

셋째, 공공과 민간의 협업이다. 윈터 원더랜드는 런던 시(공공)와 IMG(민간)가 긴밀히 협력하여 지속 가능한 운영, 혁신적 콘텐츠, 지역 경제 활성화 등 다양한 성과를 이뤄냈다. 우리나라에서도 지역의 대표 기업, 청년 창업가, 예술가, 소상공인, 시민단체 등 다양한 주체가 축제 브랜드를 함께 기획하고 운영하는 노력이 점차 늘고 있다. 그러나 현실적으로는 여러 어려움에 부딪혀 실질적인 운영으로 이어지지 못하는 경우가 많다. 이를 위해서는 명확한 거버넌스 체계와 역할 분담, 정기적인 소통 채널과 공식 회의, 공통 목표와 비전 수립, 자원 조달의 다양화, 그리고 신뢰와 포용의 협업 문화를 조성하는 노력이 필요하다.

또한 각 주체의 의견을 존중하고, 성과를 공유하며, 실패 경험도 함께 학습하는 신뢰 기반의 협업 문화를 만들어 나가야 한다. 이러한 공공과 민간의 협업은 단순한 참여를 넘어, 구조적이고 지속 가능한 협업 시스템 구축이 핵심이다. 초기의 갈등과 시행착오가 있더라도, 이러한 원칙과 실천 방안을 꾸준히 적용해 성공적인 협업 모델로 발전시켜 나갈 수 있다.

넷째, 글로벌 마케팅이다. 최근 축제 트렌드는 지역을 넘어 전 세계 관객과 소통하는 방향으로 발전하고 있다. 우리나라의 일부 지역 축제에서도 이미 실시간 라이브 스트리밍, AR 포토존, 다국어 안내, K-푸드 체험, 한류 공연 등 디지털과 오프라인을 결합한 하이브리드 축제 형태를 시도하고 있다. 이러한 온·오프라인 융합은 지리적 한계를 극복하고, 전 세계 어디서나 축제에 참여할 수 있도록 해 글로벌 마케팅의 핵심 전략으로 자리 잡고 있다.

그러나 이러한 시도들은 아직까지 부분적이고 단편적인 경우가 많다. 앞으로는 축제 기획 단계부터 디지털 경험을 중심에 두고, 온라인과 오프라인이 유기적으로 결합된 하이브리드 축제를 완성해 나가야 할 것이다. 이를 통해 국내외 다양한 관객이 시간과 공간의 제약 없이 축제에 참여하고, 지역의 문화와 브랜드가 글로벌 시장에서 경쟁력을 가질 수 있을 것이다. 런던의 윈터 원더랜드는 전통을 현대적으로 재해석하고, 공공과 민간의 협업을 통해 도시의 한계점을 극복하면서도 높은 경제성과 상징성을 창출한 성공적인 사례다. 우리나라의 지방 중소도시들도 지역의 고유한 강점을 기반으로 새로운 콘텐츠와 운영 방식을 결합해 지역 브랜드 이미지를 구축하고, 방문을 유도함으로써 지역 활성화를 이뤄야 한다. 지역의 특색을 살린 창의적이고 지속 가능한 전략을 통해 지역 경제와 문화의 동반 성장을 이루고, 모두가 함께 성장하는 지역 사회의 미래를 만들어 나가야 할 것이다.

16. 힙스터들이 만든 트렌드 허브

쇼디치의 기적

앞 장에서는 런던의 '윈터 원더랜드'를 통해 계절의 한계를 창의적으로 극복한 도시 전략을 살펴보았다. 축제는 단지 일시적인 행사가 아니라, 도시의 정체성과 매력을 확장하는 강력한 수단이 될 수 있음을 보여 주는 사례다.

이번 장에서는 런던의 변화된 도시 공간, '쇼디치Shoreditch'를 살펴본다. 한때 섬유 산업과 가구 제조업의 중심지였던 이곳은 쇠퇴를 거쳐, 창조 계층이 모여드는 창의적 도시 생태계의 중심지로 거듭났다.

섬유 산업의 중심지에서 힙스터의 성지로

영국 런던 동부에 위치한 쇼디치는 패션 브랜드, 독립 상점, 디자인 스튜디오, 카페, 갤러리 등이 집중된 매우 트렌디하고 창의적인 지역이다. 우

독특한 상점들이 들어선 다채로운 색감의 쇼디치 거리 ©경신원

리나라의 패션·디자인 관련 매체와 블로거들이 앞다투어 이 지역의 스타일과 문화를 소개하면서, 쇼디치는 국내에도 독특한 문화적 경험을 제공하는 지역으로 알려졌다.

작은 농촌 마을이었던 쇼디치는 19세기 초 영국 산업혁명과 함께 급격한 변화를 겪었다. 섬유와 의류 관련 직물 공장과 작업장, 그리고 부속 시설들이 집중되면서 섬유 산업의 중심지로 변모했다. 특히 면직물과 모

직물 생산이 활발히 이루어지며, 섬유 산업과 더불어 의류 생산에서도 중요한 역할을 했다. 이어 19세기 중반부터는 가구 제조업이 크게 성장해, 쇼디치는 영국 가구 산업의 중심지로 자리매김했다. 의류 제조 공장과 더불어 가구 공장이 들어서면서, 패션 관련 제품은 물론 각종 가구와 목재 제품도 이곳에서 생산되었다.[21]

그러나 제2차 세계대전 이후 많은 제조업체들이 비용 절감을 위해 생산 시설을 아시아 등 저비용 국가로 이전하면서, 섬유 산업의 쇠퇴와 함께 쇼디치는 심각한 사회적·경제적 문제를 겪게 되었다. 많은 공장과 산업 시설이 문을 닫으면서 노동자들이 일자리를 잃었고, 빈집과 폐공장이 늘어나면서 주거 환경이 악화되었으며, 빈곤과 범죄가 발생하는 등 주민들의 생활 수준이 크게 저하되었다.

1960년대 후반부터 시작된 런던 전역의 도시 재개발 사업은 쇼디치 지역에도 변화를 가져왔다. 재개발이 진행되면서 많은 이민자들이 경제적 부담을 줄이기 위해 쇼디치와 같이 상대적으로 저렴한 지역으로 이동했다. 당시 쇼디치에는 여전히 다양한 저임금 일자리가 많았기 때문에, 이민자들은 저렴한 주거 비용뿐 아니라 경제적 기회를 찾아 이 지역으로 모여들었다.[22]

특히 섬유 산업 관련 기술과 경험을 지닌 인도, 파키스탄, 방글라데시 출신 이민자들이 쇼디치로 이주하면서 지역의 섬유·패션 산업 발전에 기여했다. 이민자 커뮤니티는 서로 협력하며 네트워크를 형성했고, 이는 쇼디치 패션 산업의 중요한 기반이 되었을 뿐 아니라 다양한 문화적 배경을 가진 사람들이 모이는 다문화 지역으로 발전하는 데 기여했다.

1970년대부터 쇼디치 재개발과 관련한 논의가 시작되었으나, 본격적인 사업은 1990년대 초반에야 추진되었다. 재개발은 쇼디치의 사회적·경제적·물리적 환경을 크게 변화시켰다. 노후한 공장과 창고는 주거·상업·문화 공간으로 전환되었고, 새로운 계층 유입을 위한 시설들이 개발되었다. 이러한 물리적 환경의 개선은 새로운 주민들의 이주를 촉진했지만, 기존 주민 일부는 다른 지역으로 밀려나면서 지역 사회의 구성은 크게 달라졌다.

쇼디치 지역에 재개발 사업이 진행되면서 다양한 예술 활동, 창의 산업, 독립 상점, 카페, 갤러리 등이 들어서며, 쇼디치는 트렌디하고 창의적인 문화 중심지로 자리 잡게 되었다. 젊은 전문가와 창의적인 인재들이

그래피티 아트로 장식된 쇼디치의 예술적 거리 풍경 ©경신원

이주하면서 지역의 경제적 활력이 회복되었고, 오늘날 쇼디치는 다양한 문화·상업 공간이 조화를 이루는 런던의 중요한 문화 허브로 자리매김하고 있다.[23]

창의적인 인재들은 왜 쇼디치로 모여들까?

리처드 플로리다 교수는 저서 《창조계급의 부상 The Rise of the Creative Class》에서 창조계층을 혁신과 경제 성장을 촉진하는 주요 원동력으로 보았다. 창조계층은 고급 기술, 디자인, 예술, 지식 산업에 종사하는 사람들을 포함하는데, 이들은 문제 해결과 창의적 아이디어, 혁신을 통해 경제 성장을 이끌며 지역 사회와 도시 발전에도 큰 영향을 미친다. 창조계층의 역할이 중요해진 이유는 전통적인 제조업 중심 경제에서 창의성과 지식 기반 서비스업 중심 경제로 전환되었기 때문이다.

그렇다면 창조계층은 어떤 지역에 모이는 걸까? 플로리다 교수에 따르면, 창조계층은 창의적이고 혁신적인 환경을 선호하며, 문화적 다양성, 높은 교육 수준, 삶의 질, 그리고 사회적 포용성이 갖춰진 도시에서 더욱 잘 성장한다. 앞서 살펴본 샌프란시스코, 뉴욕, 로스앤젤레스, 시애틀, 보스턴 등의 창조도시가 공통적으로 보여주는 특징은 다양한 인구 구성, 풍부한 문화 자원, 높은 교육 수준, 창조적 산업이 결합되어 창조적 환경을 제공한다는 점이다.

쇼디치의 경우는 어떨까? 창의적 인재들이 쇼디치로 모여드는 데 기여한 요소를 살펴보자.

첫째, 지역 자원을 활용한 산업 공간의 재개발과 창조적 재구성이다. 기존의 공장과 창고를 디자인 스튜디오, 갤러리, 카페, 코워킹 스페이스 등 현대적이고 창조적인 공간으로 변모시킴으로써, 쇼디치는 창의적 인재들의 활동 중심지가 되었다.

둘째, 다문화적 배경을 가진 지역 주민들로 인한 창의적이고 혁신적인 문화다. 쇼디치에는 다양한 이민자 커뮤니티로 인해 자유롭고 개방적인 문화가 자연스럽게 형성되었다. 창조적인 시도를 존중하고 지원하는 지역 사회의 특성은 창조적인 활동이 활발히 이루어지는 데 기여하고 있다.

셋째, 쇼디치 인근에 위치한 유명한 패션 및 디자인 학교들을 통한 교육과 창조적인 인재 양성이다. 세계적으로 유명한 패션 및 디자인 학교인 센트럴 세인트 마틴스, 런던 패션 대학, 런던 예술대학교 등은 다양한 창조적 분야의 인재를 양성하고, 이러한 인재를 지역으로 유도할 뿐만 아니라 지역의 창조적 생태계를 강화하는 데 중요한 역할을 하고 있다.

넷째, 다양한 창조적 커뮤니티와 네트워킹이다. 쇼디치에는 여러 가지 창조적 네트워킹 이벤트, 워크숍, 컨퍼런스가 열리며, 이는 창조적 인재들이 아이디어를 교환하고 협업할 수 있는 기회를 제공하고 있다. 이러한 커뮤니티와 네트워킹 기회는 창조적 환경을 조성한다.

다섯째, 상대적으로 저렴한 임대 비용이다. 쇼디치의 임대료는 재개발 사업을 통해 상승했지만, 런던의 다른 중심지에 비해 여전히 비교적 저렴해 신생 디자이너들이 스튜디오를 운영하기에 좋은 장소가 되고 있다.

쇼디치가 예술과 기술의 중심지로 변모하고, 새로운 상업적 기회와 문화적 풍요를 갖게 된 주된 원인은 바로 창의적 인재, 즉 창조계층의 유입이다. 소멸 위기에 처한 지방 중소도시들이 '인구 감소' 문제에 앞서 고민해야 할 부분은 창의적 인재들이 모여 협업하고 혁신을 이루는 환경을 조성하는 일이다.

우리나라에서 창조계층과 창조도시에 대한 정책적 중요성이 강조된 것은 박근혜 정부 시기(2013~2017년)이다. 이미 10년이 지났지만, 창조계층 육성과 창조도시 개발에서 뚜렷한 성과를 찾기 어렵다. 이는 정책의 일관성 부족, 모호한 정책 목표, 보수적인 사회 환경, 경제적 지원 한계, 부족한 인프라와 자원, 산업·학계 협업 부족, 지역 간 불균형, 실행력 부족 등 복합적 요인에서 비롯된다.

창조도시의 성공적 개발을 위해서는 정책의 일관성 유지, 실패를 두려워하지 않는 사회적 환경 조성, 스타트업에 대한 충분한 지원과 인프라 제공, 그리고 산업·학계·민간·정부 간 협력과 실행력 강화가 필요하다.

창조도시는 기술이 아니라 사람에서 시작된다. 쇠퇴한 산업도시에서 창의적 중심지로 거듭난 쇼디치처럼, 우리나라의 지방 중소도시들도 '창조계층이 머물고 싶은 도시'를 목표로 삼아야 한다.

17. 공동체와 예술의 합작

LA 아트 디스트릭트

앞 장에서는 런던 동부의 낙후된 산업 지역이 창의적 공동체의 힘으로 재탄생한 쇼디치 사례를 살펴보았다. 예술과 창조계층이 지역을 변화시키는 힘은 런던에만 국한되지 않는다.

이번 장에서는 미국 로스앤젤레스의 아트 디스트릭트Arts District를 통해 예술과 공동체의 결합이 도시의 정체성을 어떻게 새롭게 만들 수 있는지를 살펴본다. '천사의 도시' LA가 탈산업화 이후 어떤 과정을 거쳐 창의적 도시로 회복되었는지, 그리고 그 안에서 예술가와 활동가들이 어떻게 공간을 변화시켜 왔는지 알아보자.

천사의 도시, 로스엘젤레스

'천사의 도시'로 불리는 로스앤젤레스에 대한 첫인상은 그다지 좋지 않았다. 그도 그럴 것이 내가 처음 그 도시에 간 것은 1990년대 초반, LA 폭동 직후였기 때문이다. LA 폭동은 과속 운전으로 체포된 흑인 청년을 백인 경찰관들이 집단 구타한 사건에 대한 무죄 판결로 촉발된 인종 폭동이었다. 당시 일부 시위대가 한인타운으로 몰려가 약탈과 방화를 저지르며 한인 사회는 큰 피해를 입었다.

이 폭동은 LA에 잠재해 있던 다양한 사회·경제적 문제를 표면화하며, 1980년대부터 논의되어 오던 도시 재정비의 시급성을 강조하는 계기가 되었다.[24] 이에 따라 LA 시 정부는 다운타운의 안전을 개선하고 주민들의 삶의 질을 높이기 위한 재개발 사업을 본격적으로 시작했다. 이 사업에는 민간 기업과 투자자들이 참여하면서 상업 시설과 문화 공간이 들어섰고, 새로운 일자리와 경제적 기회가 창출되며 활기가 돌기 시작했다.

LA 다운타운의 랜드마크, 디즈니 뮤직홀 ©경신원

특히 월트 디즈니의 부인 릴리언 디즈니가 남편을 기리기 위해 기부한 자금으로 시작된 디즈니 뮤직홀 건설은 다운타운에 새로운 활기를 불어넣었고, 이를 계기로 LA 다운타운은 예술과 문화의 중심지로 자리 잡게 되었다.[25]

이러한 변화는 예술가와 창조계층의 유입을 촉진해 그들의 활동이 지역의 문화적 풍요로움을 더하는 데 기여했고, LA는 '핫한 예술 도시'로 변모하게 되었다.[26]

LA 아트 디스트릭트

LA에서 나타난 변화 중 내가 가장 큰 관심을 가졌던 곳은 바로 '아트 디스트릭트'였다. LA 동부에 위치한 아트 디스트릭트는 19세기 후반부터 20세기 초반까지 제조업 공장, 창고, 물류 시설 등이 밀집한 산업 지대였다. 그러나 제2차 세계대전 이후 미국 사회에 탈산업화가 진행되면서 제조업이 쇠퇴하고, 공장과 창고가 문을 닫거나 다른 지역으로 이전하면서 산업 기반이 무너졌다. 또한 자동차 문화의 확산으로 사람들은 도심을 떠나 교외로 이주했고, 인구가 감소하면서 지역은 점차 황폐해졌다. 이로 인해 빈 건물과 창고는 방치되거나 불법 활동의 온상이 되었다.[27]

우범 지대였던 이 지역을 새로운 공간으로 변화시킨 것은 바로 예술가들이었다. 1980년대부터 저렴한 임대료를 이유로 예술가들이 빈 창고나 공장을 스튜디오로 활용하기 시작하면서 '아트 디스트릭트'라는 정체성이 생겨났다. 당시에는 기본적인 생활 여건이 부족해 생활이 불편했기

LA 아트 디스트릭트 거리 ©경신원

때문에 상업적 접근은 어려웠다. 이로 인해 아트 디스트릭트는 예술가들이 저렴하게 공간을 사용할 수 있는 비주류 문화의 중심지로 자리 잡게 되었다.

조엘 블룸과 창조적인 커뮤니티의 형성

조엘 블룸Joel Bloom은 아트 디스트릭트가 오늘날의 모습을 갖추는 데 중요한 역할을 한 인물이다.[28] 배우이자 예술가였던 그는 아트 디스트릭트가 예술과 창의성의 중심지로 부상하기 시작한 1980년대 초반에 이곳에 정착했다.

1990년대 초반, 조엘 블룸은 지역 내 부족했던 식료품과 필수품을 판매하는 슈퍼마켓을 열면서 단순한 쇼핑 공간이 아니라 주민들이 모여 소통하고 관계를 형성하는 장소로 기능하도록 했다. 일반 슈퍼마켓과 달리 예술가와 지역 주민이 선호하는 독특한 상품을 갖추었으며, 슈퍼마켓 내에서는 예술 행사나 지역 이벤트를 진행하기도 했다. 비록 경제적 동기에서 출발했지만, 그의 슈퍼마켓 운영은 지역 사회와 문화에 대한 깊은 관심과 책임감에서 비롯된 것이었다.

아트 디스트릭트의 잠재력을 일찍 발견한 조엘 블룸은 예술과 문화가 지역 경제에 긍정적인 영향을 미칠 수 있다고 믿었다. 그는 아트 디스트릭트가 예술가들에게 영감을 주고 창작할 수 있는 공간이 될 뿐만 아니라 상점, 음식점, 기타 비즈니스가 성장할 수 있는 지역이 되기를 원했다.

약 30년 동안 지역 사회 활동가로 활발히 활동하면서, 그는 LA 시 정부와 협력하고 예술가들과 소통하며 아트 디스트릭트의 활성화를 위해 힘썼다. 다양한 배경을 가진 창작자들이 함께 일할 수 있는 환경을 조성하는 데에도 큰 역할을 했다. 조엘 블룸이 아트 디스트릭트 활성화를 위해 주도한 대표적인 두 가지 사례는 다음과 같다.[29]

첫째, 대중교통이 부족했던 아트 디스트릭트에 LA 메트로의 일환으로 운영되는 소형 셔틀버스 시스템 DASH Downtown Area Short Hop 노선이 운행되도록 했다. DASH 버스는 다운타운 내 다양한 구역, 관광지, 상업 지역을 순환하는 노선으로, 주민과 방문객들이 교통 체증이나 주차 문제 없이 다운타운의 다른 지역으로 쉽게 이동할 수 있도록 했다. 이는 지역

다양한 벽화로 유명한 LA 아트 디스트릭트 거리 ©경신원

경제 활성화에도 기여할 것으로 기대되었다.

둘째, 지역 예술가들과 협력하여 '아트 인 레지던스AIR, Art in Residence' 조례가 아트 디스트릭트에 적용되도록 했다. AIR은 예술과 문화를 촉진하기 위해 공공 공간에 예술 작품을 설치하고 예술가들이 활동할 수 있는 환경을 조성하기 위해 1981년 LA 시가 제정한 조례다. 이 조례는 예술적 표현의 다양성을 증진하고 다양한 문화적 배경을 가진 예술가들이 활동할 기회를 제공할 뿐만 아니라, 예술이 대중과 더 밀접하게 연결될 수 있는 기반을 마련해 예술가들이 지역 사회와 상호작용하고 작품을 통해 지역 문화에 기여할 수 있도록 했다.

아트 디스트릭트의 역설: 예술가 공동체의 위기

오랫동안 LA 다운타운 재개발 사업에서 소외되었던 아트 디스트릭트는 2000년대 중반 이후 본격적으로 LA 시의 정책적 관심을 받게 되었다. 아트 디스트릭트 재생 사업은 다운타운 재개발과 활성화의 일환으로 시작되었으며, 정부와 민간 부문의 다양한 프로젝트가 추진되었다.[30]

아트 디스트릭트 재생 사업은 지역의 예술적 특성을 살리면서도 상업 공간을 추가하고 창의 산업을 유치하는 데 초점을 두었다. 이로 인해 새로운 비즈니스가 생겨나고 지역 경제가 활성화되었으며, 예술가들이 활동할 수 있는 환경도 조성되었다. 특히 주거 공간 개발과 함께 세계적 갤러리 하우저앤워스, 혁신적이고 실험적인 커리큘럼으로 높은 평가를 받는 남캘리포니아 건축연구소SCI-Arc와 같은 예술·문화 허브가 들어서면서 아트 디스트릭트는 더욱 다채롭고 창의적인 지역으로 변화했다.

그러나 이러한 변화는 부동산 가치의 급격한 상승을 초래해 기존 주민과 예술가들이 거주하고 일할 수 있는 공간을 점차 상실하게 만들었다. 젠트리피케이션으로 인해 많은 저소득층 주민들이 경제적 부담을 견디지 못하고 지역을 떠나야 하는 상황이 발생한 것이다.[31]

많은 예술가들이 젠트리피케이션에 대한 우려로 아트 디스트릭트를 보호하기 위해 재생 사업에 반발하기도 했다. 그들은 재개발로 인해 기존의 문화와 정체성이 약화되는 경우를 종종 목격했기 때문이다.[32] LA 시 정부는 젠트리피케이션 문제를 해결하기 위해 저소득층 주민과 예술가들을 위한 주택 지원 정책이나 임대료 통제 등의 조치를 고려하고 있지만, 이러한 정책의 실제 효과에 대해서는 논란이 있다.[33]

이러한 이유에서인지, 2024년 10월의 맑은 금요일 오후 친구와 함께 찾은 아트 디스트릭트의 거리는 뜻밖에도 너무나 조용했다. 금요일 오후임에도 불구하고 말이다. 리틀 도쿄역에서 아트 디스트릭트를 향해 걸어가는 동안에도 제대로 된 이정표를 발견하기 어려웠고, 보행 환경이 안전하다는 느낌도 받지 못했다. LA 다운타운은 재개발 사업으로 물리적 환경은 개선되었지만, 여전히 치안 문제와 노숙자 문제로 인해 지역 경제, 주거 환경, 문화 발전을 저해하고 있으며 아트 디스트릭트도 예외는 아니었다. 한때 예술가와 창작자들로 북적이던 아트 디스트릭트는 임대료 상승과 개발 자본의 유입으로 인해 예전의 활기와 정체성을 점점 잃어가고 있었다. 이곳은 더 이상 과거의 아트 디스트릭트가 아니었다.

아트 디스트릭트는 지역에 대한 비전을 가진 사회 활동가와 예술가들의 자발적 노력 덕분에 우범 지대에서 창의적 공간으로 탈바꿈할 수 있었다. 하지만 지역 활성화가 지속되기 위해서는 커뮤니티의 노력만으로는 한계가 있으며, 지자체의 보다 적극적인 지원이 필요하다. 지역 주민과 예술가들이 안정적으로 정착하고 활동할 수 있도록 주거 환경과 치안, 관람객들의 안전과 편의를 보장하는 일은 지자체의 책임이다. 시민들이 살고 싶은 매력적인 도시를 만드는 일은 커뮤니티, 지자체, 민간 기업의 협력을 통해서만 가능하다.

이러한 사례는 우리나라에도 중요한 시사점을 준다. 서울의 홍대, 성수동, 문래동, 이태원 등도 예술가와 창작자들의 노력으로 독특한 문화 지구로 성장했지만, 젠트리피케이션으로 임대료가 급등하고 원주민과 예술가들이 밀려나는 현상이 반복되고 있다. 단순히 물리적 환경 개선이나 관광객 유치에만 집중할 것이 아니라, 예술가와 기존 주민이 안정적으로 정착할 수 있는 제도적 장치와 장기적 지원책이 마련되어야 한다. 공공과 민간, 지역 사회가 긴밀히 협력해 도시의 고유한 정체성과 다양성을 지키는 것이야말로 지속 가능한 도시 재생의 핵심임을 아트 디스트릭트의 경험이 보여준다.

18. 책으로 다시 태어난 마을

헤이온와이 책마을

앞 장에서는 예술과 공동체의 힘이 도시 공간을 어떻게 재창조할 수 있는지를 살펴보았다. 로스앤젤레스의 아트 디스트릭트는 창작자들의 주도 아래 낙후된 산업 지대가 문화의 중심지로 변모한 대표적 사례였다.

이번 장에서는 도시 재생의 또 다른 방식, '책'이라는 매개를 통해 지역의 미래를 다시 쓴 작은 마을을 살펴본다. 영국 웨일스의 작은 농촌 마을 헤이온와이Hay-on-Wye는 한 청년의 기발한 상상력에서 출발해 세계적인 책마을로 거듭났다.

헤이온와이

책마을로 알려진 영국 웨일스의 작은 마을 헤이온와이를 처음 알게 된 것은 2000년대 중반, 출판업을 하던 지인을 통해서였다. 그녀는 서점으로

서점들로 가득한 헤이온와이 ⓒ경신원

만 가득 찬 신비한 책마을에 대해 이야기해 주었고, 런던에서 자동차를 빌려 그 작은 마을로 찾아가는 과정조차 매우 흥미롭게 들렸다. 유럽의 여러 북 페스티벌에 가보았지만, 헤이온와이에서의 경험이 가장 특별했다고 했다.

잉글랜드와 웨일스 경계에 위치한 헤이온와이에는 20개 이상의 독립 서점이 있으며, 이 서점들은 중고 서적, 희귀본, 전문 서적 등 다양한 책을 취급하고 있다. 매년 5월 말에서 6월 초 사이 약 10일간 열리는 '헤이 페스티벌Hay Festival'에는 세계 각국의 저명한 작가, 예술가, 다양한 분야의 인사들이 참여해 강연, 토론, 공연 등 600개 이상의 행사가 진행된다. 이 페스티벌은 매년 수십만 명의 방문객이 찾는 세계적으로 손꼽히는 문학 축제다.

작은 농촌 마을에서 세계적인 책마을로

헤이온와이는 1950년대까지만 하더라도 인구가 감소하고 빈 점포와 빈 건물이 늘어나는 침체된 작은 농촌 마을에 불과했다.[34] 이 마을에는 중세 시대에 건설된 성과 교회 같은 역사적 건축물이 있었지만, 외부의 관심을 끌 만한 요소가 부족해 관광객이나 외부 방문객도 많지 않았다. 오늘날 '지역소멸' 위기에 처한 우리나라의 지방 중소도시들과 비슷한 어려움을 겪고 있었다.

아무도 관심을 갖지 않던 쇠퇴 위기의 작은 농촌 마을이었던 헤이온와이가 세계적으로 유명한 책마을로 거듭날 수 있었던 것은 리처드 부스 Richard Booth라는 괴짜 청년의 열정 덕분이었다.[35] 1961년, 당시 26세였던

리처드 부스가 여러 서점을 합쳐 만든 대형 서점 ©경신원

리처드 부스는 고향인 헤이온와이로 돌아와 첫 번째 서점을 열었다. 요즘 로컬분야에서 이야기되고 있는 고향으로 U턴을 한, 유턴자인 셈이다.

헤이온와이에는 빈 건물이 많고 임대료가 저렴했기 때문에, 그는 비교적 적은 비용으로 건물들을 하나씩 서점으로 바꾸며 '책마을'이라는 독특한 정체성을 부여하기 시작했다. 지역 주민들도 그의 비전에 공감하고 지지했기 때문에, 그는 지역 사회와 협력해 서점 사업을 시작할 수 있었다.

서점 사업으로 경제적 큰 성공을 기대하기는 어려웠지만, 그는 서점과 책을 테마로 한 마을이 관광지로 발전할 가능성을 보았다. 중고 서점과 희귀본 서점을 통해 영국과 해외의 책 애호가들을 유치할 수 있다는 확신이 있었기 때문이다. 리처드 부스는 작은 농촌 마을에서 큰 변화를 일으킬 수 있는 기회를 찾았고, 문화·사회적 변화의 중심에서 마을 전체를 하나의 거대한 문화 허브로 변모시켰다.

리처드 부스의 비전과 전략

리처드 부스는 작은 농촌 마을이었던 헤이온와이를 어떻게 국제적인 '책마을'로 만들었을까?

첫째, 서점 네트워크 형성이다. 그는 마을 내 여러 중고 서점을 열어 네트워크를 구축하고, 희귀본과 다양한 책을 취급해 지역의 독창성을 강화하고 다양한 독자층을 확보했다.

둘째, 다양한 문화 행사 개최다. 서점에서 단순히 책을 판매하는 데 그치지 않고, 다양한 문화 행사와 작가 초청 강연을 열어 지역 주민과 방문객이 교류하고 문화적 경험을 쌓을 기회를 제공했다.

셋째, 헤이 페스티벌 창설이다. 1988년 리처드 부스는 지역 차원의 페스티벌을 창설해 전 세계 다양한 분야의 전문가를 초청하고, 강연과 토론의 장을 열어 마을을 국제적인 문학 축제의 중심지로 만들었다.

넷째, 독창적인 마케팅 전략이다. 리처드 부스는 헤이온와이를 문화적으로 독립적인 장소로 만들고자 했으며, 마을 경제를 활성화하기 위해 독창적인 마케팅 전략을 펼쳤다. 한 예로 1977년 4월 1일, 그는 만우절의 유

리처드 부스가 '헤이온와이의 왕'으로 선언한 곳 ⓒ경신원

쾌한 분위기와 장난스러운 전통을 의도적으로 활용해 자신을 "King of Hay(헤이온와이의 왕)"로 선언하는 퍼포먼스를 진행했다. 직접 만든 왕관을 쓰고 화려한 로브를 입은 채 마을을 행진하며 왕을 자처했는데, 이 모든 행위는 언론의 주목을 끌고 마을의 존재감을 알리기 위한 홍보 전략이었다.

리처드 부스의 이러한 노력으로 헤이온와이는 책마을에서 책을 테마로 한 문화 관광지로 성장했고, 전 세계적으로 인지도를 높일 수 있었다.

팬데믹 이후, 헤이온와이의 선택

헤이온와이도 코로나19 팬데믹 기간 여러 가지 변화를 겪었다.[36] 많은 서점과 상점은 온라인 판매를 강화하고 소셜 미디어와 웹사이트를 통해 고객과의 소통을 이어갔다. 이러한 변화는 팬데믹 이후에도 지속되어 오프라인 매장과 온라인 판매가 상호 보완적 형태로 자리 잡게 되었다. 지역 주민들은 다양한 온라인 모임을 만들어 팬데믹 기간 동안 서로 돕고 지원하며 공동체의 유대감을 유지했고, 이를 통해 지역 커뮤니티는 더욱 강화될 수 있었다.

팬데믹으로 대규모 행사가 중단되면서 2020년 헤이 페스티벌은 온라인으로 개최되었다.[37] 처음 시도된 디지털 축제에는 전 세계에서 수십만 명이 참여하며 헤이 페스티벌의 새로운 가능성을 보여주었다. 팬데믹 이후에도 온라인과 오프라인이 혼합된 하이브리드 형태로 행사가 진행되고 있어, 온라인 참여자들을 꾸준히 유지하고 있다.

헤이온와이는 팬데믹 초기 큰 타격을 입었지만, 도시를 떠나 한적한 시골 지역을 선호하는 경향이 강해지면서 국내 관광 수요가 증가해 조금씩 회복되었다. 헤이온와이가 가진 문화적 매력뿐만 아니라, 주변 웨일스 지역의 아름다운 자연을 즐기고 자전거 타기, 하이킹 등 야외 활동을 하기 위해 이곳을 찾는 이들이 늘어나고 있다.

헤이온와이에서 발견한 우리의 미래

헤이온와이의 성공 사례는 지역소멸의 가장 큰 문제가 '인구 감소'가 아니라 '매력 부족'에 있음을 깨닫게 해준다. 일본에서 대표적인 관광 재생 사례로 손꼽히는 아타미 도시를 변화시킨 이치키 고이치로도《로컬 리노베이션》(2024)에서 같은 이야기를 했다.

> "셔터 거리(영업하지 않아서 셔터가 내려가 있는 점포가 많은 불황인 거리)로 상징되는 지방 쇠퇴에 관해 지금도 종종 인구 감소 때문이라고 말한다. 그러나 실제로 지방 활성화 현장에서 뛰는 사람들은 인구 감소 문제보다 거리의 매력이 부족한 것이 그 원인임을 깨닫게 되었다."
> - 이치키 고이치로,《로컬 리노베이션》[38]

소멸 위기에 처한 우리나라의 지방 중소도시들이 사람과 자본이 모이는 도시가 되기 위해서 헤이온와이의 사례에서 두 가지 중요한 교훈을 배울 수 있다.

첫째, 독창적인 아이디어를 기반으로 한 명확한 비전 수립이다. 그 비전에 맞춰 지역만의 고유한 정체성을 구축해야 한다. 다른 지역과 차별화되는 브랜드와 새로운 가치를 만들어 가야 한다.

둘째, 지역 커뮤니티와의 네트워크 형성이 필요하다. 헤이온와이는 리처드 부스라는 한 개인의 아이디어에서 출발했지만, 그는 지역 커뮤니티와 협력해 서점 사업을 확장할 수 있었다. 이를 통해 작은 농촌 마을을 '책마을'로 변화시킬 수 있었고, 국제적인 문화 축제를 개최하며 지역 브랜드를 확립했다. 마케팅에도 성공하여 결과적으로 지역 경제 활성화에도 기여할 수 있었다.

우리나라도 정부 주도의 지역 재생 방식에서 벗어나 주민들이 적극적으로 참여하고 다양한 이해관계자들과 협력해 스스로 지역 문제를 해결하고 지역 발전을 이끌어 가야 한다. 지역 사회의 특성과 필요에 맞는 서비스를 제공하는 주민 중심 협동조합, 지역 사회 기반 관리 조직, 또는 기업을 통해 지속 가능한 지역 경제 발전을 이룰 수 있다. 일본의 지역 관리 회사, 미국의 비즈니스 개선 지구BID, Business Improvement District, 영국의 네이버후드 매니지먼트Neighbourhood Management, 캐나다의 비즈니스 개선 지역BIA, Business Improvement Area 등은 지역 주민, 공공기관, 민간 기업이 협력하여 운영되고 있으며, 지역 비즈니스 활성화와 커뮤니티 강화를 목표로 활동하고 있다.

19. 현대적인 맛을 더하다

런던과 LA의 전통시장

책이라는 문화 자산이 도시의 정체성과 경제를 변화시킨 헤이온와이 사례는 작고 평범한 공간도 새로운 상상력으로 재창조될 수 있음을 보여준다. 도시를 매력적으로 만드는 힘은 거대한 개발이 아니라 그 공간을 살아 있는 이야기로 채우는 데 있다.

이번 장에서는 오래된 전통시장을 현대적 감각으로 재해석하며 지역성과 문화, 그리고 새로운 상업 생태계를 공존시키는 데 성공한 런던의 보로 마켓Borough Market과 LA의 그랜드 센트럴 마켓Grand Central Market 사례를 살펴본다.

전통시장의 재발견

우리나라의 전통시장은 고려시대부터 형성되기 시작하여 조선시대에 이르러 전국적으로 확대되었다. 해방 직후 전쟁과 정치적 혼란 속에서 어려움을 겪었으나, 1960년대 들어 산업화와 도시화가 본격화되면서 지역 사회의 중요한 경제·사회적 중심지 역할을 해왔다.[39]

그러나 1980년대 후반부터 등장하기 시작한 대형 마트와 슈퍼마켓, 그리고 1990년대 중반 도입된 온라인 쇼핑이 2000년대 초반부터 급성장하면서 전통시장은 경쟁력을 잃게 되었다.[40] 전통시장은 시설이 낙후되어 위생 문제, 주차공간의 부족 등으로 소비자들에게 불편함을 주었으며, 현대화된 유통 시스템과 대규모 할인 판매를 하는 대형 마트와의 경쟁에서 불리한 위치에 서게 되었다. 더구나 인터넷과 모바일 기술의 발전으로 소비자는 편리함과 다양한 선택이 가능한 온라인 쇼핑을 선호하게 되면서 전통시장의 고객층은 줄어들었다.

1990년대 중반부터 정부와 지자체는 전통시장을 지원하기 위한 여러 정책을 시행했으나, 초기 단계에서는 큰 효과를 보지 못했다. 하지만 2010년대 중반부터는 지역 축제, 문화 행사, 먹거리 골목 조성, 청년 창업 프로그램, 온라인 판매 채널, 모바일 결제 도입 등 디지털 시대에 걸맞은 적극적인 정책을 통해 전통시장에 새로운 활력을 불어넣고 있다.

레트로 감성을 가진 MZ세대의 전통시장에 대한 관심 증가와 K-팝, K-드라마, K-뷰티, K-푸드 등 한류 열풍으로 한국 문화에 대한 관심이 높아지면서 전통시장은 국내뿐 아니라 해외에서도 매력적인 관광지로 부상하고 있다. 서울의 광장시장, 남대문시장, 통인시장 등은 해외 관광객들에게 큰 인기를 끌며 한국의 음식과 문화를 체험할 수 있는 장소로 각광받고 있다.

이처럼 전통시장이 새로운 문화와 관광의 중심지로 각광받는 현상은 해외에서도 마찬가지다. 예를 들어, 세계적인 관광 명소로 발전한 런던의 보로 마켓이나 LA의 그랜드 센트럴 마켓 역시 지역 고유의 전통과 현대적 감각을 결합해 다양한 방문객에게 사랑받는 장소가 되었다. 서울뿐 아니라 비수도권 지역의 전통시장이 지속적으로 성장하고 발전하기 위해서는 어떤 노력이 필요한지, 해외 전통시장의 성공 사례를 통해 살펴보자.

런던의 보로 마켓

보로 마켓은 런던에서 가장 오래된 시장 중 하나로, 13세기경 시작되었으며 초기에는 농산물, 고기, 어패류 등이 거래되는 길거리 시장이었다. 17세기 런던 대화재 사건 이후 도시 재개발 과정에서 시장이 재정비되었고, 보로 마켓은 현재 위치인 런던 브리지 주변으로 옮겨지게 되었다.[41]

19세기 산업혁명 시기 보로 마켓은 런던의 급격한 도시화와 산업화의 영향을 받았다. 시장은 현대화되면서 더욱 확장되었고, 다양한 식료품과 산업용 제품이 거래되었다. 제2차 세계대전 이후 런던이 전후 복구와 경제 성장을 이어가는 동안, 보로 마켓은 시민들의 식료품 수요를 충족시키는 중요한 도매시장으로 기능했다.

그러나 1970년대에 들어 영국 내 대형 유통업체와 슈퍼마켓 체인이 급격히 성장하면서 소규모 도매시장은 큰 타격을 입었다. 이들은 효율적인 유통망과 대규모 구매를 통해 가격 경쟁력을 갖추었기 때문에, 소비자들은 더 편리하고 저렴한 가격으로 상품을 구매할 수 있는 슈퍼마켓을 선호하게 되었다. 이로 인해 전통적인 도매시장의 역할은 축소되었다. 또한 런던의 도시 개발과 교통 체계 변화로 교통 체증과 주차 문제 등이 심화되면서 보로 마켓의 접근성이 떨어지고 방문객 수도 감소했다.

보로 마켓 재개발 사업과 신탁 설립

1990년대 후반, 낙후된 지역을 활성화하고 경제 성장을 촉진하려는 토니 블레어 정부의 도시 재생 정책이 시작되면서 보로 마켓과 그 주변 지역이 재개발되기 시작했다.[42]

런던 시와 보로 마켓이 위치한 사우스워크 구는 보로 마켓의 잠재력을 극대화하고, 보다 포괄적이고 효과적인 재개발을 이루기 위해 지역 주민과 상인들과 협력해 사업을 추진했다. 재개발에는 시장 건물의 보수 및 현대화, 상업적 활성화, 공공 공간 개선 등이 포함되었고, 이 과정에서 효율적인 시장 운영과 유지 관리의 필요성이 대두되었다. 이에 따라 시장을 보다 체계적으로 관리하고 보존하기 위해 1998년 보로 마켓 신탁이 설립되었다.[43]

보로 마켓 신탁은 지역 사회와 시장 상인들이 협력해 설립한 비영리 단체로, 시장에서 발생한 수익을 다시 시장의 유지·보수, 개선, 지역 사회 프로그램 등에 재투자한다. 신탁은 사우스워크 자치구가 보유하던 시장의 소유권과 관리 책임을 인수해 보존과 활성화를 위해 노력하고 있다.

신탁 설립 이후 보로 마켓은 지역 비즈니스 중심의 도매시장에서 지역 주민과 관광객을 대상으로 하는 소매시장으로 전환되었다. 이는 도매시장의 한계와 경쟁 심화, 도시 인프라 제약, 도매 거래 감소라는 구조적 위기 속에서 시장 신탁과 상인들이 소매시장으로의 전환을 통해 새로운 활로와 정체성을 모색한 것이 주요 이유였다.

1970년대 새로 건설된 뉴 코벤트 가든 마켓New Covent Garden Market 등 대규모 현대식 도매시장이 등장하면서 보로 마켓의 도매 기능은 약화되고 경쟁력도 떨어졌다. 대형 도매시장은 대량 운송과 현대적 인프라를 갖추고 있어, 보로 마켓은 대형 화물차 접근이나 대규모 거래에 불리했다. 이에 신탁 이사회와 상인들은 소매 중심의 '미식가' 시장으로 방향을 전환하기 시작했다. 1998년 개최한 '미식가 축제Food Lovers' Fair'와 같은 성공적인 이벤트를 계기로, 보로 마켓은 고급 식재료, 장인 식품, 소규모 생산자 중심의 소매시장으로 재탄생하게 되었다.[44]

이를 통해 시장의 생존과 지역 사회 공익 실현, 그리고 런던의 대표적 식문화 명소로의 도약이 가능해졌다. 다양한 고급 식재료와 특색 있는 음식점을 유치하면서 미식가와 관광객을 위한 명소로 인기를 끌게 되었다. 또한 영화, TV 프로그램, 각종 미디어를 통해 전 세계적으로 알려지며 시장의 브랜드 가치가 높아졌다.

보로 마켓의 활성화와 젠트리피케이션

보로 마켓을 포함한 주변 지역의 재개발 프로젝트는 지역 전체의 가치를 끌어올렸고, 고급 상점과 식당들이 런던 브리지 주변으로 모여들게 되었다. 이 과정에서 지역 주민들은 경제적 압박을 겪거나 다른 지역으로 이주해야 하는 상황에 놓였다. 특히 상업용 임대료 상승은 전통적인 소규

보로 마켓: 전통과 현대가 공존하는 미식 명소 ©경신원

모 상인들에게 큰 부담이 되어, 일부 상점은 문을 닫거나 다른 지역으로 이전해야 했다.[45]

보로 마켓 역시 런던의 중요한 관광지로서 인지도가 높아지고 고급화된 서비스를 제공하면서 상업적 가치를 높이고 있으나, 동시에 시장 임대료 상승 압력을 받고 있다. 보로 마켓에 입주하려는 상인들 중에는 기존 상인들보다 더 높은 임대료를 지불할 의사가 있는 경우가 많고, 고가의 제품을 구매하려는 고객층 또한 증가하고 있기 때문이다.

보로 마켓 신탁은 젠트리피케이션의 부정적 영향을 최소화하기 위해 적극적으로 대응하고 있다.[46]

첫째, 임대료 안정화를 위해 상승 속도를 조절해 기존 상인들이 급격한 인상으로 시장을 떠나는 것을 방지하고 있다.

둘째, 전통적 소규모 상인들이 시장에 계속 머무를 수 있도록 임대료 보조, 마케팅 지원 등 다양한 프로그램을 통해 경제적 부담을 최소화하고 있다.

셋째, 시장 내 다양한 상품과 서비스가 제공되도록 상인 구성을 균형 있게 유지하고 있다. 고급 제품뿐 아니라 다양한 가격대의 상품을 제공하는 상인들을 유지함으로써 시장의 포용성과 다양성을 높이고 있다.

넷째, 지역 사회와 지속적으로 대화하며 시장 변화가 주민들에게 미치는 영향을 최소화할 방안을 모색하고 있다. 이는 보로 마켓이 주민들에게 경제적 접근성을 제공하고, 지역 사회의 일부로 기능하기 위한 것이다.

그러나 이러한 노력에도 불구하고 보로 마켓의 인지도가 높아지고 외부 투자자와 고급 상인들의 수요가 증가함에 따라 임대료 인상 압박은 계속될 수 있다. 이는 한국의 전통시장도 피할 수 없는 현실이다. 자본주의 사회에서 이러한 변화를 막을 수는 없음을 인식하고, 이를 최소화하기 위해 지자체, 상인회, 지역민의 지속적 노력과 관심이 필요하다. 또한 보로 마켓 신탁과 같은 체계적이고 효율적인 운영·관리 기구의 설립을 적극 고려해야 한다.

LA의 그랜드 센트럴 마켓

LA의 그랜드 센트럴 마켓은 로스앤젤레스에서 가장 오래된 마켓 중 하나로, 100년이 넘는 역사를 자랑한다.[47] 1917년 오픈한 LA 최초의 푸드홀Food Hall로, 초기에는 당시 LA의 대표적인 부유층 주거지였던 번커힐Bunker Hill 주민들을 대상으로 신선 식재료와 고급 식품, 세계 각국의 향신료, 유대인 델리 고기, 생선, 제과 등을 판매하는 90여 개 상점이 입점해 있었다.

    LA 다운타운 서쪽 언덕에 위치한 번커힐 지역의 주민들은 엔젤스 플라이트 케이블카Angels Flight Funicular를 타고 내려와 번커힐 아래에 자리한 그랜드 센트럴 마켓을 이용하곤 했다. 그러나 제2차 세계대전 이후 미국의 다른 도시들과 마찬가지로 교외화와 도심 공동화 현상이 LA 도심에도 나타났다. 교외로 인구, 기업, 상업 시설이 빠져나가면서 주로 유색인종과 저소득층이 도심에 남게 되었고, 그 결과 도심의 경제적 기능은 약화되었다. 번커힐 지역의 부유층은 교외로 이주했고, 도심은 노동자 계층 중심의 공간으로 변모했다. 이에 따라 마켓도 고급 식재료 위주에서 일상적인 저렴한 식료품과 간편식을 파는 시장으로 변모하였다.[48] 이후

엔젤스 플라이트: LA의 과거와 현재를 잇는 케이블카 ⓒ경신원

LA 다운타운의 쇠퇴와 함께 그랜드 센트럴 마켓도 점차 침체되었다.

그랜드 센트럴 마켓의 새로운 시작

1980년대 초반, 그랜드 센트럴 마켓을 중심으로 한 주변 지역 재생 노력이 본격적으로 추진되었다.[49] 변호사이자 개발업자인 이라 옐린Ira Yellin은 LA 다운타운이 급격히 쇠퇴하고, 역사적인 건물들이 방치되는 현실을 우려했다. 이에 그는 도심의 역사와 다양성을 되살려 도시 전체의 활력을 회복시키고자, 그랜드 센트럴 마켓과 인근 건물을 매입해 개발하였다.

이라 엘린은 그랜드 센트럴 마켓을 사람들과 다양한 문화가 공존하는 인간적인 공간으로 보고 단순한 부동산 개발이 아닌 도시의 커뮤니티와 문화적 다양성을 보존하고 재생하는 것을 목표로 하였다. 그는 로스엔젤레스 커뮤니티 재개발국과 로스엔젤레스 메트로폴리탄 교통국의 지원을 받아, 그랜드 센트럴 마켓 건물 리노베이션, 주차장 신설, 인근 아파트 및 밀리언 달러 시어터 등 역사적 건물 복원, 시장 환경 개선 등 복합적인 도심재생 프로젝트(그랜드 센트럴 스퀘어 프로젝트)를 추진했다.

그러나 2000년대 중반까지 이어진 미국 경제 침체로 인해 이 프로젝트는 기대만큼의 성과를 내지 못했다. 부동산 불황, 인구 유출, 상권 쇠퇴가 지속되었고, 그랜드 센트럴 마켓과 인근 스퀘어 역시 수익성 악화와 공실률 증가로 어려움을 겪었다.

2000년대 이후, 미국의 대도시들은 다시 재부흥의 움직임을 보이기 시작했다. 이는 정부 주도의 도시재생 정책과 사회·경제적 변화가 맞물린 결과였다. 특히 2000년대부터 2010년대 초반까지 밀레니얼 세대(1980~1990년대 후반 출생)의 '도심 회귀' 현상이 서구 사회 전반에서 활발히 나타났다.[50] 밀레니얼은 부모 세대(베이비붐 세대)와 달리 교외의 삶보다 문화적 다양성, 직장 접근성, 교육 기회가 보장된 도심의 삶을 선호하는 것으로 나타났다.

리처드 플로리다는 창조계층이 도시 경제와 문화 재생을 이끄는 핵심 집단임을 강조했다. 창조계층은 문화적 다양성, 예술, 혁신적 서비스, 개방적인 도시 환경을 선호하며, 이러한 성향은 밀레니얼 세대의 도심 선호와 맞물려 대도시의 인구 증가와 도시 재생을 촉진했다. 미국 대도시에서 나타난 도심 인구 증가와 도시 재생은 바로 이러한 창조계층과 밀레니

얼이 주도한 사회적 변화, 그리고 지식 기반 서비스업과 레저·문화 서비스 분야의 고용 증가를 배경으로 하고 있다.

이러한 사회·경제적 변화와 더불어, 당시 미국을 비롯한 서구 사회의 도시계획 및 개발 분야에서는 '스마트 성장' 개념이 확산되었다. 이 개념은 무분별한 교외 확산을 억제하고, 토지와 자원을 효율적으로 활용하며, 환경과 커뮤니티의 지속 가능성을 높이는 개발을 목표로 한다. 스마트 성장의 핵심 원칙은 다음과 같다.[51]

- 혼합용도 개발: 주거, 상업, 오피스, 공공시설 등이 한 공간에 공존해 다양한 활동과 보행을 촉진함
- 고밀도·보행 친화적 개발: 자동차 의존도를 줄이고, 걷기 좋은 거리와 대중교통 중심의 도시 구조를 지향함
- 대중교통 연계: 교통수단과 연계된 개발로 접근성과 지속 가능성을 강화함
- 기존 커뮤니티 보존: 역사적·문화적 자산과 지역 정체성을 유지하며 개발함
- 환경 보호: 녹지, 오픈 스페이스, 생태계 보전 등 환경적 지속 가능성을 중시함
- 시민 참여와 투명성: 개발 과정에서 지역 주민과 이해관계자의 의견을 적극적으로 반영함

LA시 또한 1990년대 후반부터 교외 확산, 교통 혼잡, 환경 문제, 도심 공동화 등 도시 문제를 해결하기 위해 스마트 성장의 원칙을 의식적으로

도입하기 시작했고, 1999년에는 'LA 적응형 재사용 조례LA Adaptive Reuse Ordinance'를 제정했다.[52] 이 조례는 LA 도심의 노후 오피스 및 상업용 건물을 주거 등으로 전환하는 데 필요한 각종 규제를 대폭 완화해, 도심 활성화와 주택 공급 확대에 큰 역할을 했다.

앞서 1992년 LA 폭동 이후 LA시는 민간 개발업자와 협력해 'Rebuild LA' 등 다양한 재생사업을 추진했으나 단기적 투자와 제한적 성과에 그쳤고, 도심의 경제·사회적 침체는 쉽게 극복되지 않았다.[53]

이러한 상황에서 2003년 완공된 월트 디즈니 콘서트홀은 도심의 새로운 랜드마크가 되어, 문화·예술 중심지로서 LA 다운타운의 이미지를 전환하는 데 중요한 역할을 했다.[54]

하지만 도심의 근본적인 활성화를 위해서는 보다 구조적인 정책 변화가 필요했다. LA 적응형 재사용 조례는 도심의 주거·상업 활성화에 전환점을 마련했으며, 그 결과 LA 도심은 '업무지구'에서 '24시간 거주·문화·상업 복합지구'로 변모했다. 이러한 변화와 인구 유입, 문화 인프라 확충은 그랜드 센트럴 마켓 등 역사적 공간의 재생에도 긍정적인 영향을 주었고, 전통시장이 미식과 라이프스타일 중심의 복합공간으로 발전하는 계기가 되었다.

그랜드 센트럴 마켓의 뉴챕터: 새로운 미식의 중심지로

2010년대 초반, 그랜드 센트럴 마켓은 침체와 높은 공실률 등으로 경영난을 겪었다. 이라 옐린이 1980년대 마켓을 인수해 기반을 다졌으나,

다문화 미식이 살아 있는 그랜드 센트럴 마켓 ©경신원

2002년 그의 사망과 2008년 세계 경제 위기로 인해 마켓은 활기를 잃게 되었다. 이후 그의 부인 아델 옐린이 본격적으로 경영에 참여하면서 젊은 셰프들의 다양한 세계 음식점을 유치하는 등 새로운 비전과 혁신적인 전략을 통해 마켓을 LA의 새로운 미식 중심지로 재탄생시켰다.[55]

아델 옐린은 그랜드 센트럴 마켓을 활성화하기 위해 입점 상인 선정과 시장 전체의 코디네이션을 주도했다. 침체에 빠진 마켓을 되살리기 위해 처음에는 유명 레스토랑 체인과 셰프들에게 입점을 제안했으나 모두 거절당했다. 이에 푸드 저널리스트 케빈 웨스트Kevin West와 로컬 식문화 큐레이터 조셉 슐디너Joseph Shuldiner와 협업해, 젊고 창의적인 소규모 창업가와 셰프들을 발굴해 입점시키는 데 집중했다. 그 결과 에그슬럿Eggslut, 웩슬러스 델리Wexler's Deli, 지앤비 커피G&B Coffee 등 오늘날 그랜드 센트럴 마켓을 대표하는 브랜드들을 유치할 수 있었다.[56]

또한 아델 옐린은 마켓 전체의 조화와 변화를 기획하고 관리했다. 새로운 점포 입점뿐 아니라 기존 전통 상인들과 신생 벤처가 공존할 수 있도록 시장의 분위기와 상권 구성을 세심하게 조율했다. 상인들과 직접 소통하며 시장의 다양성과 정체성을 유지하는 데 주력했다. 여러 인터뷰와 기사[57]에서 그녀의 비전과 기획력이 그랜드 센트럴 마켓 재탄생의 핵심임이 강조되고 있다.

오늘날 그랜드 센트럴 마켓은 LA를 대표하는 미식 푸드코트이자 관광 명소로 자리 잡았으며, 연간 방문객은 약 200만 명에 달한다.[58] 이곳은 다양한 나라의 음식과 문화를 체험할 수 있어 LA를 방문하는 해외 관광객에게도 꼭 들러야 할 명소로 꼽히고 있다.[59]

그랜드 센트럴 마켓의 재탄생과 젠트리피케이션

그랜드 센트럴 마켓이 LA를 대표하는 미식 푸드코트로 재탄생하는 과정에서 시장의 임대료가 급격히 오르고, 오랜 기간 동안 그랜드 센트럴 마켓에서 자리를 지켜온 이민자·소수민족 상인들이 퇴출되는 현상이 나타났다.[60] 2013년 이후 약 60%의 점포가 새롭게 교체되었고, 이 과정에서 기존 상인 다수가 퇴출되었으며, 비싼 임대료를 감당할 수 있는 신생 브랜드, 창의적인 셰프, 고급화된 음식점 등이 입점했다.[61]

일부 퇴출된 상인들은 아델 옐린을 포함한 경영진을 상대로 인종 차별과 젠트리피케이션을 이유로 소송을 제기하기도 하는 등 심각한 갈등이 있었다.[62] 경경영진은 다양한 인종의 창업자에게 기회를 주기 위해 노력했다고 강조했지만, 임대료 증가와 상업적 트렌드 변화 속에서 기존 상인을 위한 실질적인 보호 장치는 매우 제한적이었다.

1990년대부터 그랜드 센트럴 마켓과 인근 지역 재개발을 추진해 온 LA시와 시의회, 로스앤젤레스 커뮤니티 재개발국 역시 젠트리피케이션에 대한 직접적인 규제나 기존 상인 보호 정책을 적극적으로 시행하지 않았다.[63] 시민단체와 활동가들은 LA시의 개발 우선 정책이 실제로 임대료 상승, 기존 저소득층, 이민자 상인 및 주민 퇴출, 고급화된 업종 유입 등으로 젠트리피케이션 현상을 오히려 촉진했다는 비판을 받고 있다.[64] 실제로 그랜드 센트럴 마켓은 LA의 대표적인 젠트리피케이션 사례로 자주 언급된다.

젠트리피케이션에 대한 그랜드 센트럴 마켓 경영진과 커뮤니티의 대응 방식은 보로 마켓 경영진과 매우 대조적이다. 그랜드 센트럴 마켓은 민간 경영진 주도로 상업적 성공을 우선시하며, 기존 상인 보호보다는 시장의 고급화와 현대화에 집중했다. 이로 인해 젠트리피케이션 현상이 가속화되었고, 기존 상인이나 주민에 대한 실질적 보호 장치도 부족했다. 특히 기존 상인들은 대부분 소규모 이민자·소수민족 출신으로, 언어 장벽, 정보 부족, 법적 대응 경험 부족 등으로 인해 대규모 연대나 조직적인 저항을 형성하기 어려웠다. 일부 상인들이 소송을 제기하기도 했으나, 집단 캠페인이나 시민단체와의 연계, 대규모 시위 등으로 발전하지는 못했다.[65]

반면 보로 마켓은 커뮤니티 중심의 비영리 신탁에 의해 운영되며, 상인 선정과 시장 정책에 커뮤니티 의견을 적극 반영하고 있다. 저소득층과 소수민족 상인 보호, 지역사회 연계, 문화적 다양성 유지는 시장 운영의 핵심 가치로 자리 잡고 있다. 보로 마켓 커뮤니티와 시민단체는 상인 보호, 시장의 공공성과 다양성, 지역 정체성 보존을 위해 젠트리피케이션에 적극적이고 조직적으로 대응했다.[66] 마켓의 경영진 또한 이들의 의견을 수렴하려 노력한 점이 그랜드 센트럴 마켓과 대조된다.

보로 마켓과 그랜드 센트럴 마켓의 성공 비결

보로 마켓과 그랜드 센트럴 마켓은 모두 오랜 전통을 바탕으로 현대적 감각과 시대적 변화를 적극 수용하며, 지역사회와 관광객 모두에게 매력적인 공간으로 자리 잡았다. 두 시장은 지역 생산자와 소상공인, 다양한 문화가 어우러지는 커뮤니티 허브로 기능하며, 런던과 LA의 대표적인 도시재생 성공 사례로 꼽힌다.

보로 마켓과 그랜드 센트럴 마켓 비교

구분	보로 마켓	그랜드 센트럴 마켓
역사와 전통	- 1,000년 이상의 역사 - 런던 식문화를 대표하는 상징적 장소	- 1917년 개장 - LA에서 가장 오래된 마켓 - 다양한 이민자와 지역사회 변화를 반영
운영 주체	비영리 신탁 (커뮤니티 트러스트)	민간 소유 가족 경영
경영 전략	- 지역사회 중심 - 상인·주민 의견 적극 반영 - 공공성 중시	- 상업적 수익성 극대화 - 마켓의 현대화·고급화 - 브랜드 가치 강화 및 고객 경험 혁신
시장 성격	- 유럽 최고의 식재료 시장 - 품질·다양성·장인정신 중시 - 전통과 현대의 조화 - 현지 주민·셰프·관광객 모두가 찾는 '글로컬' 공간 - 시장 자체가 커뮤니티 중심이자 식문화·지속 가능성·공공성의 상징	- 도심형 푸드 홀 Food Hall - 세계 각국의 길거리 음식, 창의적 미식, 트렌디 브랜드 공존 - 고급화·현대화된 미식 공간으로 젊은 층과 관광객에게 인기 - 저렴한 식사와 특색 있는 음식이 혼재
진화와 혁신	- 도매시장에서 '푸드 트랜드' 중심지로 변신	- 저렴한 전통시장에서 트렌디 푸드홀로 변신
커뮤니티 연계	- 지역사회와 이익 공유 - 다양한 문화·교육 행사 - 커뮤니티 연계 강함	- 공공성보다는 상업성 중심 - 커뮤니티 연계는 상대적으로 약함
성공요인	- 커뮤니티 중심 운영 - 고품질·다양성·지속 가능성·공공성 강화	- 창의적·혁신적 브랜드 및 젊은 셰프 유치 - 미디어·SNS 마케팅 - LA 도심 재생사업과 연계 - 마켓 이미지 재정립
방문객 규모	연간 약 2000만 명	연간 약 200만 명

두 마켓의 성공 비결을 살펴보면, 각각의 역사, 경영 철학, 지역사회와의 관계에서 뚜렷한 차이를 보인다.

보로 마켓은 비영리 신탁이 운영 주체로, 지역사회 환원과 공익을 중시한다. 입점 상인 선정 기준이 매우 엄격하며, 단순히 음식의 품질뿐 아니라 지속 가능성, 공정 거래, 식품 추적 가능성 등 다양한 사회적 가치를 중시한다. 신규 상인은 엄격한 심사를 거쳐야 하고, 기존 상인들 역시 공정한 임금 지급, 포장재 및 식품 폐기물 최소화, 다양성과 평등 실천을 요구받는다. 또한 생산자와 소비자의 직접 연결이 강조된다.

반면 그랜드 센트럴 마켓은 민간 소유로, 상업적 수익성과 혁신을 우선시한다. 시장은 상인들에게 비즈니스 성장의 플랫폼을 제공하지만, 상인 간 연대보다는 경쟁과 변화 적응에 초점이 맞춰져 있다. 최근 트렌디한 셰프 브랜드와 신규 매장이 들어서면서 상권 내 젠트리피케이션 논란이 이어지고 있으며, 일부 장기 상인들은 임대료 인상으로 퇴출되고 더 고급화된 신규 매장이 입점하면서 상인 구성의 변화와 갈등이 지속되고 있다.

한국의 전통시장에 주는 시사점

보로 마켓과 그랜드 센트럴 마켓의 경험은 한국의 전통시장이 지속적으로 성장하고 지역사회에 긍정적인 영향을 미치는 커뮤니티 허브로 발전하는 데 있어서 중요한 시사점을 얻을 수 있다.

보로 마켓은 공익성과 커뮤니티 중심의 운영, 그리고 지역사회와의 긴밀한 연계가 시장의 지속 가능성을 높인다는 사실을 보여준다. 시장이 단순히 상업적 이익을 추구하는 공간이 아니라 지역사회와 함께 성장하며 사회적 책임을 다하는 플랫폼이 될 때, 흔들리지 않는 신뢰와 브랜드 가치를 쌓을 수 있다. 이는 전통시장의 신뢰도와 장기적 지속성을 담보하는 핵심 요인임을 시사한다.

이에 반해 그랜드 센트럴 마켓은 수익성 추구와 상업적 혁신에 초점을 맞추면서 오랜 기간 시장을 지켜온 상인들과 갈등을 빚고, 시장의 정체성 약화와 지속성 문제 등 여러 어려움에 직면하게 되었다. 임대료 인상과 고급화 전략이 방문객을 늘리고 매출을 증대시킬 수는 있지만, 시장의 뿌리가 되는 상인과 커뮤니티의 신뢰가 약화되면 장기적인 성장 기반이 흔들릴 수 있다. 그랜드 센트럴 마켓의 사례는 시장의 공공성과 커뮤니티 중심 발전이 반드시 뒷받침되어야 함을 보여준다.

결국 보로 마켓과 그랜드 센트럴 마켓 모두, 전통시장이 단순한 상업 공간을 넘어 지역사회 전체의 이익을 위한 공익적 플랫폼으로 진화할 때 지속 가능한 성장과 신뢰를 얻을 수 있음을 시사한다.

20. 발전소, 도시의 문화가 되다

배터시와 브리즈번의 재탄생

전통시장이 도시의 정체성과 일상을 새롭게 해석하는 공간이 될 수 있다면, 산업유산 역시 도시를 바꾸는 문화적 에너지원이 될 수 있다.

앞장에서 살펴본 보로 마켓과 그랜드 센트럴 마켓은 오래된 재래시장이 현대적 감각과 결합하여 지역의 매력을 새롭게 구성한 사례였다. 이번 장에서는 한 걸음 더 나아가, 과거의 산업 시설—특히 발전소나 항만 창고 같은 폐쇄된 공간—이 어떻게 도시 문화의 중심지로 재탄생하는지를 살펴본다.

산업유산의 복합문화공간으로의 재탄생

서울의 당인리 발전소와 청주의 연초 제조창 등, 과거 산업 시설이 전시장, 공연장, 창업 공간, 공공 시설 등 다양한 문화·상업 기능을 갖춘 복합 문화 공간으로 재탄생하는 도시 재생 사업이 활발히 이루어지고 있다. 이러한 산업유산 재생은 단순히 건축물의 외형만을 남기는 것이 아니라, 공간에 새로운 문화적·상업적 가치를 더해 도시의 활력과 정체성을 회복시키는 데 중요한 역할을 하고 있다.

영국 런던의 테이트 모던은 과거 발전소 건물을 현대 미술관으로 탈바꿈시켜 산업유산의 역사적·건축적 가치를 보존함과 동시에, 지역의 문화적·경제적 중심지로 성장한 성공적인 사례로 꼽힌다. 테이트 모던은 연간 약 500만 명 이상의 방문객을 유치하며, 지역 경제에 연간 약 1억 파운(약 1,860억 원*)의 경제적 효과를 창출하고, 3,000개 이상의 일자리를 새롭게 만들어 냈다.[67]

산업유산을 복합 문화 공간으로 재생하는 것이 도시 발전에 긍정적인 영향을 미친다는 점에서, 영국 런던의 대표적 산업유산인 배터시 발전소와 호주 브리즈번의 브리즈번 발전소 재생 사례는 주목할 만하다. 테이트 모던이 공공 주도의 현대 미술관으로 단일 용도 재생에 성공했다면, 배터시 발전소는 민간 주도의 상업, 주거, 문화, 오피스 등 다양한 기능이 결합된 대규모 복합 단지로 변화된 사례다. 브리즈번 발전소는 지역 커뮤니티와 예술가들의 참여를 바탕으로 공연 예술과 문화 행사가 중심이 되는 복합 문화 공간으로 자리 잡았다.

위의 두 사례는 개발 주체와 방식에서 뚜렷한 차이를 보인다. 배터시 발전소는 글로벌 컨소시엄을 통한 민간 주도의 파트너십으로 대규모 복합 단지로 개발된 반면, 브리즈번 발전소는 공공 주도의 지역 커뮤니티와의 협업을 통해 산업유산이 복합 문화 공간으로 전환되었다. 아직까지 우리나라의 많은 재생 사례는 테이트 모던처럼 공공 주도로 단일 용도의 공간으로 재생되는 경우가 많다. 따라서 이러한 다양한 사례를 통해, 서로 다른 개발 방식에 따라 산업유산의 복합 문화 공간화가 도시의 미래 경쟁력 강화와 시민 삶의 질 향상에 어떤 영향을 미치는지에 대해 조명해 보고자 한다.

배터시 발전소

배터시 발전소는 1920~1930년대 런던의 급격한 인구 증가와 산업화에 따른 전력 수요 급증을 배경으로 기획되었다.[68] 당시 런던은 소규모 민간과 공공 발전소들이 난립해 있었고, 공급의 효율성이 떨어지며 표준화도 제대로 이루어지지 않았다. 이러한 문제를 해결하기 위해 대규모 통합 발전소 건설에 대한 필요성이 대두되었다.

배터시 발전소는 런던 중심 업무 지구와 비교적 가까운 도심권에 건설되었는데, 이는 템스강을 따라 연료(석탄) 운송이 용이하고, 냉각수 확보가 쉬우며, 런던 도심과 인접해 대규모 전력 수요를 효율적으로 공급할 수 있었기 때문이었다.[69] 이 발전소는 1960년대까지 런던 전력의 약 20%를 공급하며, 산업 지대와 도시의 핵심 인프라 역할을 했다.

그러나 1970년대에 들어서면서, 영국 정부의 에너지 전환 정책으로 가스가 석탄을 대체하게 되었고, 배터시 발전소는 설비 노후화, 경제성 악화, 전력 수요 감소 등의 복합적 요인으로 점진적으로 폐쇄되다가 1983

---

* 2025년 7월 기준 환율 적용(1파운드=약 1,860원)

년 완전 가동이 중단된 후 오랜 기간 방치되었다.[70]

배터시 발전소의 재생과 복합개발

1980년대 초반, 배터시 발전소의 가동이 완전히 중단된 이후, 건물의 역사적·건축적 가치를 인정받아 영국 문화재로 지정되었다. 이후 2010년대까지 다양한 재개발 시도가 있었으나, 자금난과 보존 문제로 대부분의 계획이 무산되었다. 테마파크, 대형 쇼핑몰, 초고층 타워 건설 등 다양한 계획이 제안되었으나, 과도하게 상업적이거나 현실성이 부족했기 때문이다.

또한 문화재로 지정되면서 외관, 구조, 일부 내부 요소의 원형 보존이 의무화되어 개발의 유연성이 제한되었고, 시의회, 문화재청, 지역 사회 등 다양한 이해관계자와의 합의도 어려웠다.[71]

여러 차례 재개발 사업이 무산되는 과정에서 배터시 발전소의 소유권 또한 여러 번 바뀌었다. 1920년대 건설 당시, 민간(런던 파워 컴퍼니) 소유로 출발했던 배터시 발전소는 1948년, 영국 전체 전력 산업이 국유화되면서 국가(영국 전력청) 소유로 전환되었다. 그러나 1980~1990년대 영국 정부의 민영화 정책에 따라 민간 개발사에 매각되면서 수차례 민간 소유주가 바뀌었고, 2011년에는 소유주가 파산하면서 자산 매각을 추진하게 되었고, 이에 따라 새로운 투자자 유치를 위한 국제적인 입찰이 진행되었다.[72]

전 세계에서 여러 투자자와 개발사들이 관심을 보였는데, 최종적으로 말레이시아 컨소시엄이 우선 협상 대상자로 선정되었다.

2012년, 말레이시아의 대형 부동산 개발사 SP Setia Berhad와 Sime Darby

Property, 그리고 말레이시아 국영 연금 기금EPF, Employees Provident Fund이 컨소시엄을 구성해 약 4억 파운드(7,440억 원)에 배터시 발전소 부지와 자산을 인수하는 계약을 체결했다.

인수 조건에는 발전소의 역사적 외관 보존, 배터시 발전소 주변의 대규모 복합 개발, 런던 지하철 노던 라인 연장 등 공공 인프라 투자도 포함되어 있었다.

말레이시아 컨소시엄은 배터시 발전소를 인수한 이후, 약 150억 파운드(27조 9,000억 원) 규모의 장기 복합 개발(주거, 오피스, 상업, 문화 시설 등)을 추진하며, 애플의 런던 본사 유치 등 대형 글로벌 기업들이 입주하게 되었다.[73]

배터시 발전소 복합개발 현황

2012년, 말레이시아 컨소시엄이 인수한 배터시 발전소는 역사적·건축적 가치를 보존하며 런던의 새로운 랜드마크로 재탄생했다.[74]

주거 시설은 전체 개발이 완료되면 약 3,000~4,000가구의 주거 공간이 공급될 예정이며, 2025년 기준으로 이미 2,000가구 이상이 완공되었다. 또한 전체 주택의 약 20% 정도는 저렴 주택으로 제공되고 있다. 상업 시설로는 150개 이상의 상점, 레스토랑, 바, 카페, 오피스 등이 들어섰으며, 광장, 대형 전시 및 이벤트 공간, 커뮤니티 센터, 루프탑 공원 등 다양한 공공 공간도 마련되었다.

인근에는 대규모 공공 녹지와 강변 공원, 산책로, 체험 공간 등이 조

배터시 발전소 외부 전경 ©경신원

성되었으며, 노던 라인 연장으로 신설된 지하철역인 배터시 발전소 역을 통해 접근성도 크게 향상되었다.

배터시 발전소 재생 사업은 총 42에이커(약 17만㎡) 규모로, 2029년까지 7단계에 걸쳐 단계적으로 완성될 예정이다. 1단계와 2단계 개발 사업은 완공되어 일반에 공개되었고, 애플 영국 본사를 포함한 다양한 글로벌 기업이 입주하고 있다. 3단계 개발 사업은 2023년에 시작되어 진행 중이며, 단계별 개발 현황은 다음과 같다.[75]

- 1단계: 서커스 웨스트 빌리지(2017년 완공)

최초로 일반에 공개된 구역으로, 레스토랑, 카페, 상점, 주거 시설, 강변 산책로 등이 조성됨.

- 2단계: 발전소 본관 리노베이션(2017~2022년 완공)

발전소 본관을 복합 문화·상업 공간으로 탈바꿈하여, 애플 영국 본사, 다양한 글로벌 기업 오피스, 고급 주택, 루프탑 가든, 공연장, 이벤트 공간 등이 입주함.

- 3단계: 일렉트릭 블리바드(2022~현재)

새로운 하이스트리트(상업 거리), 호텔, 주거 시설, 커뮤니티 공간 등이 2022~2023년 사이에 공개되었으며, 일부 시설은 2025년까지 단계적으로 확장될 예정임.

- 향후 단계: 2025~2029년

게리 파트너스Gehry Partners 설계 구역에서 약 300가구의 신규 주택이 공급될 예정이며, 커뮤니티 허브, 시니어 리빙 등 다양한 사회적 인프라가 확충될 계획임.

배터시 발전소 내부 전경 ©경신원

배터시 발전소 복합개발의 사회·경제적 효과

배터시 발전소 복합 개발이 2013년 이후 지역 사회에 미친 직·간접 고용 효과를 살펴보면, 2025년 기준 약 6,500여 개의 일자리가 창출되었으며, 이 가운데 절반 이상이 2단계(발전소 본관 리노베이션)와 3단계(일렉트릭 불리바드 등) 개발 과정에서 만들어졌다.[76]

창출된 일자리는 상점, 레스토랑, 카페, 오피스, 문화 시설 관리 및 청소 등 다양한 운영 및 서비스 부문을 포함한다. 특히 현장 내 지역 주민 고용이 활발하여, 1,000명 이상의 지역 주민이 일자리 또는 견습의 기회를 얻고 있다.

지역 경제 활성화 측면에서, 2025년 기준 배터시 발전소 복합 개발 지구의 누적 방문객 수는 3,000만 명 이상으로, 런던의 대표적인 쇼핑 및 레저 명소로 자리매김하였다.

현재 150여 개 이상의 상점, 레스토랑, 바, 문화 및 레저 시설이 입점해 있으며, 연간 배터시 발전소가 위치한 원즈워스 구의 소비 지출은 약 4,290만 파운드에 이를 것으로 추정된다.[77] 대규모 오피스와 리테일 공간이 운영 중이며, 애플 영국 본사를 비롯한 글로벌 기업의 입주로 경제적 시너지 효과가 나타나고 있다.

배터시 발전소 재생 사업은 방치된 산업유산을 보존하는 동시에, 주거·상업·문화·공공 기능이 어우러진 복합 개발로 성공적인 도시 재생 사례로 평가받고 있다.

그러나 상업화, 고급화 중심의 개발, 기존 주민의 이주, 지역 정체성 변화 등과 같은 젠트리피케이션의 부정적인 영향도 지적되고 있다. 특히 원

서커스 웨스트 빌리지 ©경신원

즈워스 지역의 34%가 빈곤선 이하에 머물고 있음에도 불구하고, 개발의 실질적인 혜택이 지역 저소득층에게 충분히 돌아가지 않는다는 비판이 제기되고 있다.

2008년 세계 경제 위기 이후, 영국의 도시 재생 사업은 민간 주도, 투자 중심, 상업적 가치에 더욱 초점을 맞추는 경향이 뚜렷해졌다. 이에 따라 도시 재생 사업에 대한 사회적·학문적 비판도 꾸준히 제기되고 있다. 특히 런던의 대표적인 대규모 재개발 사례인 배터시 발전소 재생 사업은

일렉트릭 블리버드 ©경신원

젠트리피케이션, 사회적 배제, 지역 불평등 심화 등 다양한 비판적 논의의 중심에 있다.[78]

다인스와 캐텔(2010)은 배터시 발전소 재생 사업을 사례로 들어, 최근 대규모 재생사업에서 부동산 논리가 두드러지고, 문화적·역사적 상징성이 개발의 정당화 논리에 적극 활용되고 있음을 지적했다. 개발자는 '장소의 역사'를 재구성하고, 특정한 기억과 의미를 강조함으로써 재생사업에 정당성을 부여한다고 분석했다.[79]

비제이(2018) 또한 배터시 발전소 사례를 통해 현대 도시개발에서 '미학적 내러티브aesthetic narrative'가 어떻게 작동하며, 그 결과 정치적 비판이 소멸되는 현상을 비판적으로 분석했다.[80]

그는 도시 재생 사업에서 '플레이스메이킹placemaking'이나 '도시의 미래'와 같은 문화적·미학적 내러티브가 개발의 필요성을 설득력 있게 포장하고, 사회적 의미와 정당성을 부여하는 데 활용된다고 지적했다. 이러한 내러티브는 정치적 논쟁과 비판을 약화시키며, 개발이 불가피하고 자연스러운 선택처럼 받아들여지도록 만드는 효과가 있기 때문이다.

클랜시(2021)는 원즈워스 지역 주민 인터뷰, 통계 분석, 문헌 조사를 통해, 고급 주거 및 상업 시설 개발로 인해 기존 저소득층과 취약 계층의 거주 환경이 악화되고, 이주와 지역 서비스 축소가 발생하고 있음을 보여주었다. 그녀는 재생 사업이 지역 커뮤니티의 사회적 결속력과 일상적 네트워크를 약화시키고, 기존 주민들이 점차 배제되는 과정을 조사·분석했다. 또한, 배터시 발전소 재생 사업이 지역의 경제적·사회적 다양성을 감소시키고, 문화적 정체성의 상실로 이어질 수 있음을 비판적으로 고찰했다.[81]

위의 연구자들은 도시 재생이 공공성, 사회적 평등, 실질적인 지역 주민의 삶의 질 개선보다는, 상징성, 미학성, 투자 유치에 치중하고 있다는 점을 비판했다.

이러한 문제의식은 영국뿐만 아니라 전 세계적인 도시 재생 논의에서도 반복적으로 제기되고 있다. 도시 재생 사업을 추진함에 있어, 지역에 미치는 경제적 효과뿐만 아니라 주변 커뮤니티에 미치는 사회적 영향을 면밀히 분석해야 하며, 지역 주민의 목소리와 사회적 포용이 반드시 고려되어야 함을 강조하고 있다.

브리즈번 발전소

브리즈번 발전소는 1928년, 브리즈번 시가 교외 확장과 트램 네트워크 확대 등으로 급격히 성장하던 시기에 건설되었다. 브리즈번 시의회가 직접 건설하고 운영한 최초의 발전 시설로, 그 이전까지는 민간 전력 회사가 도심과 일부 지역에 전기를 공급하고 있었다. 이 발전소는 시 차원의 대규모 인프라 확장과 함께 등장한 상징적인 시설이었다.[82]

1920년대 브리즈번 시는 경제적으로 성장하며, 상업과 제조업의 도시로 자리 잡았다. 퀸즐랜드주 전체 경제 성장의 중심지로서, 시드니, 멜버른과 더불어 호주 3대 도시로 부상했다. 1920년대 후반에는 주택, 상업 시설, 공공 인프라 건설이 활발히 이루어졌고, 이에 따라 대규모 전력 공급 인프라의 필요성도 더욱 높아졌다. 브리즈번의 인구와 산업이 성장함에 따라 발전소의 역할도 확대되어, 트램뿐만 아니라 여러 지역의 가정과

상업 시설에 전기를 공급하게 되었다.⁸³

　1960년대 초반, 퀸즐랜드 주정부는 남동부 퀸즐랜드 지역의 전력 공급을 하나의 공공 기관이 통합적으로 관리하는 것이 더 효율적이라고 판단했다. 이에 따라 퀸즐랜드주 남부 전력청이 설립되었고, 브리즈번 발전소를 포함한 기존의 민간 및 지방 정부 전력 회사들이 흡수·통합되었다. 이는 전력 공급의 효율화, 도시 성장에 따른 인프라 현대화, 그리고 공공성 강화를 위한 국가적 정책 변화의 결과였다.

　1960년대 중반부터, 브리즈번 발전소에서 생산된 전기를 동력으로 삼아 대중교통의 핵심 역할을 했던 트램의 기능이 점점 축소되었다. 도시 교통 정책의 변화와 자동차 및 버스의 대중화로 인해 점차 축소되었고, 1969년 마침내 운행이 중단되었다. 트램의 폐지는 교통 인프라의 변화뿐 아니라, 트램 전력 공급을 담당하던 발전소의 역할에도 큰 영향을 미쳤다.

　트램 네트워크와 도시 외곽 주거지에 전기를 공급하는 핵심 시설이었던 브리즈번 발전소 역시, 트램 폐지와 함께 주요 수요처를 잃게 되었다. 이와 함께, 브리즈번 발전소보다 더 효율적이고 대규모 전력 생산이 가능한 스완뱅크Swanbank 발전소가 1970년대 초에 건설되었다. 스완뱅크 발전소는 최신 설비와 대규모 발전 용량으로 브리즈번 및 남동 퀸즐랜드 지역에 안정적으로 전력을 공급했다.⁸⁴

　이로써 기존의 노후 발전소(브리즈번 발전소)는 점차 역할이 축소되어 1971년 폐쇄되었다. 이후 약 20년간 방치되거나 임시 창고, 군사 훈련장 등으로 사용되다가, 2000년 문화예술 복합 공간으로 재탄생하였다.⁸⁵

브리즈번 발전소의 문화예술 복합공간으로 재탄생

1980년대 후반, 브리즈번 시의회는 방치된 브리즈번 발전소를 다시 매입하고, 도시 재생 프로젝트의 일환으로 문화예술 공간으로 전환하는 계획을 추진했다.[86] 당시 브리즈번은 산업 구조의 변화로 발전소나 공장, 창고 같은 산업 시설들이 기능을 잃고 방치되면서 도시 중심부가 점차 슬럼화되는 문제가 발생하고 있었다. 더욱이 경제 침체, 인구 유출, 도시 경쟁력 약화 등의 문제가 맞물려 도심 재생의 필요성이 대두되고 있었다.

이러한 흐름 속에서, 1988년 브리즈번에서 열린 세계박람회Expo 88는 도시의 문화적, 공간적 가능성을 크게 일깨우는 계기가 되었다. 박람회 이후 남겨진 기반 시설과 유휴 공간을 공공 문화 공간으로 활용하려는 논의가 활발해졌다. 브리즈번 시의회는 도시 재생과 지역 사회 활성화를 목표로, 브리즈번의 폐발전소를 보존하고 예술 공간으로 탈바꿈시키는 계획을 수립했다.[87]

1991년에는 도시 재생 전담팀URB, Urban Renewal Brisbane을 출범하여, 브리즈번 발전소를 지역 사회와 도시의 새로운 활력소로 재탄생시키기 위한 본격적인 계획이 추진되었다. URB는 산업유산 보존, 주택 공급, 공공 기반 시설 확충, 지역 경제 활성화, 그리고 문화 인프라 조성을 목표로 했다. 당시 브리즈번에는 전문 공연장이나 문화 센터가 부족했다. 시 정부는 노후 산업 건물을 예술 인프라로 탈바꿈함으로써 지역 예술계의 공간에 대한 수요를 충족하고자 했다.[88]

산업유산을 보존하며 새로운 창의적 용도로 재탄생시키는 흐름은 이미 유럽이나 미국 등에서 성공적으로 적용되고 있었기 때문에, 브리즈번

시 당국도 철거가 아닌, 지역의 기억과 이야기가 담긴 유서 깊은 공간을 유지함으로써 도시 정체성, 공동체 의식, 문화 발전의 장으로 삼고자 했다.[89]

또한 지역 경제 활성화, 관광 자원 개발, 일자리 창출 등도 중요한 동기였다. 문화예술 복합 공간이 들어서면 다양한 방문객이 유입되고, 지역 상권이 살아나며 전체 도시 이미지 제고에도 크게 기여할 수 있다고 기대했다.

브리즈번 발전소는 URB의 상징적 문화 재생 프로젝트로 선정되어 1990년대 중·후반 본격적으로 전환 작업이 진행되었다. 산업유산의 건축적 특성과 벽돌, 철재 구조, 내부 벽 작서 등의 흔적을 최대한 보존하며, 공연장, 갤러리, 레스토랑, 카페 등 다기능 문화 공간으로 변신시켰다. 총 1,700만 호주 달러(약 170억 원) 규모의 투자가 이루어졌으며, 2000년 현대적인 복합 문화 공간으로 공식 개관했다.

지역 커뮤니티와 함께 창출한 브리즈번 발전소의 새로운 가치

1990년대 초, 브리즈번 시의회는 발전소 활용 방안을 모색하며 지역 주민 및 예술가, 단체들과 수차례 공청회 및 전문가 자문을 진행했다. 도시 재생 전담팀인 URB가 직접 주도해 설문 조사, 설명회, 워크숍 등 다양한 방식으로 의견을 수렴했고, 실제 운영 및 공간 구성에 반영했다.[90]

발전소가 버려져 있던 시기에도 지역 예술가와 커뮤니티는 발전소에서 연극, 임시 전시, 공연, 그래피티 아트 등 다채로운 활동을 벌였다. 1994년에는 지역 창작자들이 공간 활용에 직접 나서서 '트랜스플랜트'라

브리즈번 발전소에서 만나는 로컬 푸드 마켓 ©경신원

는 대규모 집단 참여형 예술 프로젝트를 진행했다. 이 과정에서 수백 명의 예술가, 지역 주민, 관람객이 참여해 공간과 프로그램의 가능성을 실험적으로 검증했다.[91]

트랜스플랜트는 trance(무아지경 상태) + plant('심다' 또는 '공장'의 중의적 의미)의 결합으로, 발전소 industrial plant를 문화적 탈바꿈의 공간, 즉 '예술적 무아지경을 심는 공간'이라는 뜻을 담고 있다. 이 프로젝트는 브리

브리즈번 발전소 내부 전경 ©경신원

즈번 발전소가 문화예술 공간으로 전환되기 전, 예술가와 시민이 함께 참여한 대규모 예술 실험이었다. 이 행사를 통해, 폐허였던 발전소의 내부 및 외부 공간에서 시각 예술, 퍼포먼스, 음악, 설치 미술 등의 가능성이 실험되었고, 이후 발전소를 복합 예술 공간으로 재탄생시키는 데 결정적인 역할을 했다고 평가받고 있다.[92]

브리즈번 발전소 재생 사업은 공공 기관의 주도적 계획과 예술가, 지역 커뮤니티의 창의적 실험과 참여가 함께 어우러진 성공적인 도시 재생 사례이다.

현재도 브리즈번 발전소는 지역 사회와 긴밀히 협력하며, 다양한 시민이 예술 행사, 페스티벌, 자원봉사 등으로 자연스럽게 참여할 수 있도록 운영하고 있다. 또한 정기적으로 오픈하우스 투어, 예술 워크숍, 다양한 문화 체험 프로그램을 통해 지역 커뮤니티와의 연결을 강화하고 있다.[93]

브리즈번 발전소 재생의 사회·경제적 효과

브리즈번 발전소는 2000년 개장 이후, 지역 문화 예술의 중심지로 성장하며 방문객 수와 수익이 꾸준히 증가해 온 것으로 알려져 있다.[94]

개장 첫해에는 약 1만 3,000명에서 1만 5,000명 정도의 방문객을 유치한 것으로 추정되며, 2008~2009년경에는 연간 약 64만 명의 방문객을 기록한 것으로 나타난다. 이후 연간 60~70만 명 수준의 방문객 수를 유지해 오고 있다. 코로나19 팬데믹 기간 동안 일시적으로 방문객 수가 감소했으나, 이후 점차 회복세를 보이며 2024년 말 기준으로는 연간 방문객 수가 약 110만 명에 이른 것으로 추정되고 있다.

 2010년을 전후하여 브리즈번 발전소는 브리즈번의 주요 문화 랜드마크로 자리매김하였으며, 최근 연간 약 1,000회 이상의 공연 및 행사가 개최되고 있다.[95] 이곳에서는 브리즈번 코미디 페스티벌, 성소수자를 중심으로 한 퀴어 예술 문화 축제인 '멜트MELT' 등 대형 페스티벌과 세계적 수준의 공연을 비롯해 다양한 이벤트가 이루어져, 국내외 수천 명의 관광객과 시민을 끌어들이고 있다.

 브리즈번 발전소에는 매년 수천 명의 참가자와 관람객이 모이며, 이에 따른 부가 고용과 단기 일자리가 창출되고 있다. 상시 근로 인력은 약 150명 규모로 추정되며, 각종 행사와 이벤트, 페스티벌 등에 참여하는 임시직, 파트타임, 예술가, 운영 인력 등이 추가로 고용되고 있다.

 이러한 운영 구조와 프로그램 확장은 관광, 외식, 공연, 이벤트 등 관련 산업 전반에 상당한 파급 효과를 미치고 있다. 예를 들어, 2023년 개최된 나이트 피스트Night Feast는 식음료 매출 및 부대 소비, 아티스트, 스태프, 운영 인력 약 200명 정도를 고용하며, 약 654만 호주 달러(약 58억 원)[96] 규모의 직접적 경제 효과를 창출했다. 나이트 피스트는 밤에 펼쳐지는 미식 및 문화 축제로, 국내외 셰프들의 다양한 요리와 예술 공연이 어우러지는 행사이다.[97]

 브리즈번 발전소의 최근 연간 수익은 2023년 회계연도(2022년 7월~2023년 6월) 기준, 총 수익은 약 1,800만 호주 달러(약 158억 원)이며, 순이익은 약 49만 호주 달러(약 4억 3천만 원)로 집계되었다.[98]

 브리즈번 경제개발청BEDA, Brisbane Economic Development Agency에서 발간한 보고서에 따르면, 브리즈번 전체 문화×예술×이벤트 부문 매출 또는

경제파급효과 추정치는 연간 약 2억 4천만 호주 달러(약 2,177억 원) 이상으로 나타났다.[99]

이러한 규모와 비교하면, 브리즈번 발전소의 연간 수익 약 1,800만 달러는 브리즈번 내 전체 예술·문화 시장(이벤트 포함)의 약 7~8% 수준으로, 대규모 문화 예술 기관 중에서도 상위권에 해당한다.

브리즈번 발전소가 위치한 뉴팜과 테네리프를 비롯한 일대도 사회·경제적으로 많은 변화가 일어났다. 뉴팜과 테네리프 주변 지역은 1990년대 초까지 낙후된 산업 지대, 빈 공장과 컨테이너 야적장 등으로 구성되어 있었으며, 브리즈번 내에서도 인기가 낮고 주거 선호도 역시 낮은, 이른바 '가고 싶지 않은 동네'로 인식되었다.[100]

브리즈번 시는 1991년, 브리즈번 발전소를 포함한 뉴팜과 테네리프 일대의 낙후된 산업 창고 지역을 예술, 주거, 상업, 공원이 어우러진 활기찬 공간으로 재탄생시키기 위한 장기 도시 재생 계획을 추진했다.

이 사업은 브리즈번 시 도시 재생의 상징적 선도 사업으로, 광범위한 공공 참여, 도시 인프라 개선, 문화 기능의 강화, 지역 생활 환경의 질적 향상을 동시에 추구했다.

그 결과, 뉴팜과 테네리프 일대는 주거·상업·문화 환경이 크게 개선되며 고급 주거지로 자리잡았고, 2000년 브리즈번 발전소가 복합 문화 공간으로 재개장하면서 이 일대는 브리즈번에서 가장 활기찬 예술, 여가·고급 주거, 비즈니스·관광 지구로 변모했다. 대규모 야외 행사, 전시, 마켓 등과 함께 세련된 레스토랑, 카페, 고급 상업 시설 등이 몰리면서, 브리즈번 시에서도 세련된 라이프스타일의 상징적 존재가 되었다. 많은 시민과 여행자들은 브리즈번에서 '반드시 가봐야 할 곳'으로 브리즈번 발전소와 뉴

팜·테네리프 주변 지역을 묘사하고 있다.[101]

이처럼 브리즈번 발전소와 그 주변 지역은 도시 재생 프로젝트를 통해 문화와 활기가 넘치는 지역으로 탈바꿈했다. 그렇다면 이 과정에서 원래 거주하던 주민들은 어떤 변화를 겪었을까?

브리즈번 시는 도시 재생의 부작용을 최소화하기 위해, 저소득층 및 호주 원주민의 문화적·경제적 참여, 주거 안정, 사회적 포용을 위한 다양한 정책을 추진해왔다. 특히 이들이 '지역 발전의 동반자'로서 도시 재생 과정에 실질적으로 참여할 수 있도록, 원주민 커뮤니티와의 협력 체계를 구축하고, 원주민 대표가 정책 개발 및 결정 과정에 직접 참여할 수 있도록 공청회, 자문 위원회, 시민 포럼을 정기적으로 개최했다.[102]

또한 저소득층 및 원주민을 위한 사회주택 건설, 임대료 보조 정책, 장기 임대 인센티브를 실질적으로 확대했고, 지역 주요 축제와 행사에 지역 주민들의 참여를 독려했으며, 예술·문화 보존 활동, 리더십 프로그램, 문화적 기념 사업을 추진했다. 이를 통해 초기 도시 재생으로 떠났던 일부 주민들은 새로운 인프라와 문화 공간, 일자리 창출로 인해 다시 돌아왔으며, 새로운 인구가 대거 유입되면서 인구 구성이 다양해졌다.

그러나 도시 재생 이후 주택 가격과 임대료가 크게 오르면서, 저소득층이나 장기 거주 주민들에게 경제적 부담이 커졌고, 일부 주민은 자발적 또는 비자발적으로 지역을 떠날 수밖에 없었다. 브리즈번 시의회는 저소득층을 위한 임대주택과 공공주택을 신규 공급했으나, 수요에 비해 공급이 부족해 주거 불안 문제가 여전히 해소되지 못했다.[103]

이오티(2015) 등은 1990년대 이후, 브리즈번 시가 뉴팜, 테네리프 등 구 산업 지대를 문화·주거 복합 지역으로 전환하면서, 시설, 환경, 지역 이미지 개선과 더불어 고소득·전문직 계층의 유입과 동시에 기존 저소득 임차인의 이탈 현상이 뚜렷하게 증가하는 양상을 통계 분석으로 입증했다.[104] 이 연구는 브리즈번 시가 '포괄적 도시'와 '공공 임대 주택' 정책을 표방하지만, 실제로는 저소득층 주거 목적 보호 대책이 충분히 마련되어 있지 않음을 비판했으며, 이와 동시에 '젠트리피케이션 없는 재생'이 실질적으로 매우 어려운 과제임을 시사했다.

뿐만 아니라, 새로운 문화 시설, 카페, 상업 시설의 유입으로 지역 커뮤니티의 성격이 바뀌었고, 이로 인해 기존 주민 중 일부는 문화적 소외감을 느끼거나 정체성의 변화를 경험하기도 했다.[105]

룰먼(2024)은 브리즈번 시에서 '예술과 창의 산업 진흥'이라는 명분 아래 추진된 공공-민간 협력 개발이 부동산 가치 상승, 강제적 협력, 기존의 예술 공간의 축소, 그리고 예술가 및 취약 계층의 유출로 이어질 수 있음을 강조했다.[106] 그로데크(2017) 또한 문화와 예술 인프라 강화가 지역경제 발전과 도시 이미지 제고에는 기여했지만, 이러한 전략이 사회적 포용성 강화나 진정한 창의 생태계 형성보다는 부동산 및 자본 논리에 좌우될 위험이 높다고 지적하며, 지역 예술계와 커뮤니티의 더 실질적 참여, 그리고 포용적이고 지속 가능한 정책 설계를 촉구했다.[107]

브리즈번 발전소 및 뉴팜과 테네리프 주변 지역의 도시 재생은 환경적·경제적·문화적으로 상당한 성공을 거두며, 도시 활성화의 대표적인 모델로 평가받고 있다.

그러나 이 과정에서 모든 주민의 이익이 균등하게 보장된 것은 아니었다. 실제로 도시 재생을 통해 주거 환경 개선, 일자리 창출, 문화 인프라 확장 등의 긍정적인 변화가 있었지만, 동시에 주택 가격 및 임대료 상승,

기존 저소득층 및 장기 거주자의 경제적·사회적 부담 가중, 일부 주민의 이주 등 불평등한 영향과 부작용도 발생했다.

이에 따라 브리즈번 시와 관련 기관은 사회적 포용 정책 및 주거 안정성 강화 노력을 병행하였으나, 모든 주민이 도시 재생의 혜택을 실질적으로 동일하게 누리기에는 여전히 한계가 존재한다.

한국의 도시재생사업에 주는 시사점

런던 배터시 발전소와 브리즈번 발전소의 도시 재생 사업을 비교·분석함으로써, 한국 도시 재생 사업에 주는 시사점을 살펴보자.

- 사업의 주체: 배터시 발전소는 말레이시아 국영 기업 및 글로벌 투자자로 구성된 민간 컨소시엄이 사업 전체를 개발하고 관리하는 한편, 브리즈번 발전소는 브리즈번 시의회가 부지를 보유하고, 도시계획 및 운영을 총괄하고 있으며, 기획 단계부터 커뮤니티와 예술 단체가 실질적으로 협력하여 프로그램과 용도를 결정하고 있다.
- 사업의 동기와 추진 배경: 배터시 발전소는 주거, 상업, 오피스, 문화의 혼합용도 개발을 통해, 런던 강변에 위치한 대규모 유휴지의 경제적 가치를 극대화하고, 글로벌 랜드마크로 탈바꿈시키는 것을 주요 개발 목표로 삼았다. 반면, 브리즈번 발전소는 낙후된 산업지 및 폐쇄 발전소의 문화적·공간적 전환을 추진하며, 지역 예술 및 문화 생태계를 육성하고, 지역 주민이 직접 참여하는 새로운 공공 공간 창출에 중점을 두었다.

- **지역사회에 미친 영향**: 배터시 발전소는 상업, 주거, 오피스, 문화가 결합된 초대형 개발로, 민간 투자사의 이익 중심 구조가 지배적이다. 이에 따라 지역의 일자리 창출과 상업 활성화에는 성공했으나, 지역사회에 대한 지속적이고 자율적인 참여 기회와 공간은 제한적이다. 반면, 브리즈번 발전소는 지역민과 예술가가 기획과 운영에 적극 참여함으로써, 다양한 예술 축제와 커뮤니티 행사가 활발히 개최되고, 이를 통해 지역 주민의

배터시 발전소와 브리즈번 발전소 비교

구분	배터시 발전소(런던)	브리즈번 발전소(호주)
사업의 주체	글로벌 민간 컨소시엄	브리즈번 시의회 주도의 공공·커뮤니티 협업
사업의 동기	런던 강변의 대규모 유휴지의 경제적 가치 극대화	낙후 산업지 및 폐쇄 발전소의 문화적·공공적 전환, 지역 활성화
사업의 주요 목표	주거, 상업, 오피스, 문화가 결합된 혼합 용도 개발	지역 예술, 문화 생태계 육성, 커뮤니티 공간 창출
사업의 운영	말레이시아 국영기업 및 글로벌 투자자로 구성된 민간 컨소시엄	브리즈번 시의회 주도, 현지 예술·커뮤니티 단체
사회·경제적인 효과	- 대규모 상업 및 고급 주거지 위주 개발로 커뮤니티 공간은 제한적임 - 일자리 창출, 고용 유발, 부동산 가치 상승 - 런던의 새로운 랜드마크로 최신 상업 중심 거리	- 누구나 접근 가능한 예술, 커뮤니티 거점 - 연 100만 명 이상의 방문객 유치와 지역 예술 및 소상공인 성장 지원 - 브리즈번 대표 문화 랜드마크
커뮤니티 연계	- 민간 자본 주도로 경제적·상업적 성공이 주요 목표로, 지역 커뮤니티 참여 및 포용성에는 한계가 있음 - 주거비 상승 및 고급화에 따른 지역 커뮤니티 소외	- 다양한 계층의 주체적 참여 - 지역 정체성 강화와 예술·창작 생태계 확대 - 지역민의 소속감과 사회적 자본 강화

소속감 및 도시 정체성이 강화되었으며, 지역 예술인의 성장에 크게 기여하고 있다.

배터시 발전소와 브리즈번 발전소의 사례는 민간 중심의 도시 재생 모델과 공공-커뮤니티 협업 모델의 장단점을 명확히 보여주며, 이를 통해 한국의 유사 도시 재생 사업에 중요한 시사점을 제공한다.

배터시 발전소는 대규모 혼합 용도 개발을 통해 런던의 랜드마크로 자리 잡았으나, 주로 고소득층과 관광객을 대상으로 조성되면서 지역 커뮤니티의 다양성과 포용성은 약화되고, 일부 주민의 소외가 심화되는 문제점이 발생했다. 또한, 글로벌 자본이 사업을 주도할 경우, 발생한 수익이 지역에 재투자되지 않고, 오히려 지역 간·계층 간 소득 격차를 확대할 위험이 있음을 보여준다. 이러한 점은 산업유산 재생의 본래 목적이 기업의 상업적 이익과 자산 가치 극대화로 왜곡될 가능성을 시사한다

반면, 브리즈번 발전소는 예술, 커뮤니티, 공공성에 무게를 두어 지역 예술 생태계와 도시 정체성을 강화하는 데 성공했다. 이는 지역 고유의 문화와 예술을 적극 반영하고, 주민의 실질적 참여를 보장할 때 도시 재생의 지속 가능성과 포용성이 크게 높아짐을 뜻한다. 다만, 공공 주도 도시 재생은 대규모 예산 조달이 어렵고, 복잡한 행정 절차와 정치적 변동성에 따라 추진 속도가 늦어질 수 있다. 또한 민간에 비해 위험 감수를 꺼려 혁신적이거나 개성적인 개발에 한계가 있을 수 있으며, 공공성 우선으로 인해 경제적 수익성이 낮아질 한계도 존재한다.

따라서 두 모델의 장단점을 이해하고, 지역 여건과 목표에 맞춰 주체 및 거버넌스 구조를 설계하는 것이 중요하다. 특히, 지역 정체성, 성장하

는 예술·문화 생태계, 누구나 접근 가능한 공간 설계에 중점을 두어야 하며, 경제적 가치와 사회적 가치가 조화될 수 있도록 초기부터 면밀한 설계 및 조율이 필요하다. 아울러, 재생 완료 이후 시설과 커뮤니티가 자생할 수 있도록 장기 운영 전략도 함께 병행해야 한다.

우리 도시가
매력을 되찾는

5가지 전략

4부.

21. '발견'하라

숨겨진 자산과 정체성 복원

도시는 눈에 보이지 않는 자산을 품고 있다. 오래된 건물, 방치된 산업 유산, 마을의 잊혀진 역사, 주민들이 공유한 기억과 이야기가 그 예다. 이들은 단순히 '낡은 것'이 아니라, 도시가 지닌 고유한 정체성과 잠재력을 보여주는 핵심적인 자산이다.

이러한 시각은 제인 제이콥스가 《미국 대도시의 죽음과 삶》에서 강조한 바와도 맞닿아 있다. 그녀는 도시가 가진 진정한 활력과 매력은 대규모 개발이나 일률적인 계획이 아니라, 각기 다른 시간과 사람들이 만든 다층적인 흔적과 일상생활에서 비롯된다고 보았다. 또한 도시의 성공은 다양성에서 시작되며, 오래된 건물과 생활 유산은 새로운 기회와 창의적인 활동의 기반이 된다고 주장했다.

1부에서 살펴본 것처럼, 산업화 시기 대부분의 도시는 제조업 중심의 경제 구조, 인구 집중, 도시 확장이라는 유사한 경로를 따라 성장해 왔다. 그 과정에서 각 지역이 지녔던 고유한 자산은 사라지거나 주변부로 밀려났다.

　탈산업화와 인구 감소의 시대에 접어든 지금, 많은 도시가 자신만의 색깔을 잃은 채 쇠퇴하고 있다. 그러나 바로 그 지점에서 새로운 가능성이 열릴 수 있음을, 2부와 3부에서 살펴본 사례들을 통해 확인할 수 있다. 그 도시만이 지닌 고유한 매력, 우리는 그것을 어떻게 발견할 수 있을까?

　2부와 3부에서 살펴본 여러 사례는 제인 제이콥스의 주장처럼, 도시의 매력은 '새롭게 만드는 것'이 아니라, 이미 존재하는 것을 발견해 재해석하는 과정이 중요하다는 점을 보여 준다. 매력적인 도시들은 모두 자신만의 고유한 이야기를 발견하고, 그것을 바탕으로 도시를 다시 그려 낸 곳들이다.

　예컨대 런던의 배터시 발전소는 한때 도시 한가운데 방치된 산업 폐허였지만, 지금은 런던을 대표하는 문화·상업 복합 지구로 재탄생했다. 브리즈번의 파워하우스 또한 과거의 에너지 생산 시설에서 오늘날 예술과 창의의 공간으로 변모하였다. 런던 보로 마켓이나 LA의 그랜드 센트럴 마켓 역시 한때 버려지거나 낡았다고 여겨졌던 공간을 다시 바라보고, 재해석함으로써 도시의 활력을 되찾은 사례들이다.

　이들이 성공할 수 있었던 핵심은 '새로 짓기'가 아니라 '다시 보기'에 있었다. 즉, 도시 안에 이미 존재하는 자산을 재발견하고, 새롭게 해석해 활용한 것이다. 단지 건물을 고치는 수준을 넘어, 공간이 지닌 이야기와 의미, 그 장소에서 살아온 사람들의 기억을 복원해 낸 것이다.

　이러한 접근은 소멸 위기에 처한 한국의 도시들에도 유효하다. 전국 각지의 철도역, 방치된 공장 지대, 옛 시청사, 오래된 골목길과 전통시장은 단순한 관리 대상이 아니라, 새로운 가능성의 공간으로 전환될 수 있는 잠재 자산이다. 예를 들어, 서울 마포의 문화비축기지, 대전 소제동의 철도 관사촌, 서울 청량리시장의 재생 프로젝트는 과거의 산업 및 상업 공간을 보존하면서도 현대적인 문화 콘텐츠를 입혀, 도시 고유의 매력과 정체성을 되살리려는 시도들이다. 이러한 사례들은 건축물의 물리적 복원에 그치지 않고, 공간에 축적된 기억과 이야기를 해석하여, 시민의 경험으로 전환함으로써 도시 브랜드의 중심으로 떠오르고 있다는 점에서 주목할 만하다.

숨은 자산을 찾고 도시 정체성을 복원하는 전략

도시가 가진 숨겨진 자산을 찾아내어 재해석하고, 다시 연결할 수 있는 실천 방안은 다음의 3가지—1. 도시 자산의 재발견과 매핑mapping, 2. 생활유산의 재해석, 3. 콘텐츠 연결을 통한 새로운 가치 창출—로 요약될 수 있다.

1. 도시 자산의 재발견과 매핑

도시의 변화는 거창한 인프라에서 비롯되는 것이 아니라, '보이지 않던 것을 다시 보는 일'에서 시작된다. 도시 곳곳에는 눈에 잘 띄지는 않지만, 잠재적 가치가 높은 자산들이 존재한다. 폐산업 시설, 낡은 시장, 방치된 공공 공간, 주민의 기억이 깃든 장소 등은 모두 도시가 지닌 자산이 될 수 있다. 이러한 자산을 체계적으로 목록화하고, 그 안에 깃든 이야기와 의미를 발견하는 과정이 곧 도시 자산의 '매핑'이다.

이 매핑은 단순한 목록의 나열이 아니라, 도시가 가진 자원을 의미 있게 해석하고 연결하는 작업이다. 시민과 전문가가 함께 참여하여, 과거와 현재의 물리적 특성과 정성적 의미를 함께 담아낸다. '디지털 아카이빙'이나 '커뮤니티 매핑'과 같은 방식은 자산을 시각화하고 공유하는 데 효과적이다. 서울의 마포의 문화비축기지, 브리즈번의 하워드 스미스 와프는 이러한 매핑의 결과로 재탄생한 공간들이다.

결국 도시 자산 매핑은 도시에 대한 시각을 바꾸는 작업이다. 이러한 시각의 전환은 공동체 정체성 회복으로 이어지는 변화의 출발점이 된다.

2. 생활유산의 재해석

공식적으로 등록이나 보존되는 문화재와 달리, 사람들이 살아온 일상 공간과 소소한 기억이 담긴 장소들—이른바 '생활유산'—이야말로 한 도시의 진정한 정체성을 담고 있다. 매력적인 도시를 만들기 위한 도시재생의 핵심은, 바로 이러한 생활유산을 어떻게 오늘의 시각에서 재해석할 수 있는지에 달려 있다.

생활유산의 재해석이란, 과거의 흔적을 오늘의 언어로 새롭게 풀어내는 작업이다. 과거에 사용되던 방식을 그대로 유지하기보다는 현재의 삶과 연결되는 쓰임을 부여하는 것이 중요하다. 이를 위해서는 지역 주민의 기억과 경험, 도시가 품고 있는 다양한 이야기들을 수집하고 이를 창의적으로 해석할 수 있는 기획자나 예술가, 지역 활동가와의 협력이 필요하다.

대전 소제동의 '철도 관사촌'은 예술가와 청년들의 새로운 해석과 참여에 힘입어 다시 살아난 공간이며, 청량리시장 역시 청년 상인과 전통 상인이 함께 새로운 상권 문화를 만들어 가고 있다. 이러한 사례들은 과거의 흔적을 보존하는 데 그치지 않고, 현재의 삶과 연결된 방식으로 새롭게 이야기할 수 있음을 보여 준다.

3. 콘텐츠 연결을 통한 새로운 가치 창출

장소의 매력은 단순히 외형에 있는 것이 아니다. 그 공간에서 어떤 콘텐츠가 어떻게 기획되고, 어떤 경험을 제공하는가에 따라 전혀 새로운 가치가 창출될 수 있다. 콘텐츠는 사람들의 감정적 연결을 유도하고, 도시의 브랜드를 형성하며, 경제적 활력까지 더할 수 있다.

이 전략은 기존 도시 자산에 스토리텔링, 전시, 예술, 디지털 기술 등 다양한 콘텐츠를 결합해 이전과는 전혀 다른 경험과 이미지를 만들어 낸다. 특히 창의적 콘텐츠 생산자, 문화 기획자, 스타트업 등이 함께하는 협업 구조가 중요하다.

런던의 쇼디치는 과거의 낡은 공장 지대였으나 지금은 예술과 디지털 콘텐츠의 중심지로, 도시 정체성을 바꾸는 데 성공했다. LA의 그랜드 센트럴 마켓 역시 전통적인 식문화를 현대적으로 큐레이션함으로써 새로운 도시 미각 경험을 제공하고 있다.

콘텐츠는 도시를 '살아 있는 경험의 장소'로 만든다. 이는 단순한 공간의 리모델링이 아니라, 사람들이 그곳을 반복해서 찾고 기억하게 만드는 핵심 요소다.

도시의 매력을 다시 보는 일은 단순히 과거를 되풀이하는 것이 아니다. 오히려 오늘의 시선으로 공간과 이야기를 새롭게 읽어 내고, 이를 도시의 미래 정체성과 연결하는 과정이다. 사람들이 경험을 통해 도시를 다시 이해하고, 그 안에서 자신의 삶을 상상할 수 있을 때, 비로소 변화가 시작된다.

이러한 접근은 찰스 론드리가 《창의적 도시》에서 제시한 관점과도 연결된다. 그는 도시가 가진 문화적 자산과 일상적 장소의 의미를 다시 발견하고, 이를 창의적으로 재구성할 수 있을 때 지속 가능한 도시 경쟁력이 형성된다고 보았다. 그는 도시의 문제는 창의적으로 해결할 수 있어야 하며, 그 시작은 도시의 고유한 이야기와 장소성에서 출발한다는 점을 강조한다. 도시 자산의 재발견, 생활유산의 재해석, 그리고 콘텐츠 기반의 가치 창출은 바로 이런 창의적 도시로의 전환 과정이라고 할 수 있다.

결국 도시의 매력을 발견한다는 것은 숨겨진 자산을 발굴하고, 이를 통해 도시의 정체성을 회복하는 일이다. 이 과정은 단지 과거를 보존하는 것을 넘어 도시가 나아갈 미래의 방향을 제시한다.

22. '경험'하게 하라

감각과 기억이 머무는 공간

도시의 경쟁력은 더 이상 물리적 인프라만으로 설명되지 않는다. 진정한 매력은 '경험'에서 비롯된다. 매력적인 도시는 단순히 머무는 곳이 아니라, '느끼고 참여하는 장소'가 된다. 도시의 물리적 공간을 감각적으로 설계하고, 사람들의 일상에 리듬과 기억을 불어넣는 도시 경험 전략이 필요하다.

도시를 '경험의 장'으로 만드는 전략

도시를 경험의 장으로 전환하기 위한 구체적인 전략은 다음의 5가지—1. 보행과 거리의 재구성, 2. 감각적 도시 경험의 설계, 3. 축제와 이벤트를 통한 도시 경험의 강화, 4. 도시의 기억과 이야기 공간 창출, 5. 지역 기반 경제와 연결—로 요약할 수 있다.

1. 보행과 거리의 재구성

제인 제이콥스가 강조한 '보행 가능한 거리 walkable street'는 단순한 보행 공간을 넘어, 다양한 용도의 건축물과 혼합된 거리 풍경을 전제로 한다. 그녀는 주거, 상가, 사무, 문화시설이 뒤섞여 있는 '혼합용도 개발'이 활기찬 거리와 지역 사회의 '사회적 무대 social stage'를 만들어 내는 핵심이라고 보았다. 이러한 공간에서는 카페, 서점, 수공예 상점, 작은 극장, 시장, 주택 등이 서로 어깨를 맞대어 다양한 활동이 자연스럽게 교차하고, 서로 다른 사람들이 일상적으로 만날 수 있다.

이에 따라 단순히 보도를 넓히거나 차량 속도를 줄이는 물리적 개선을 넘어, 골목 곳곳에 작은 소매점과 식당, 주거 공간과 작업장이 결합된 저층 건물, 오래된 건물과 새로운 매장의 혼재 등 다양한 건축물 유형이 공존하는 환경을 조성해야 한다. 또한 건물 1층의 개방성과 투명한 창문, 다채로운 표지판, 가로변 공공예술 등 시각적 자극 역시 중요하다. 이런 '혼합과 다양함'이 쌓일 때, 그 거리는 단순한 이동 공간이 아니라 누구나 참여하고 머무를 수 있는 살아 있는 '경험의 장'이 된다.

실제로 세종시의 중심 상권이 쇠퇴하고 있는 주요 요인도 이와 관련이 깊다. 상가 구성의 획일화, 가로변의 폐쇄성, 시각적 자극과 공공예술의 부재, 그리고 거리 경험의 단조로움 등을 꼽을 수 있다. 단일 용도의 상점 배치와 참여적 공간 및 즐길 거리의 부족은 사람들이 거리에 머무르거나 자주 방문하고 싶어하지 않는 주요 원인으로 작용하여, 방문객 감소와 매출 하락, 공실 증가로 이어지고 있다.

반대로, 뉴욕의 하이라인 공원은 고가 철길을 보행자 산책로로 전환하고, 곳곳에 예술 작품, 전망대, 쉼터를 배치하여 걷는 사람들에게 색다른 도시 경험을 제공한다. 더욱이 첼시 마켓, 주변 카페, 레스토랑, 갤러리 등 로컬 비즈니스와 자연스럽게 연결되어 있어 방문객들에게 다양한 즐거움을 준다. 걷고 싶은 길과 명소가 로컬 상권, 커뮤니티 공간과 밀접하게 연결될 때, 전체 지역 경제에 확실한 활력을 불어넣는 대표적인 성공 사례라고 할 수 있다.

이처럼 보행 유도 설계, 시각적으로 리듬감 있는 점포 구성, 주택·상업·문화 공간의 혼합, 다양한 공공시설 디자인과 공공예술, 가로수와 조명, 그리고 사람들이 안전하게 머무를 수 있는 환경 설계가 복합적으로 어우러질 때, 진정한 '걷고 싶은 도시', '체험의 거리'가 탄생한다.

2. 감각적 도시 경험의 설계

찰스 론드리는 도시의 진정한 매력은 시각적 아름다움에 머무르지 않고, 오감과 감성을 자극하는 다층적 요소에서 비롯된다고 강조했다. 즉, 도시에서 경험하는 향기, 소리, 색채, 조명, 촉감 등이 어우러질 때, 공간은 단순한 '볼거리'가 아니라 '느끼는 장'이 된다.

감각을 활성화하는 구체적 설계 요소는 다음과 같다.

- **조경 설계**: 향기로운 꽃과 허브, 계절 변화를 보여주는 식물 배치, 바람길, 다양한 높이와 색의 나무, 직접 만질 수 있는 녹지는 계절감과 후각·촉각적 경험을 더한다.
- **소리(청각) 디자인**: 분수, 작은 폭포, 연못은 자연의 물소리를 들려주며, 거리 공연 구역이나 야외 악기 설치는 참여와 음악적 경험을 유도한다. 예를 들어, 코펜하겐의 수퍼킬렌 공원에는 세계 각국의 악기를 설치해

누구나 연주할 수 있도록 했다.

- **색채 및 조명 설계**: 건물과 바닥에 다양한 색상을 적용하거나 고유 컬러 테마를 설정하고, LED나 미디어 파사드 등으로 밤마다 바뀌는 조명을 사용하면 시간대와 이벤트에 따라 공간의 분위기를 다채롭게 만들 수 있다.
- **촉각 요소**: 나무, 금속, 유리, 자연석 등 다양한 소재의 벤치와 시설, 바닥 분수, 모래·자갈길, 손으로 만질 수 있는 예술작품은 감각적 경험을 풍부하게 한다.
- **걷기 좋은 공간(공간 배치 및 동선 설계)**: 굴곡진 산책로, 소공원과 그늘 쉼터, 리듬감 있게 배치된 상점과 예술품, 적절히 배치된 벤치는 보행 경험의 질을 높인다.

구체적인 사례를 살펴보면, 브리즈번의 사우스 뱅크는 인공해변과 대형 그늘막, 부겐빌레아 넝쿨과 라벤더·허브가 어우러진 산책길, 파스텔 톤의 타일, 야외 음악 공연장과 예술 행사 등을 통해 다양한 감각적 경험을 결합한다. 산책길을 따라 걷다 보면 물소리, 꽃향기, 다양한 촉감의 바닥재가 어우러져 오감을 자극하고, 야간에는 공간별 조명의 분위기가 달라져 색다른 감성을 선사한다.

런던 하이드 파크에 겨울마다 조성되는 윈터 원더랜드는 구역마다 크리스마스 음악이 흐르고, 글뤼바인과 케이크 등 계절 음식을 파는 노점에서 풍기는 향기, 네온 조명과 크리스마스트리, 얼음 조각, 눈길과 얼음 체험존 등을 통해 방문객이 오감으로 겨울을 즐기도록 한다.

서울의 청계천은 분수, 징검다리, 미술 설치물, 야간 조명 등을 통해 물소리와 빛, 자연과 예술을 동시에 체험할 수 있는 특별한 산책 공간을 제공한다. 동대문디자인플라자는 곡선형 외피, 미디어 파사드, 다양한 질감의 외장재, 야외광장과 녹지, 전시와 체험 프로그램이 어우러져 시각·촉각·청각 등 여러 감각을 자극하는 미래지향적 장소로 자리 잡았다.

이처럼 다양한 감각을 자극하는 설계적 요소는 도시를 단지 '보는 공간'이 아니라, '느끼는 장소'로 변화시키는 데 핵심적인 역할을 한다.

3. 축제와 이벤트를 통한 도시 경험의 강화

리처드 플로리다는 저서 《창조계급의 부상》에서 창조계층은 단순한 상품 구매보다 '특별한 경험'과 '문화적 활동'에 더 큰 가치를 두는 경향이 있다고 강조했다. 즉, 창조계층에게는 문화적 경험과 사회적 교류가 도시 선택의 중요한 기준이 된다.

도시는 축제, 공연, 거리 예술, 마켓, 전시 등 다양한 일상적 이벤트를 전략적으로 제공함으로써 시민과 방문객 모두에게 특별한 기억과 소속감을 부여할 수 있다. 이 과정에서 지역 주민이 기획에 주체적으로 참여하거나, 동네의 고유한 이야기와 콘텐츠를 반영한다면 더욱 진정성 있는 도시 경험이 만들어진다. 예컨대 주민 참여형 미술제, 지역 전통을 살린 시장 축제, 다문화 구역에서 열리는 거리 퍼레이드, 오래된 공간을 새롭게 해석한 전시 등은 도시의 기억에 새로운 의미를 더한다.

브리즈번 하워드 스미스 와프 사례를 보면, 원래 산업용 부두였으나 복합문화공간으로 재생되면서 각종 야간 축제, 라이브 공연, 스트리트 푸드 마켓이 연중 열리고 있다. 이는 브리즈번 강변 일대의 야경과 어우러져 독특한 도시 경험을 창출한다. 이곳에서는 단순한 공연을 넘어, 시민·관광객·로컬 비즈니스가 함께 어울리는 '도시의 밤'을 지속적으로 경험할 수 있다.

국제적인 책 축제인 헤이온와이 헤이 페스티벌은 인구 2,000명 남짓의 작은 영국 시골 마을이 세계적인 독서와 문화의 거점으로 성장한 사례다. 축제 기간에는 수십만 명의 방문객이 찾아와 지역 경제와 공동체 문화를 이끄는 원동력이 된다. 헤이 페스티벌에서는 책을 매개로 한 토론, 강연, 예술 이벤트가 마을 전체에 활력을 불어넣는다.

글래스턴베리 음악 축제 역시 대규모 야외 음악 행사로, 도시 자체가 하나의 브랜드가 되었다. 축제 기간 동안 세계 각국에서 모인 사람들과 아티스트들이 독특한 경험을 공유하며, 이는 문화 콘텐츠를 통해 지역 정체성 강화, 경제 활성화, 커뮤니티 응집 효과를 동시에 보여주는 대표적 사례다.

이처럼 축제와 이벤트는 단순한 볼거리나 소비의 장을 넘어, 도시 정체성 강화, 경제 활성화, 시민 삶의 만족도 증진, 외부 방문객 유치 등 다차원적 효과를 창출한다. 경험 중심의 도시는 지역 주민과 방문객 모두에게 새로운 기억과 정체성을 제공하며, 도시 재생의 중요한 동력으로 자리 잡고 있다.

4. 도시의 기억과 이야기 공간 창출

제인 제이콥스는 도시가 생명력을 얻기 위해서는 '시간의 층위', 즉 서로 다른 시대의 흔적과 이야기가 도시 공간에 켜켜이 쌓여 있어야 한다는 점을 강조했다.

오래된 공간에 담긴 기억과 이야기를 보존하고 현대적으로 재해석하는 전략은 도시의 정체성을 공고히 할 뿐 아니라, 주민이 도시 변화와 재생의 주체로 적극 참여할 수 있는 기반을 마련한다. 이러한 시간의 다층성은 주민들에게 장소에 대한 애착과 자부심을 심어줄 뿐만 아니라, 다양한 세대와 계층이 함께 어울릴 수 있는 포용적 도시문화 형성에도 핵심적 역할을 한다.

런던의 쇼디치는 과거 산업과 도매, 저밀도 주거지였으나 1990년대 이후 예술가, 디자이너, 창업자들이 대거 유입되면서 런던 최고의 창의적 지역으로 재탄생했다.

특히 쇼디치의 스트리트 아트와 그래피티 벽화는 세계적으로 유명하다. 지역 주민과 런던 시 정부는 기존 산업지대의 낡고 거친 벽, 담장, 공장 외벽을 '치워야 할 흔적'이 아니라 예술적 표현의 캔버스로 활용해 오히려 핵심 자산으로 삼았다. 적벽돌 담장, 폐공장 외벽, 철도 고가 등 과거의 물리적 흔적을 그대로 보존하면서 지역 내 아티스트와 세계 각지의 작가들이 자유롭게 작품을 남길 수 있도록 지원하고 있다. 이처럼 '쇼디치 그래피티'는 도시 재생 과정에서 과거의 낙후하고 황폐한 이미지를 지우는 대신, 새로운 정체성과 창의성의 상징으로 전환한 대표적 사례다.

이와 유사하게 미국 LA의 아트 디스트릭트 역시 시대의 기억과 예술적 실험이 겹쳐진 도시의 경험 공간이다. 이 지역은 과거 산업지대였으나, 수많은 벽화와 거리 예술, 독특한 건축물이 공존하는 명소로 거듭났다. 특히 '천사 날개 벽화Angel Wings Mural'로 대표되는 LA의 대형 벽화 프로젝트는 낡은 외벽과 폐공장의 흔적을 예술의 캔버스로 삼아, 누구나 자신의 이야기를 남기고 사진을 찍을 수 있는 살아 있는 공공 무대로 재탄생했다.

이 벽화들은 지역 주민은 물론 전 세계 관광객까지 끌어들이며, 과거와 현대, 지역성과 글로벌 문화가 융합되는 기억의 장소로 기능하고 있다.

쇼디치와 LA 아트 디스트릭트 사례처럼 도시의 과거 흔적과 기억을 창의적으로 재해석하고, 다양한 세대가 함께 이야기를 더할 때 도시는 한층 더 깊고 풍요로운 정체성을 지니게 된다. 결국 기억과 이야기가 살아 있는 공간은 주민 모두가 자기만의 경험과 의미를 덧붙이며, 새로운 도시의 미래를 함께 만들어가는 무대가 되는 것이다.

5. 지역 기반 경제와 연결

도시 경험은 지역 상권, 로컬 브랜드, 커뮤니티 공간과 긴밀히 연결되어 '지역 경제의 활력'으로 이어지는 선순환 구조를 만드는 데 궁극적 목표가 있다. 지역의 커피숍, 공방, 마켓이 도시 경험의 중심이 되어야 하며, 이는 단지 관광객을 위해 인위적으로 꾸며진 공간이 아니라 시민의 일상과 분리되지 않은 '진정성 있는 경험 공간'을 만들어야 한다는 점에서 중요하다.

같은 거리 안에서 상점과 주택, 공방과 갤러리가 공존하고, 상생하는 다양한 가게와 서비스 문화가 이어질 때 자연스럽게 다양한 계층과 세대가 머물며 골목 상권과 로컬 브랜드가 성장할 수 있다. 특히 문화, 상업, 공공 공간이 자연스럽게 뒤섞이고 지역민과 방문객이 함께 공간을 채워갈 때, 삶의 질과 커뮤니티 소속감이 높아지고 도시는 진정한 경쟁력을 확보하게 된다.

이러한 점에서 런던의 보로 마켓과 LA의 그랜드 센트럴 마켓은 '진정성 있는 경험 공간'의 중요성을 잘 보여주는 대표적인 사례다.

보로 마켓은 수세기 동안 런던의 '생활 시장'이라는 정체성을 지켜왔으며, 오늘날에도 지역 생산자와 소상공인이 참여하는 시장으로 시민의 일상에 깊이 뿌리내리고 있다. 이곳은 식재료와 음식 판매, 커뮤니티 이벤트, 푸드 투어 등을 통해 로컬 주민과 관광객 모두에게 자연스러운 도시 일상 경험을 제공한다. 시민들은 장을 보거나 식사를 하며 도시의 삶과 공간을 유기적으로 연결짓고, 이는 곧 '진정성 있는 경험 공간'으로 기능한다.

반면 그랜드 센트럴 마켓은 LA의 대표적인 전통시장으로 재탄생했지만, 최근에는 고급 푸드홀과 인기 셰프 레스토랑, 개성 강한 신메뉴 출점 등 상업적 개발과 트렌디함이 두드러진 공간으로 변모했다. 이 과정에서 임대료가 급격히 오르면서 기존 소규모 상인과 지역 주민은 점차 밀려났고, 공간은 관광객과 부유한 소비층 중심으로 변화했다. 지나친 상업화와 젠트리피케이션 문제로 인해 시민의 일상과 분리된 '진정성이 약화된 공간'이라는 평가를 받고 있다.

이 두 사례는 마이클 포터의 지역 기반 경제 이론과도 맞닿아 있다. 그는 '클러스터Cluster' 이론을 통해 한 지역 내에서 산업, 기업, 서비스, 대학, 지역 상권 등이 유기적으로 연결되어 네트워크를 이루는 구조가 경쟁력의 핵심이라고 주장했다. 이러한 클러스터는 대기업뿐 아니라 로컬 브랜드, 소상공인, 커뮤니티 기반 시설 등 지역 내 다양한 경제 주체와 긴밀히 연결되어 작동해야 한다는 점을 강조한다.

마이클 포터는 글로벌화와 디지털 시대에도 각 지역만이 지닌 고유한 특성, 상권, 커뮤니티 공간, 로컬 브랜드가 도시의 차별적 경쟁력을 만든다고 설명한다. 즉, 단순한 경제 개발이 아니라 지역 커뮤니티와 공간이 실제 경제 활동과 긴밀히 연결될 때 진정한 혁신과 삶의 질 개선이 이루어진다는 것이 그의 핵심 논지다.

궁극적으로 '도시를 경험하게 하라'는 전략은 도시가 단순한 물리적 인프라를 넘어 '살아 있는 유기체'로 작동하도록 만드는 일이다. 보행과 감각, 기억과 축제, 지역 경제가 서로 긴밀히 연결될 때 도시는 사람들에게 '느끼고, 걷고, 기억하고, 참여하고 싶은 공간'으로 재탄생한다.

23. '함께' 만들게 하라

참여와 협력의 거버넌스

도시는 누가 만들어가는가?

전통적으로 도시 계획과 발전은 전문가 중심, 정부 주도의 일방향적 방식으로 이루어졌다. 그러나 도시를 둘러싼 문제는 점점 더 복잡해지고 다층화되고 있다. 오늘날의 도시에서는 다양한 이해관계자의 목소리를 모으고 실제로 함께 협력하는 새로운 접근이 필연적이다.

'도시를 함께 만들어간다'는 전략은 시민을 단순한 정책 수혜자가 아니라 도시 변화를 이끄는 적극적인 주체로 바라보는 것이다. 제인 제이콥스는 도시의 진정한 변화는 행정이나 전문가가 아닌 시민의 참여에서 비롯된다고 강조했다. 이는 단순한 물리적 변화가 아니라, 도시를 구성하는 다양한 주체들이 의견을 모으고 결정에 참여하는 '거버넌스'의 전환을 의미한다.

도시 거버넌스란 시민·민간·공공 부문이 협력하고 갈등을 조정하며,

다양한 집단의 목소리를 실제 의사결정과 실행에 반영하는 체계다. 이러한 거버넌스는 갈등을 조정하고 다양한 집단의 목소리를 반영하며, 매력적이고 지속 가능한 도시를 만들기 위한 핵심 전략이다.

최근에는 '도시 커먼즈' 운동이 전 세계 다양한 도시에서 주목받고 있다. 이는 도시의 공공 공간, 자원, 서비스를 공동체가 직접 관리·운영하고, 집단적 자치와 협력을 바탕으로 도시를 함께 가꾸어가는 새로운 거버넌스 모델이다. 예컨대 공원, 공공 건물, 도시 농장, 공유지 등은 정부가 단독 운영하는 대상이 아니라 주민들이 자치 방식으로 유지·운영할 수 있는 '도시의 공유 자산'으로 인식된다. 이런 모델은 참여와 소유, 책임과 실천이 어우러진 현대적 거버넌스를 구현한다.

도시 커먼즈 운동은 전통적인 '위로부터의 행정'에 머무르지 않고, 시민들이 자발적으로 주거, 녹지, 문화 공간, 생활 기반 시설 등 도시 자원을 공동의 이익을 위해 기획하고 관리하는 초협력적 실천을 의미한다. 이는 '참여와 협력의 거버넌스' 실현에 중요한 실례이자 방향성을 보여준다.

이러한 움직임과 맞물려 리처드 플로리다는 창조계층이 모이는 도시의 특징으로 '개방성, 다양성, 참여'를 강조했다. 그는 창조계층이 스스로 목소리를 낼 수 있고 공동체의 일원이 되어 공간을 창조할 수 있는 도시를 선호한다고 지적한다. 따라서 이러한 인재들이 머무는 도시는 공동 거버넌스 체계가 자연스럽게 강화되며, 이는 곧 도시의 혁신성과 지속 가능성을 높이는 핵심 조건이 된다. 이를 통해 도시에 활력과 창의성을 불어넣는 주체 역시 시민임을 다시 한번 확인할 수 있다.

도시를 '함께 만들어가기' 위한 전략

시민이 도시의 공동 생산자로서 참여할 수 있는 구체적인 전략은 다음의 4가지—1. 일상의 민주적 참여를 위한 시민참여 제도화, 2. 커뮤니티 기반 공간관리와 도시 커먼즈 플랫폼 확대, 3. 민관협치와 창의적 거버넌스 제도화, 4. 시민주도 실험과 지속 가능한 혁신 촉진—으로 요약할 수 있다.

1. 일상의 민주적 참여를 위한 시민 참여 제도화

도시를 변화시키는 힘은 특별한 행사나 거창한 프로젝트가 아니라, 일상 속 시민 참여가 체계적으로 구조화될 때 비로소 나타난다. 이를 위해서는 오프라인과 온라인을 아우르는 디지털 시민 참여 플랫폼을 구축하고, 주민 제안, 주민 토론회, 참여 예산제 등 지속적 참여 기회를 제도화하는 것이 중요하다. 또한 시민 참여의 결과가 실제 정책에 반영되고, 그 과정과 결과에 대한 명확한 피드백이 제공되어야만 시민들의 지속적 참여와 신뢰를 확보할 수 있다.

제인 제이콥스는 시민 한 사람, 한 사람의 적극적 참여를 통해 도시가 진정한 생명력을 얻을 수 있다고 강조했다. 그녀는 일상적 생활 현장에서 시민들이 목소리를 내고, 공적 의사결정에 실질적으로 참여할 때 도시의 혁신과 변화를 이끌 수 있다고 역설한다. 따라서 시민 참여의 제도화는 단순한 행정 효율성이나 형식적 절차에 그치지 않고, 도시를 살아 움직이게 하는 핵심 동력임을 보여준다.

런던의 보로 마켓과 LA 그랜드 센트럴 마켓의 상인들이 젠트리피케이션과 상업적 재개발에 저항한 경험을 비교하여, '일상의 민주적 참여를 위한 시민 참여 제도화' 전략을 구체적으로 살펴보자.

보로 마켓의 상인들과 시민, 지역 단체는 시장의 정체성을 지키기 위해 다양한 방식으로 젠트리피케이션과 상업적 재개발에 집단적으로 맞섰다. 이들은 공청회, 법적 소송, 서명 운동 등 시민 참여의 제도적·비제도적 수단을 적극 활용하며, 시장이 단순한 경제 활동 공간이 아니라 지역 공동체의 문화적 중심임을 알리고 보전하는 데 힘썼다. 특히 상인들 자체가 '시장 운영 주체'로 참여해 시장의 정체성과 다양성을 지키려는 실질적 자치와 협치 모델을 보여주었다는 점이 주목할 만하다.

반면, LA 그랜드 센트럴 마켓은 100년이 넘는 역사를 지닌 이민자·소상공인 중심의 시장이었으나, 급격한 도시 재개발과 함께 '고급' 상점과 신흥 인구 유입이 가속화되면서 장기 입주자(이민자 상인)들이 내몰리고 있다.

시장 운영 주체의 변화와 임대료 상승으로 기존 상인과 신흥 상인, 다양한 지역 커뮤니티 간에 긴장과 갈등이 나타났으며, 일부는 이를 막기 위해 법적 대응이나 연대 활동 등을 시도했다. 그러나 변화의 속도에 비해 실질적 참여와 자치의 제도화가 충분히 정착되었다고 보기는 어려워, 지역 공동체의 다양성과 전통이 점차 약화되는 위험에 직면해 있다.

위의 두 사례는 '일상의 민주적 참여'와 그 제도화가 일회성 이벤트가 아니라, 오랜 기간 다양한 이해관계자가 연대하고 실질적 영향력을 확보하는 구조와 문화로 뿌리내릴 때 도시 공동체를 지키고 혁신하는 동력이 될 수 있음을 보여준다.

2. 커뮤니티 기반 공간 관리와 도시 커먼즈 플랫폼 확대

도시의 매력은 일상 공간에서 비롯된다. 공원, 골목길, 빈집, 마을 창고와 같은 소규모 공간이 어떻게 관리되고 활용되는가는 도시의 삶의 질에 큰 영향을 준다.

커뮤니티 기반 공간 관리는 주민들이 직접 공간의 운영과 콘텐츠를 기획하고, 함께 유지·보수를 해 나가는 방식을 말한다. 공공기관이 일방적으로 관리하는 것이 아니라, 지역 커뮤니티가 함께 운영·활용하는 도시 자산은 도시 커먼즈로 전환된다. 이는 공간에 대한 주인의식과 정체성을 자극하고, 지속 가능한 관리 모델로 자리매김하게 된다.

구체적 실행 방안으로는 유휴 공간 및 공유지에 대한 커뮤니티 중심 위탁이나 공동 운영 시스템 도입, 지역 주민과 로컬 크리에이터 간 공공 협업의 제도화, 그리고 공간 기획 및 운영 평가 과정에 주민이 직접 참여하는 구조 설계 등이 있다.

영국의 헤이온와이는 소규모 마을이지만, 타운 플랜 수립 시 지역 주민, 상인, 커뮤니티 조직 등이 깊이 참여해 도시 비전, 공공 공간, 공동체 시설 운영 등을 논의하고 실행에 옮기고 있다. 마을의 특정 커뮤니티 자산은 주민 주도로 관리·보존되거나 커뮤니티 기업이 직접 취득·관리하기도 한다.

헤이온와이에서의 시민 활동은 마을 의회, 지역사회 기업, 다양한 비영리 조직의 협치를 기반으로 하며, 공개적 의사결정 구조와 공공시설 운영 과정에서 주민 참여와 실제 권한이 강조된다.

도시 커먼즈를 통해 헤이온와이가 얻는 지역적 이익을 살펴보면 다음과 같다.

- **지역사회 자산의 보존과 활용**: 지역 커뮤니티 기업이 공공 건물을 장기

임대받아 관리·운영함으로써 지역의 역사적 자산을 공동체 중심으로 보존하고 활성화할 수 있다.

- 경제적 이익과 일자리 창출: 커뮤니티가 직접 사업을 운영하며 각종 프로젝트를 기획·실행함으로써 지역 경제의 외부 유출을 막고, 수익이 지역 내로 환원되는 구조를 만든다. 이를 바탕으로 새로운 일자리 창출과 지역 기반 소규모 기업 육성에도 도움이 된다.
- 사회적 연대와 주민참여 확대: 주민, 상인, 시민사회 조직 등 다양한 이해관계자가 거버넌스와 의사결정에 직접 참여함으로써 사회적 신뢰와 연대가 강화된다.
- 문화와 관광 활성화 및 삶의 질 개선: 지역 정체성, 문화 자산, 로컬 콘텐츠 중심의 공간 관리와 서비스 제공을 통해 지속 가능한 관광을 유치하고, 지역 경제의 선순환을 창출한다. 또한 주민의 일상적 욕구를 충족하는 시설과 공간이 확충되어 삶의 질과 만족도가 높아진다.
- 지속가능한 발전과 도시회복력 강화: 커먼즈 기반의 협력적 거버넌스는 지역 자산의 환경적·경제적·사회적 지속 가능성을 고려한 관리·운영 체계를 만들기 때문에, 외부 변화에도 자생적으로 대응할 수 있는 역량을 확보하게 된다.

헤이온와이는 도시 커먼스를 통해 역사적 자산의 보존, 지역 경제 활력, 주민 사회자본 증진, 문화·관광 활성화, 지속 가능성 제고 등 다각도의 지역적 이익을 실질적으로 누리고 있다. 작은 시골 마을이었던 헤이온와이가 오늘날 세계적인 '책마을'로서 명성을 유지하는 비결은 바로 이러한 커뮤니티 기반의 도시 커먼스 모델에 있다는 점을 기억할 필요가 있다.

3. 민관 협치와 창의적 거버넌스 제도화

매력적인 도시를 만들기 위해서는 로컬 크리에이터, 비영리 조직, 예술가 등 창의 계층과 민간 기업, 그리고 행정이 수평적으로 협력할 수 있는 제도적 기반이 필수적이다. 예산, 행정, 거버넌스 구조에 시민의 참여가 실질적으로 반영되도록 설계하는 일이야말로 '도시를 함께 만들어가는' 핵심 기반이 된다.

결국 '도시를 함께 만든다'는 것은 도시 민주주의를 회복하는 일이다. 이는 단순히 참여를 독려하는 수준을 넘어, 권한과 자원을 분산하고 실행력 있는 협치 구조를 마련하는 것을 의미한다. 시민은 더 이상 수동적인 수용자가 아니라, 도시를 변화시키는 동료 기획자로서 역할해야 한다.

호주의 브리즈번 발전소 재생 사업은 민관 협치와 창의적 거버넌스가 실현된 대표적 사례다. 이 사업은 브리즈번 시의회, 지역 예술가, 민간 기업, 시민 단체 등이 함께 폐산업 시설을 문화예술 공간으로 탈바꿈시킨 프로젝트로, 공공 부문은 공간과 예산을 지원하고 예술가·비영리 단체·시민은 프로그램 기획과 운영에 공동 참여함으로써 거버넌스 구조에서 실질적 권한과 책임이 분산·공유되는 모델을 구현했다.

반면 영국 런던의 배터시 발전소 재생 사업은 해외 민간 투자 컨소시엄이 주도한 초대형 상업 프로젝트다. 공개 설명회와 지역 커뮤니티 의견 수렴 절차가 있었으나, 실질적 의사결정 권한과 주도권은 주로 투자사·개발사·행정 기관에 집중되어 있다. 그 결과 지역 커뮤니티의 기대와 달리 저렴한 공공 임대주택 비율, 주민 포용성, 민주적 협치 구조 측면에서 여러 비판이 지속적으로 제기되고 있다.

상업과 고급 주거 위주의 개발로 인해 지역 원주민 커뮤니티의 공간 접근성이 제한되고, 지역 정체성 강화나 소외 계층의 참여 확대가 충분하지 못하다는 평가도 이어졌다. 물론 배터시 발전소 재생 사업이 도시 경제 활성화, 일자리 창출, 교통 인프라 확장 등 긍정적 효과를 낸 것은 분명하다. 그러나 복합적 이해관계자 협치, 창의적 로컬 주체의 실질적 제도화라는 측면에서는 '민관 협치 및 창의적 거버넌스' 실현이 미흡해 지역 사회 전체에 실질적 혜택과 창의성을 확산하는 데 한계가 있었다.

브리즈번 발전소 재생 사업은 행정·민간·시민이 동등한 파트너로서 도시 공간을 공동 기획·운영할 때, 진정한 '함께 만드는 도시'와 지속 가능한 발전이 가능하다는 점을 분명히 보여준다.

4. 시민 주도 실험과 지속 가능한 혁신 촉진

도시 혁신은 시민 커뮤니티의 자발적 실험이 촉진될 때 지속 가능한 변화로 이어진다. 이를 위해서는 소규모 로컬 프로젝트에 대한 공공 기획 및 예산 지원 체계를 마련하고, 실험 결과를 시민 사회와 공유하며, 학습과 피드백, 실패 후 재도전의 기회까지 보장하는 환경을 조성하는 것이 필수적이다.

이런 맥락에서 중소벤처기업부가 주관하는 로컬 크리에이터 지원 사업은 예술가, 소상공인, 창업가 등 지역 기반의 창의 인재들이 도시 문제 해결, 문화·공간 혁신, 사회적 가치 창출에 적극 참여할 수 있도록 돕는다. 이 사업은 도시의 다양성과 역동성을 유지하고, 시민 주도 혁신 생태계를 촉진하는 핵심 전략으로 작동한다.

LA 아트 디스트릭트는 예술가와 시민 커뮤니티가 주도적으로 버려진 산업 공간을 창조적 예술 공간이자 문화 허브로 탈바꿈시킨 대표적 시민 주도 도시 실험 사례다. 이곳에서는 공공 부문, 비영리 기구, 지역 사회, 민간 창업가들이 함께 공간을 기획·운영하며 다양한 실험과 혁신을 이어 왔다. 비록 최근 임대료 상승과 예술가 이탈 등 한계가 존재하지만, 새로운 방식의 시민 주도 도시 혁신이 지역 경제와 문화를 이끌어 간 대표적 사례임에는 변함이 없다.

런던의 캠든 하이라인 역시 인근 대학 연구자의 창의적 제안에서 시작된 시민 주도 도시 재생 사례다. 2015년 UCL University College London 의 도시 지리학자가 자신의 블로그에 런던에도 하이라인 공원이 가능하다는 아이디어를 제시하면서 공론화되었다. 그의 제안은 단순히 뉴욕 모델의 모방이 아니라, 자신의 연구와 분석에 근거한 것으로 지역 전문가의 창의적 실험 정신이 담긴 결과였다.

이후 지역 비즈니스 개선 구역인 캠든타운 언리미티드가 주도해 2017년부터 크라우드 펀딩을 시작했고, 지역 주민, 사업자, 전문가, 지방 정부, 네트워크 레일 등 다양한 이해관계자가 공개 포럼과 참여 설계 과정에 적극적으로 참여하게 되었다. 2019년에는 본격적인 모금과 계획이 추진되었으며, 2025년 개장을 목표로 하고 있다.

이처럼 런던 캠든 하이라인은 시민의 창의적 제안, 시민 사회, 공공과 민간의 협업, 디지털 크라우드 펀딩, 그리고 단계별 공개 공론장이 결합된 현대적 시민 주도 도시 재생 모델이다.

도시는 더 이상 소수의 전문가나 행정가에 의해 만들어지지 않는다. 제인 제이콥스가 강조했듯이 도시의 진정한 변화는 시민 모두의 참여에서 시작된다. 보로 마켓과 헤이온와이, LA 아트 디스트릭트처럼 거버넌스에 시민이 주체로 참여하는 구조는 도시의 정체성과 지속 가능성을 가능하게 한다.

'도시를 함께 만들어가게 하라' 전략은 도시 거버넌스의 중심을 시민과 지역 커뮤니티로 이동시키는 패러다임의 전환이라 할 수 있다. 이는 단순히 효율적 행정이나 형식적 주민 참여에 그치지 않고, 시민 각자가 도시 혁신의 주체임을 확인하는 실질적 구조적 변화다.

이처럼 도시 커먼즈와 다양한 주체의 협력적 거버넌스가 작동할 때, 도시는 지속 가능성과 창의성, 공동체적 정체성을 모두 포괄하며 진정으로 살아 숨 쉬는 공간이 된다.

24. '자라나게' 하라

창의적 생태계 구축

오늘날 도시 경쟁력의 핵심은 '창의성'이다. 더 이상 산업화 시대의 공장, 자본, 기반 시설만으로는 도시의 미래를 담보할 수 없다.

도시사회학자 사스키아 사센은 현대의 도시는 단순히 물리적 인프라나 인구의 집적지에 그치지 않고, 전 세계적 자본·인재·정보·문화가 역동적으로 교차하는 '글로벌 플랫폼'이자 복합적 생태계임을 강조한다. 이러한 도시는 다양한 인종, 계층, 경험, 아이디어가 유기적으로 부딪히며 새로운 가능성을 모색하는 장이 된다. 또 혁신은 소수의 전문가나 조직에서만 생겨나는 것이 아니라, 도시 전반의 다층적 네트워크와 사회·문화적 상호작용 속에서 자연스럽게 자라난다는 것이 그녀의 핵심 주장이다.

리처드 플로리다가 말했듯, 창조 계층이 모이고 머무르는 도시야말로 지속적 성장과 혁신의 주체가 될 수 있다. 이제 도시의 창의성이 곧 국가 경쟁력을 좌우하는 시대가 되었다.

그렇다면 창의성은 어디에서, 어떻게 자라나는가?

창의성은 우연히 생겨나는 것이 아니라, 도시에 뿌리내릴 수 있는 환경과 시스템에서 비롯된다. 예술가, 디자이너, 개발자, 창업자 등 다양한 주체가 상상하고 실험할 수 있는 공간, 실패해도 다시 도전할 수 있는 시스템, 이질성이 충돌하며 새로운 아이디어가 피어나는 플랫폼이 필요하다.

이 점을 잘 보여주는 대표적 사례가 바로 미국의 실리콘밸리와 보스턴 루트 128의 비교다. 실리콘밸리는 개방적 네트워크, 활발한 지식·인재 교류, 대학(특히 스탠퍼드)과 벤처 투자, 기업 간 협업 등 유연한 생태계를 통해 빠른 실험과 실패·재도전, 조직 간 경계를 넘는 아이디어 교환이 가능한 곳이다. 캘리포니아의 고용·경쟁 제한이 약한 법적 기반, 실패를 용인하는 문화, 스타트업과 투자자의 긴밀한 네트워크 등이 창의적 에너지를 증폭시킨다.

반면 보스턴의 루트 128은 대기업 중심의 폐쇄적 기업 문화와 인재 이동 제한, 대학-기업 간 분리 등으로 인해 안정성에 비해 혁신성과 다양성이 약화되는 결과를 낳았다. MIT와 하버드 등 우수한 대학이 있음에도 불구하고, 실리콘밸리와 달리 혁신의 물리적·문화적 '플랫폼'이 활발히 연결되지 못했다.

이처럼 실리콘밸리의 개방성과 네트워크 중심 생태계는 다양한 주체와 아이디어, 경험이 자유롭게 흐르며 창의성이 활발히 성장할 수 있는 기반이 된 반면, 루트 128의 폐쇄적이고 경직된 구조는 혁신의 동력을 점차 상실하게 했다.

결국 창의성은 단일한 인재나 조직, 자본에서 비롯되는 것이 아니라, 도시의 플랫폼과 생태계, 다양한 주체와 경험이 상호작용하며 실패와 도전을 포용하는 환경에서 자란다는 점이 분명해진다.

도시의 창의성을 '자라나게 하기' 위한 전략

도시의 창의성을 자라나게 하기 위한 구체적인 전략은 다음의 3가지— 1. 다양성과 융합을 촉진하는 공간 기반 조성 2. 지역 밀착형 창의 생태계 구축, 3. 창의성의 촉진자로서 시민 참여 강화—로 요약할 수 있다.

1. 다양성과 융합을 촉진하는 공간 기반 조성

창의적 활동의 기반은 사회적 교류가 일어날 수 있는 물리적 공간에서부터 시작된다. 다양한 배경을 가진 사람들이 만나고 소통할 수 있는 공간이 마련되어야 진정한 혁신과 변화를 기대할 수 있다. 리차드 플로리다는 예술가, 디자이너, 개발자, 스타트업, 창업자 등 서로 다른 분야의 사람들이 일상적으로 교차하며 창의적 아이디어를 나누고 새로운 것을 만들어 낼 수 있는 물리적·사회적 공간이 갖추어질 때, 비로소 도시의 진정한 성장과 혁신이 가능하다고 주장했다.

이런 공간은 단순한 사무 공간이 아니라, 메이커 스페이스, 공동 작업실, 실험적 문화 공간, 공유 오피스, 오픈형 마켓 등 다양한 집단·세대·분야가 어우러질 수 있는 유연한 공간이자 열린 플랫폼이어야 한다. 이처럼 다양한 사람들 간의 융합은 새로운 아이디어와 시너지를 창출하는 힘이 된다. 또한 스트리트 아트, 커뮤니티 정원, 공공장소의 시민 예술 프로젝트 등 도시의 일상 전체를 창의적 실험과 소통의 무대로 확장하는 관점도 중요하다.

오랜 기간 방치되었던 브리즈번 발전소를 복합 문화예술 공간으로 탈바꿈시킨 브리즈번 시의 창의 도시 정책과 그 사례를 살펴보자.

브리즈번 시는 '창조적인 브리즈번, 창조경제Creative Brisbane Creative Economy' 전략을 통해 도시 곳곳의 미활용 공간과 유휴 공공 자산을 예술 및 창의 활동에 적극 개방했다. 메이커 스페이스, 공유 오피스, 실험적 문화 공간 등 다양한 창의 주체가 자유롭게 활용할 수 있는 공간을 확충하고, 커뮤니티 참여와 창작자 네트워킹이 자연스럽게 이루어지는 환경을 조성했다. 또한 시민 참여형 예술 프로젝트, 스트리트 아트, 커뮤니티 정원 등 일상 공간 활용을 장려해 도시 전체를 창의적 실험의 장으로 확장했다.

1928년 지어진 브리즈번 발전소는 장기간 방치된 후, 시민·예술 단체·전문가의 논의와 참여, 국제적 사례 비교, 지역 수요 조사를 거쳐 2000년 복합 문화예술 공간으로 탈바꿈했다. 이 공간은 공연장, 전시장, 다목적실, 레스토랑 등 다양한 기능을 혼합해 예술가·창작자·시민·단체가 함께 공동으로 창작 활동을 펼칠 수 있도록 설계되었다.

산업 유산으로서의 벽체, 설비, 그래피티 등을 그대로 살려 공간의 역사성과 혁신성을 동시에 강조했으며, 현재는 연간 70만 명이 넘는 사람들이 찾는 국내외 공연·전시·축제·커뮤니티 행사·기업 이벤트가 끊임없이 열리는 창의 플랫폼이 되었다. 최근에는 유연하게 변형 가능한 야외 다목적 공간과 농산물 시장, 야외 극장 등 지역 생활과 밀접하게 연결된 시설도 확대하며 창의 도시로서의 역동성을 더하고 있다.

브리즈번 시의 창조도시 전략을 정리하면 다음과 같다.

- 유휴 공간 및 역사적 건물의 창의적 재활용을 정책적으로 촉진
- 예술가·창작자·커뮤니티와의 상시 소통을 위한 의사결정 구조와

수요 조사 체계화
- 민간·공공 협력 기반의 공간 운영 및 지속 가능한 혁신 모델 개발
- 시민 참여형 예술 프로젝트, 오픈 마켓, 축제 등과의 연계를 통한 개방적이고 실험적 공간 활성화

이처럼 브리즈번 시는 다양성과 융합을 도시 전반으로 입체적으로 확장하며, 구체적 정책 실행과 활동가 실천 모두에 현실적 방향성을 제시하고 있다. 도시는 '창의성의 새로운 중심'이 되기 위해 혁신적 공간 설계, 지역 맞춤형 생태계, 참여 기회를 하나로 엮어 나가야 하며, 이러한 전략이 정책 차원에서 뒷받침될 때 비로소 진정한 의미의 '창의 도시'가 실현될 수 있다.

2. 지역 밀착형 창의 생태계 구축

도시의 창의성이 지속적으로 뿌리내리려면, 지역 단위의 일상 공간에서 다양한 분야의 인재와 아이디어, 로컬 자산이 상호작용하는 창의적 네트워크가 필요하다. 이러한 맥락에서 지역 기반의 도시 재생과 커뮤니티 활성화 사례는 글로벌 대도시 차원의 논의와는 차별화된, 보다 구체적이고 실질적인 시사점을 제공한다.

거대한 글로벌 창의 허브에 집중하기에 앞서, 지역 단위에서 생활밀착형 창의 생태계가 뿌리내릴 수 있도록 지원해야 한다. 지역 주민, 소상공인, 예술가, 창업자 등 다양한 주체가 실질적으로 교류·협업하고, 일상의 공간이 곧 창의적 실험과 협력의 무대로 전환될 수 있는 전략이 필요하다.

브리즈번의 하워드 스미스 와프 재생 프로젝트는 과거 항만·공업 지

대라는 지역 유산과 맥락을 기반으로, 펠론스 브루잉과 같은 창의적 로컬 주체가 주도적으로 입주해 지역 커뮤니티와 연계된 창의 생태계로 탈바꿈한 사례다.

펠론스 브루잉은 단순히 맥주를 생산·소비하는 사업자가 아니라, 지역 예술가 프로그램, 커뮤니티 마켓, 협업 식당 및 팝업 스토어, 야외 문화 공연 및 이벤트 등 다양한 창의 집단과 생활 문화가 융합되는 거점 플랫폼 역할을 하고 있다.

이러한 변화의 중심에는 다양한 주체의 '참여와 주도권'을 바탕으로, 공간을 단순 소비의 대상이 아닌 '실험과 교류의 장'으로 전환하려는 노력이 있었다. 이를 위해 브리즈번 시가 실천한 전략은 다음과 같다.

- 임대 규제 완화, 공동창업·협업 지원금, 지역 문화 프로그램 참여 인센티브 등 정책적 지원
- 공간 설계 단계에서부터 다양한 집단과의 공동 기획
- 지역 자산(유휴 공간, 역사적 유산 등)과 '창의적 활동'이 자연스럽게 융합되도록 하는 거버넌스 디자인 설계

브리즈번 하워드스미스 와프-펠론스 브루잉 사례는 소규모 지역 단위에서도 고유한 색채와 네트워크를 바탕으로 창의 생태계를 성공적으로 키울 수 있음을 보여준다. 이 사례는 대도시 글로벌 생태계에만 집중하지 않고, 작은 지역에서 출발한 실험과 변화가 도시 전체의 창의성 확장에 중요한 기반이 될 수 있음을 시사한다.

3. 창의성의 촉진자로서 시민 참여 강화

도시의 창의성은 전문가나 정책 주도만으로는 지속적으로 자라날 수 없다. 진정한 혁신과 다채로운 아이디어는 시민이 직접 기획자이자 창작자, 실행자의 역할로 참여할 때 비로소 일상과 도시 공동체에 뿌리내릴 수 있다.

영국의 작은 마을 헤이온와이가 그 대표적 모델이다. 이곳은 '책마을'로 유명하지만 단순한 관광지가 아니라, 마을 축제·도서관 운영·커뮤니티 자산 관리 등 핵심 공공사업을 주민 조직과 시민 참여가 주도한다. 지역 서점, 독립 출판사, 예술가, 청년 단체 등이 직접 기획과 운영에 참여하며, 도시 혁신의 결정과 집행이 행정이 아닌 시민 집단의 힘에서 비롯된다. 그 결과 마을 전체가 '집단 창의 실험과 협업의 장'으로 거듭났다.

또 다른 대표 사례로는 세계적으로 유명한 글래스턴베리 페스티벌을 들 수 있다. 이 축제는 단순한 대형 뮤직 페스티벌이 아니라, 지역 주민·예술가·자원봉사자가 행사 설계와 운영에 깊이 관여함으로써 지역 사회의 창의성, 개방적 분위기, 협력적 공동체 문화를 세계에 보여주는 무대가 된다. 축제 준비, 공간 구성, 장식 및 친환경 활동 등 수많은 세부 실천이 시민과 로컬 단체의 손으로 이루어지며, 축제가 끝난 후에도 문화적 자산이 지역에 남는다.

이처럼 시민이 '관람자'가 아니라 '주인공'으로 기획·실행에 참여하는 문화와 시스템은 창의성이 도시 곳곳에 자생적으로 퍼져 나가고, 일상의 공간이 언제든 창의적 실험의 무대로 전환되며, 공동체가 스스로 새로운 가치를 생산해 내는 선순환을 만든다.

이러한 시민 주도 창의 행동은 단순한 참여를 넘어 지역 정체성, 도시 매력, 지속 가능한 혁신의 진정한 기반이 된다. 도시의 창의성은 상상력과 실험 정신, 관용과 다양성, 실패와 도전이 반복되는 '생태적 시스템' 위에서 자란다. 그것은 외부로부터 유치되는 것이 아니라 내부적으로 조성되는 것이다. 매력적인 도시는 창의성을 '모으는 도시'가 아니라, '자라나게 하는 도시'다.

25. '한계'를 디자인하라

제약을 가능성으로 바꾸기

도시는 언제나 다양한 제약과 한계를 안고 있다. 물리적 공간의 한계, 기후와 계절의 제약, 산업 구조와 경제 변화의 제약, 그리고 무엇보다 공동체 해체라는 사회적 한계가 존재한다. 이러한 제약은 때때로 도시를 소멸의 위기로 몰아넣기도 하지만, 동시에 변화와 혁신의 실마리가 되기도 한다. 현대 도시학자들은 바로 이런 한계와 위기가 오히려 '창의적 재생'과 '혁신'을 이끌어내는 기회가 될 수 있다고 주장한다.

에드워드 글레이저는 도시의 규제, 공간 제약, 경제적 한계와 같은 장애물이 창의적 해결책과 새로운 도시 생활 방식을 이끌어내는 자극제가 될 수 있다고 강조했다. 그는 쇠퇴한 도시에서도 적극적 디자인, 정책 실험, 기존 건축물을 새로운 수요에 적합하도록 재사용하는 등의 창의적 시도가 새로운 활력의 시작점이 될 수 있다고 역설한다.

에드워드 소자Edward Soja 또한 도시가 확장하거나 성장하기 어려운 주변부와 쇠퇴하는 지역이 폐쇄적이고 소멸의 공간이 아니라, 새로운 기능과 의미, 사회적 실험의 장으로 재해석될 수 있다고 보았다. 그는 다양한 시대와 기능이 중첩되는 '시간과 공간의 다층성'이 도시 재생의 중요한 자양분임을 강조한다.

찰스 론드리, 리처드 플로리다, 얀 겔Jan Gehl 등도 도시가 지닌 제도적·환경적 제약이야말로 차별화된 창의성과 정체성, 혁신의 원천이 될 수 있음을 지적하며, 공간에 대한 과감한 재해석과 시민 참여, 사회적 실험의 중요성을 강조한다.

최근 급부상하고 있는 '회복 탄력성 도시resilience city' 개념은 각종 재난·위기·환경 변화 등 충격 상황이 발생했을 때 도시의 기본 기능을 신속히 유지·복구하고, 변화에 능동적으로 적응하며, 장래의 불확실성에도 스스로 시스템을 전환·발전시킬 수 있는 역량을 갖춘 도시를 의미한다. 이 개념은 원래 심리학에서 개인이 역경을 극복하는 힘을 뜻하는 용어였으나, 도시 분야에서는 다양한 외부 충격에 도시가 잘 대비하고 회복하며 지속 가능성을 추구하는 운영 원리로 확장되어 사용되고 있다.

특히 코로나19 팬데믹은 도시 공간, 이동 및 교류 방식, 일상적 규범 등 근본적인 도시 시스템 전반에 대대적인 충격을 가했다. 그러나 많은 도시들은 이 위기를 도시 디자인과 정책 코드 자체의 창의적 전환 기회로 삼았다. 파리, 런던, 밀라노 등은 '차 없는 거리' 조성, 임시 야외 영업 허용, 거리 예술, 커뮤니티 도시 농장/가든 등으로 공공 공간의 유연성을 확대하며 위기 속 환경적·사회적 회복력을 강화했다.

이처럼 매력적인 도시는 주어진 한계와 제약, 코로나19 팬데믹과 같은 예기치 못한 위기까지도 회피하기보다, 오히려 이를 창의적 기획과 디자인의 대상으로 삼아 그 한계를 뛰어넘는다. '도시의 제약을 디자인하라'는 전략은 도시가 직면한 환경적·구조적·사회적 조건들을 새로운 자산과 기회로 전환시키는 창의적 실천을 뜻한다.

도시의 한계를 디자인하기 위한 전략

도시의 한계를 디자인하기 위한 구체적인 전략은 다음의 3가지—1. 계절적·기후적 제약을 창의적 경험으로 전환하기, 2. 오래된 산업 유산을 창조적 공간으로 전환하기, 3. 공동체적 한계를 도시 거버넌스로 전환하기—로 요약할 수 있다.

1. 계절적·기후적 제약을 창의적 경험으로 전환하기

많은 도시는 겨울의 추위, 여름의 폭염, 긴 장마철 등 계절과 기후에서 비롯된 다양한 제약에 직면한다. 이는 시민의 야외 활동을 제한하고 도시 공간의 활용도와 상업 활동을 저해할 수 있다. 그러나 이러한 한계는 오히려 도시를 재구성할 수 있는 창의적 동기가 된다.

런던의 '윈터 원더랜드'는 겨울이라는 계절을 도시 경험의 핵심 자원으로 전환한 대표적 사례다. 단순한 일회성 행사를 넘어 도심 하이드파크 전체를 복합문화공간으로 재구성하며, 계절 축제를 도시 브랜드로 발전시켰다.

브리즈번의 사우스 뱅크는 아열대 기후의 무더위와 강수량이 많은 여름이라는 환경적 특징을 도시 창의성의 원천으로 활용했다. 과거 엑스포 부지였던 강변을 오늘날 시민들의 도심 오아시스이자 랜드마크로 탈바꿈시킨 것이다. 대표적으로 인공해변 Street Beach은 실제 백사장, 야자수,

수영장이 어우러진 자연 친화적 수변 공간으로, 시민과 관광객이 연중 도심 한가운데에서 해변을 즐길 수 있도록 했다. 이는 뜨거운 기후와 폭우조차 새로운 야외 여가, 건강 생활, 지역상권 활성화의 기회로 전환한 사례다.

계절적·기후적 제약을 창의적 경험으로 전환하기 위해서는 계절성과 일상성의 결합이 핵심이다. 계절 테마를 시장, 공원, 거리 등 일상 공간과 접목시켜, 평범한 도시 공간이 계절을 담는 무대로 재해석되도록 디자인해야 한다. 예를 들어, 노천카페의 난방 테라스나 야외 공연장의 겨울 마켓은 계절적 특성을 일상적 공간 활용에 창의적으로 결합한 사례라 할 수 있다.

이를 위해서는 공공 공간 설계 기준에서부터 계절성 반영, 기후 적응형 디자인, 이동식 구조물 활용, 계절별 마켓 운영 등을 포괄하는 디자인 가이드라인을 마련하는 것이 중요하다. 이를 통해 계절의 변화가 도시 경험과 지역 경제에 역동적인 활력을 불어넣는 토대가 된다.

2. 오래된 산업 유산을 창조적 공간으로 전환하기

도시의 쇠퇴는 종종 주력 산업의 몰락과 함께 시작된다. 하지만 오래된 산업은 단순히 '사라져야 할 대상'이 아니라, 도시 정체성을 구성하는 핵심 자산이다. 이 산업유산을 창의적으로 재해석하면, 도시 재생을 이끄는 강력한 동력이 될 수 있다.

런던의 배터시 발전소는 산업의 흔적을 보존하면서 새로운 문화·상업 복합공간으로 재탄생한 대표적 사례다. 단순히 외형을 보존하는 데 그치지 않고, 내부 프로그램과 브랜드 전략을 통해 "산업유산이 도시를 다시 움직이게 만드는 경험"을 창출했다.

산업유산은 과거의 노동과 기술, 공동체의 기억을 담고 있다. 이러한 이야기들을 콘텐츠로 재해석할 수 있다면, 과거의 산업은 현재의 문화로 거듭난다. 브리즈번의 하워드 스미스 와프처럼 지역 정체성과 긴밀히 연결된 콘텐츠가 바로 그 핵심이다.

산업유산은 더 이상 '재개발의 대상'이 아니라 '재해석의 대상'으로 바라봐야 한다. 이를 위해 도시계획 단계에서부터 보존 및 활용 계획을 수립하고, 민간 참여형 신탁 모델과 같은 제도적 장치를 마련할 필요가 있다.

오래된 산업유산을 창조적 공간으로 전환하는 전략은 단순한 외형 보존이 아니라, 과거의 이야기와 정체성을 새롭게 해석하고, 시민·방문객·창작자·사업가 모두가 경험하고 참여할 수 있게 만드는 것이다. 정책, 디자인, 운영, 콘텐츠 측면에서 창의적인 보존과 적극적인 활용이 동시에 고려될 때 산업유산은 도시의 내일을 여는 미래 자산이 된다.

3. 공동체적 한계를 도시 거버넌스로 전환하기

도시 재생과 전환 과정에서 가장 큰 걸림돌 중 하나는 공동체의 불신과 해체다. 이를 극복하기 위해서는 무엇보다 '협력'이 필요하다. 도시의 미래는 시민, 상인, 예술가, 투자자 등 다양한 주체가 함께 만드는 협력적 거버넌스에 달려 있으며, 이 거버넌스의 성패가 곧 지속가능한 도시로의 전환을 좌우한다.

런던 보로 마켓은 역사적 전통을 현대적 도시 거버넌스로 발전시킨 대표적인 사례다. 가장 큰 특징은 시장 운영의 핵심 의사결정과 실무 운영에 일반 상인, 인근 주민, 시 행정이 공동으로 참여하는 신탁trust 운영 방식이라는 점이다. 이러한 신탁 운영은 다음과 같은 특징을 지닌다.

- 시장의 소유권과 운영권이 영리 민간기업이 아니라 공공 신탁에 귀속되어, 시장의 이익이 극소수 자본이 아닌 공동체 전체(상인, 지역사회, 방문객, 시청 등)에 환원된다.
- 임대료 정책, 마켓 내 윤리 규정, 신규 브랜드 입점, 공간 개선 등 실무적이고 전략적인 결정을 시장 관리 신탁의 이사회 및 공개 회의에서 공동체가 참여해 토론과 표결을 통해 결정한다.
- 주민, 소상공인, 행정이 정기적으로 협력하며, 시장 활성화와 함께 생활 중심 지역시장의 정체성을 지키고, 젠트리피케이션과 과도한 상업화를 견제한다.

이처럼 신탁 운영은 공동체가 직접적인 책임과 권한을 나누는 거버넌스 구조가 실제로 작동한다는 점이 특징이다.

LA 아트 디스트릭트는 예술가들의 자발적인 공간 활용에서 출발했지만, 이후 제도권과 협력하여 도시계획에 반영되었다. 초기에는 공동체 자율과 창의적 에너지가 핵심이었으나, 시간이 흐르면서 LA 시와 지역 위원회, 민간 기업이 협의체를 구성하여 임대 안정, 공간 지정, 문화 정책 등 예술가 커뮤니티의 요구를 공식적인 지구 단위 계획과 보존 구역 지정 등에 반영했다.

또한 아트 디스트릭트 BID Business Improvement District(비즈니스 개선 지구) 같은 조직이 사업 개발 과정에서 현지 창작자와 주민 간 균형을 조율하고, 공공 미술, 행사 인허가, 공용 공간 배분 등에서 공동체가 실질적인 영향력을 발휘할 수 있도록 했다. 이처럼 창의적 활동이 행정과 연결되려면, 이를 제도적으로 수용할 수 있는 열린 플랫폼이 필요하다.

도시의 재생과 미래는 참여와 책임을 공유하는 공동체적 거버넌스에 달려 있다. 공공 주도 방식에서 벗어나, 다양한 주체가 참여하고 권한을 나누는 분산형 거버넌스를 제도화해야 한다.

런던 보로 마켓의 신탁 모델, LA 아트 디스트릭트의 협력 플랫폼 사례는 실질적인 참여와 권한 분산, 그리고 공식 정책과 창의적 자율성의 결합이 공동체적 한계를 도시 혁신의 원동력으로 전환하는 열쇠임을 보여준다.

주민 참여 예산제, 협동조합형 공간 운영, 공공-민간-커뮤니티 파트너십이 그 시작점이 될 수 있다.

도시의 한계를 디자인하는 전략은 단순한 생존이 아니라, 제약을 창의적 실천의 출발점으로 삼는 사고 전환에서 시작된다. 기후와 계절, 산업의 쇠퇴, 공동체의 해체 등 도시가 직면한 다양한 제약은 외면하거나 회피해야 할 대상이 아니라, 재구성하고 상상력을 발휘할 수 있는 자산이 될 수 있다.

매력적인 도시는 위기를 활용하고, 시민과 자원을 연결하며, 공간에 새로운 의미를 불어넣는다. 도시의 경쟁력은 단순한 확장이나 개발이 아니라, '한계 속 가능성'을 끌어내는 능력에서 나온다. 쇠퇴를 창조로, 제약을 정체성으로 바꿔내는 도시만이 다음 시대의 주인공이 될 수 있다.

맺음말

개발에서 재발견의 시대로

'우리는 왜 어떤 도시에 끌리는가?'
'사람들은 왜 어떤 도시에 정착하고, 또 어떤 도시는 떠나려 할까?'

나는 세계 여러 도시를 다니며 이런 질문을 스스로에게 던졌다. 그리고 사람과 사람 사이의 관계, 오래된 장소가 간직한 기억, 문화와 예술, 주민들의 삶이 쌓아온 흔적들이 도시를 특별하게 만들고, 사람을 머물게 하며, 도시의 정체성을 형성한다는 사실을 확인할 수 있었다.

과거에는 도시의 매력을 웅장한 건축물, 역사적 경관, 아름다운 거리 같은 물리적 자산에서 찾았다. 하지만 오늘날의 도시 매력은 더 이상 눈에 보이는 환경만으로 결정되지 않는다. OECD와 UN 같은 국제기구, 도시 전문가들은 이제 사람 중심의 거버넌스와 주민 참여, 다양한 주체 간 협력, 그리고 경제력, 창의성, 복지, 다양성, 환경적 지속 가능성, 포용성 등 다면적 가치를 핵심 요소로 본다.

즉, 오늘날 매력적인 도시는 단순히 유산을 보존하는 데 그치지 않는다. 그 유산을 새로운 요구와 어떻게 조화시키는가, 주민들이 자산을 어떻게 재발견하고 협력적으로 운영하는가가 더 중요한 기준이 되었다. 도시 매력의 개념은 이제 '겉모습'에서 '삶의 질, 커뮤니티, 민주적 의사 결정과 창의적 재해석'으로 이동했다.

최근 '탈세계화'의 흐름은 이런 변화를 더욱 분명히 드러낸다. 국가 간 경제·문화 교류의 둔화, 자국 우선주의 강화, 글로벌 공급망의 재편은 외부 투자와 대외 경쟁력에 기대 온 성장 전략의 한계를 보여주었다. 이제 도시는 외부 자본만이 아니라 지역 고유의 자산, 생활 유산과 문화적 특색, 공동체의 회복력을 기반으로 살아나야 한다. 위기와 축소의 시대일수록 도시는 자신의 뿌리와 정체성을 재발견하고, 내생적 성장 모델과 시민 참여를 통해 재생해야 한다.

런던의 보로 마켓은 그저 오래된 시장이 아니었다. 상인과 주민들이 함께 참여하고 생활 유산을 새롭게 해석하면서, 시장은 과거의 정체성을 재발견했고 다시 도시를 끌어들이는 힘이 되었다. 브리즈번의 하워드 스미스 와프 역시 버려진 부두와 창고가 지역 크리에이터의 손을 거쳐 로컬 브루어리와 커뮤니티 공간으로 재탄생했다. 그 결과 사람들이 다시 모이고 시간을 보내는 장소가 되었다.

나는 축소 도시의 문제를 단지 인구 감소나 경제 쇠퇴의 문제로만 보지 않는다. 더 근본적으로는 매력을 잃어버린 도시가 사람들에게 선택받지 못하는 현실에 주목해야 한다. 지금 한국의 많은 지방 도시는 '성장'이 아닌 '생존'을 고민하고 있다.

이 책은 바로 그 질문에서 출발했다. 축소되는 도시가 다시 '매력적인 도시'가 될 수 있는가? 그 답은 도시가 가진 자산을 재발견하고, 문화와 커뮤니티, 창의성과 다양성을 통해 다시 살아나는 과정에 있다.

어떤 도시는 사람을 끌어당기고, 또 어떤 도시는 사람을 떠나보낸다. 같은 위기를 겪었지만 어떤 도시는 쇠퇴했고, 어떤 도시는 회복했다. 도시가 매력을 갖는다는 건, 사람들이 그 도시에 머물고, 걷고, 일하고, 다시 돌아오고 싶은 '이유'를 갖게 된다는 뜻이다.

그렇다면, 도시가 매력을 되찾으려면 무엇부터 해야 할까? 나는 다섯 가지 전략으로 답을 정리했다.

첫째, 도시의 매력을 '발견'하라.

도시의 진짜 매력은 늘 눈에 보이는 것이 아니라, 평범한 일상과 잊혀졌던 공간, 그리고 그 안에 켜켜이 쌓인 기억과 이야기에 숨어 있다. 한때 버려졌던 배터시 발전소가 첨단 문화공간과 생활 중심지로 다시 태어났고, 쇠락했던 쇼디치의 골목과 창고들도 예술가와 청년 창업가, 지역 주민의 상상력에 힘입어 새로운 문화와 창의의 무대로 변신했다. 이처럼 '발견'은 그 자체로 도시의 역사를 재해석하고, 보통의 공간을 특별한 장소로 바꾸는 힘이 있다.

둘째, 도시를 '경험'하게 하라.

도시는 단순히 스쳐 지나가는 공간이 아니라 머물며 체험하고 소통하는 장소여야 한다. '소셔블 시티 Sociable City' 개념처럼, 진정으로 매력적인 도시는 다양한 사람들이 거리와 광장, 시장, 공공장소에서 자연스럽게 교류하고, 서로의 문화를 경험하며, 새로운 이야기를 만들어가는 살아 있는 무대가 된다. 이러한 경험은 단순한 소비에 그치지 않고, 지역 기반 경제의 순환과 활성화로 이어져야 한다. 지역 브랜드와 로컬 푸드, 공유 공간, 커뮤니티 기반 소매점, 마켓, 지역 창작자와 협업 프로젝트는 경험을 '지역의 가치'와 직접 연결한다.

셋째, 도시를 '함께 만들어가게' 하라.

헤이온와이의 책마을이 가능했던 것은 주민들의 자발적인 참여와 기획, 그리고 공동의 상상력 덕분이었다. 이처럼 시민과 기업, 행정이 협업하는 거버넌스 플랫폼, 시민 공모사업과 같은 제도가 도시의 매력을 자라게 하는 토대가 된다. 도시의 매력은 전문가나 공무원이 아닌, 시민과 창작자, 활동가의 손에서 만들어진다. 만약 이러한 참여와 협력이 부족하다면 도시는 소수만을 위한 공간, 일부 계층만을 만족시키는 인클로저 enclosure의 장이 되고 만다. 진정 매력적인 도시란 '함께 만드는 과정'에서 힘이 생기고, 그 안에서 다양한 주체가 공존하며 공간을 재해석할 수 있을 때 비로소 지속 가능해진다.

넷째, 도시의 창의성을 '자라나게' 하라.

도시의 창의성은 우연히 싹트지 않는다. 창의적 인재와 시도는 이를 뒷받침하는 조건과 생태계가 마련되어 있을 때 힘을 얻는다. 샌프란시스코와 실리콘밸리는 단지 기업 수만이 아니라, 자유롭게 아이디어를 공유할 수 있는 오픈 네트워크, 실패를 탓하지 않고 시도를 장려하는 문화, 공유 오피스와 창작 스튜디오, 스타트업 지원센터, 그리고 혁신을 촉진하는 정책 환경 덕분에 세계적인 창의 도시로 성장할 수 있었다. 진정한 도시의 창의성은 대도시나 첨단 산업만이 아니라, 지역 커뮤니티의 자생적 역량과 지자체의 적극적인 뒷받침에서 비롯된다.

다섯째, 도시의 '한계'를 디자인하라.

도시는 계절, 인구, 산업, 공간 등 다양한 제약과 한계를 안고 있다. 그러나 진정한 매력은 오히려 이 한계를 창의적으로 받아들이고, 도시 고유의 색깔로 전환하는 과정에서 탄생한다. 런던의 윈터 원더랜드는 추운 겨울이라는 계절적 한계를 역으로 활용해 공원을 계절형 축제 공간으로 탈바꿈시켰다. 브리즈번의 사우스 뱅크 역시 한때 산업 부지와 강변의 제약이라는 한계를 커뮤니티, 예술, 문화 행사, 야외 수영장과 공공광장 등 계절에 특화된 '복합문화공간'으로 재설계해, 시민과 관광객 모두가 사계절 내내 즐길 수 있는 대표적 명소로 변화시켰다. 또한 헤이온와이와 같은 작은 농촌 마을은 규모와 인구, 산업 기반의 한계를 문화적 자산으로 전환한 모범사례다.

이 다섯 가지 전략은 거창한 개발 계획이 아니라 시민의 참여, 지역 자산, 그리고 일상의 재발견에서 출발한다. 도시의 매력은 결국 그 도시만의 이야기, 사람, 장소, 경험에서 비롯된다.

이제는 개발이 아니라, 재발견의 시대다.
당신의 도시에서, 그 매력은 어디에 숨어 있는가?

미주

1부. 사라지는 사람들, 무너지는 도시

1　에드워드 글레이저, 《도시의 승리Triumph of the City》, 2012, p. 2.

2부. 매력적인 도시는 어떻게 만들어지는가

1　London Post, 2024; World Cities Culture Forum, 2024
2　Lords Library, 2025
3　Greater London Authority, 2023
4　Heart of London Business Alliance, 2022
5　King's Cross Central Limited Partnership.(n.d.)
6　Bridgett et al., 2022; Urban Land Institute, 2025
7　Wandsworth Council, 2019
8　Battersea Power Station Development Company. (n.d.)
9　Battersea Power Station Development Company. (n.d.), World Construction Network, 2024
10　ArchiDaily, 2017; Camden Highline, 2024
11　Camden Highline, 2024
12　Camden council, 2022
13　Camden Highline, 2024
14　Heathrow Airport Limited, 2024; Greater London Authority, 2024
15　Transport for London, 2024
16　Transport for London, 2024
17　Bliss, 2021; Willsher, 2020
18　OECD, 2020
19　Florida & Rodriguez-Pose, 2022; Goodman & McKinley, 2021
20　City of New York, 2023; Office of the New York City Comptroller, 2024
21　World Bank, Competitive Cities for Jobs and Growth, 2015, p.128.

22 European Commission, European Urban Charter, 2010, p. 36
23 Jacobs, 1961; Yuen, 2021; Zipp, 2019
24 Greenwich Village, n.d.
25 Kumar, 2017; Seamon, 2019
26 Shen and Feiyang, 2020; Wendt, 2009
27 Brueckner, 2001; Shen and Feiyang, 2020
28 DeLisle and Grissom, 2018; Fincher, 2016
29 Strata, n.d.; Grant, 2002
30 City of Toronto, 2022; HistoricPlaces.ca., n.d; Gooderham Building, n.d.
31 Angotti, 2005; Greater London Authority, 2003; NYC Department of City Planning, 2023
32 Marshall, 2005; Sung and Lee, 2015
33 Contexts, 2015; Lonely Planet, 2024; Time Out, 2024
34 Dinardi, 2015; Parizeau, 2023
35 Cohen, 2016; White, 2013
36 Historic Districts Council,(n.d.)
37 King, 2013; Steil and Delgado, 2019
38 Bond and Kearns, 2011; Joseph, 2006; Monk and Tang, 2011
39 박영문, 2021; 최성은, 2024
40 양준석, 2020; 이재민, 2020
41 이태리 외, 2020; 신기동, 유민지, 2020; 한국부동산원, 2025
42 문새하, 2024; 세종특별자치시×충청지방통계청, 2022; 최성은, 2023
43 김정완, 2021; 이호준, 임병호, 2018; 변은주 외, 2025
44 박명호, 2010; 이지경, 2010; 신기동, 2012
45 Kang, 2012;신기동,유민지, 2020; 최윤상, 2022
46 김규원, 2013; 박소현, 2019; 이주경, 2020; DCOP, 2018; OECD, 2021; Sabouri, et al., 2021
47 련등 외, 2018; 이주영, 2020
48 박수빈, 2022; 이주현, 2016. 이희택, 2017
49 DCOP, 2021; Sayin, 2024
50 D.C. Policy Center, 2021; 2023
51 The US Census Bureau

52 김지나, 2017)
53 District of Columbia, 2009; Freemark, Y. et al., 2022
54 Klinenberg, 2024; New York City Department of Transportation, 2014; Sharp, 2023
55 D.C. Department of Transportation, 2024; Lazo, 2022
56 대한민국 정책브리핑, 2017; 세종특별자치시, 2024
57 이재림, 2017
58 김재중, 2016; 나인문, 2022
59 Florida, 2002; Malanga, 2004
60 Mercer, 2017; Peeck-Ho, 2021; Reighmayr, 2025
61 Saxenian, 1994
62 Bay Area Council Economic Institute, 2019; Shunina, 2024; Saxenian, 1994
63 Silicon Valley, 2025
64 Saxenian, 1994
65 출처: 50 best startups
66 Kolakowski, 2022
67 Travel and Tour World, 2025
68 Florida, 2017; Metcalf, 2015; Rosen & Sullivan, 2014; Stein, 2019

3부. 쇠락에서 부활까지, 세계 도시의 재창조 프로젝트

1 Brisbane Economic Development Agency, 2024
2 Brisbane City Council, 2025; Tourism and Events Queensland, 2023
3 South Bank Corporation, 2024
4 South Bank Corporation, 2024; South Bank Parklands, 2024; The Urban Developer, 2022
5 Visit Brisbane, 2024
6 Brisbane City Council, 2014
7 Brisbane City Council, 2014; 2024a
8 Brisbanedevelopment.com.au.(n.d.); Hutchinson Builders.(n.d.)
9 Spice News, 2017; The Urban Developer, 2014

10 Brews News, 2018a, 2018b
11 Brews News, 2018a, 2018b
12 BEDA, 2025; PIA, 2020
13 Rose, 2024
14 Woodstock Festival, 2024
15 BBC Travel, 2023; The Guardian, 2023
16 Wikipedia, "History of Christmas in England", n.a.
17 Wikipedia, "Hyde Park Winter Wonderland", n.a.
18 IMG, "Hyde Park Winter Wonderland", n.a.
19 IMG, "Hyde Park Winter Wonderland", n.a.
20 Hyde Park Winter Wonderland, 2025; Hyde Park Winter Wonderland, n.a.; Londontopia, 2021
21 Shoreditch, n.a.
22 최영숙, 이선영, 2017
23 Hackney Council, 2024
24 Avila, 2004; Soja, 2000; 2014
25 Los Angeles Philharmonic Association, n.d.
26 Darchen, 2016
27 Darchen, 2016
28 Hamidi, 2020; LA Conservancy, 2013; Nelson, 2007
29 Hamidi, 2020; LA Conservancy, 2013; Nelson, 2007
30 Los Angeles City Planning Department, 2024; Urbanize LA, 2024
31 Hamidi, 2020; Malot Chantry, 2021
32 Barragan, 2014; LA Weekly 2015
33 Tunali, 2021
34 Hay-on-Wye, n.d.; Hay-on-Wye Tourist Information Bureau, n.d.
35 Flood, 2019; Frank, 2019
36 Hay-on-Wye, n.d.
37 Hay Festival, n.d.
38 이치키 고이치로, 《로컬 리노베이션》, 2024, P17
39 조달호, 2012
40 이현정, 안영수, 여관현, 2021

41 Borough Market, n.d; Swan London, 2024
42 Greater London authority, 2017
43 Borough Market, n.d.
44 British Heritage, 2018; London Evening Standard, 2019; Rowe, 2015
45 Everts, Jackson and Juraschek, 2021; Gonzalez and Dawson, 2018
46 Borough Market, n.d.; Gonzalez and Dawson, 2018
47 Peterson, 2020; Vincent, 2017
48 Peterson, 2020; Vincent, 2017
49 Groves, 1989; Los Angeles Department of City Planning, 2019; The Planning Report, 2000; McGreevy, 2002
50 Avison, 2025; Lee and Hossain, 2019; Pfeiffer et al., 2018
51 Burchell et al., 2005; Duany, Speck and Lydon, 2010; Ewing and Burchell, 2000
52 Los Angeles Department of City Planning, 2019
53 Mitchell, 1993
54 Los Angeles Philharmonic, n.d.
55 O'Malley, 2018; Pacific Coast Architecture Database, 2013
56 O'Malley, 2018
57 O'Malley, 2018; Pacific Coast Architecture Database, 201; The Planning Report, 2014
58 LAist, 2024; Vicent, 2017
59 Bisnow, 2019; LAist, 2024; Vicent, 2017
60 Katz, 2016
61 Botel, 2024
62 Botel, 2024; Katz, 2016; Marketplace, 2023
63 Katz, 2016; Marketplace, 2023
64 Woocher, 2019
65 Katz, 2016; Hays, 2016
66 Gonzalez and Dawson, 2018
67 Brown, 2017; Hyslop,2012; Tate, 2001
68 Wandsworth Borough Council, 2019
69 Wikipedia contributors, 2025
70 National Grid, 2024; Wandsworth Borough Council, 2019; Wikipedia

contributors, 2025
71 Wandsworth Borough Council, 2019; Wikipedia contributors, 2025
72 Battersea Power Station Development Company, n.d.; BBC News, 2012; Greater London Authority, 2012
73 Battersea Power Station Development Company, n.d.; BBC News, 2012; Greater London Authority, 2012; Smith & Lee, 2016
74 Battersea Power Station Development Company, n.d.; BBC News, 2012; Greater London Authority, 2012
75 Battersea Power Station Development Company, n.d.
76 Battersea Power Station Development Company, 2021; 2023
77 Wandsworth Council & Stantec UK, 2024
78 Clancy, 2021; Dines & Cattell, 2010; Vijay, 2018
79 Dines & Cattell, 2010
80 Vijay(2018)
81 Clancy(2021)
82 Brisbane City Council, n.d.; Brisbane Powerhouse, n.d.
83 Brisbane City Council, n.d.
84 Swanbank Power Station, n.d.
85 Brisbane City Council, n.d.; Brisbane Powerhouse, n.d.
86 Brisbane City Council, 2024b; Brisbane Powerhouse Pty Ltd, 2024
87 Brisbane City Council, 2024b
88 Brisbane City Council, 2024b.
89 Brisbane City Council, 2024b
90 Brisbane Powerhouse, n.d.; Brisbane City Council, 2016; Heritage Council Victoria, 2019
91 Brisbane Powerhouse, n.d.; Innes, 2023
92 Forbes et al., 1994; Innes, 2023; Roy, 2000; Rumble, 2023
93 Brisbane Powerhouse, n.d.; Brisbane City Council, 2016; Heritage Council Victoria, 2019
94 Brisbane City Council, 2018; Brisbane Powerhouse, n.d.; Queensland Government, 2022
95 Brisbane City Council, 2023; Brisbane Powerhouse Pty Ltd, 2024

96　1 AUD @ 877 KRW (2023년 6월 30일 기준)
97　Brisbane Powerhouse Pty Ltd, 2023
98　Brisbane City Council, 2023; Brisbane Powerhouse Pty Ltd, 2024
99　Brisbane Economic Development Agency, 2024
100　Brisbane Powerhouse, n.d.; Hatherley, 2018; Innes, 2023; Kornel, 2021
101　Brisbane Powerhouse, n.d.; Hatherley, 2018; Innes, 2023; Kornel, 2021
102　Brisbane City Council, 2023; Brisbane Economic Development Agency, 2024
103　Iotti 등, 2015
104　Iotti 등, 2015
105　Grodach, 2017; Rollman, 2024
106　Rollman(2024)
107　Grodach(2017)

참고문헌

1. 국문

- 김정완. (2021). 세종시의 수도권 과밀 해소와 국토균형발전 효과에 대한 평가: 인구와 부가가치를 중심으로. 정책개발연구, 21(2): 41-76.
- 김홍석, 권대영, 최상원. (2021). 지방인구 감소에 대한 대응전략 연구. 국회예산정책처.
- 남슬기. (2022). 영국의 산업유산 활용과 성과-런던 배터시발전소를 중심으로. 한국역사연구회, 98:123-150.
- 련등, 최재혁, 이시영. (2018). 가로공간 보행증진을 위한 보행만족도 평가- 행정중심복합도시1지구 상업·주거지역을 대상으로-. 한국조경학회지, 46(1): 115-126.
- 민보경, 변미리. (2017). 서울인구는 어떻게 이동하고 있는가? 전출입이동의 공간 분석과 유형화. 서울도시연구, 18(4): 85-102.
- 문화체육관광부·한국국제문화교류진흥원KOFICE. (2025). 2025 해외한류실태조사. 한국국제문화교류진흥원
- 박명호. (2010). 세종시 수정논란의 진행과정에서 나타난 대통령제의 특성에 관한 시론. 사회과학연구, 17(2): 95-120.
- 박소현. (2019). Living Sejong, Reading Sejong: Question After One Year 2. VMspace. https://vmspace.com/eng/report/report_view.html?base_seq=NjMy
- 변은주, 이지민, 이수기. (2025). 세종시 인구이동의 시공간적 특성과 권역별 영향 요인분석: 중력모형을 활용한 상호작용 효과를 중심으로. 한국지역학회지, 41(1): 49-64.
- 양준석. (2020). 세종시 출범의 고용효과에 관한 연구. 대전세종연구원.
- 양준석. (2024). 세종시 출범이 지역고용에 미치는 효과. 지방행정연구, 38(3): 149-174.
- 이지경. (2010). 국토균형발전과 지방분권을 위한 발전전략: 세종시 원안과 수정안 논쟁현황을 중심으로. 지방정치연구, 13(2): 45-68.
- 이재민. (2020). 세종시 문화콘텐츠산업 실태조사 및 육성방안. 대전세종연구원.
- 이주경. (2020). 세종시 도시설계지침으로 구현된 도시 공간의 개방·공유성 분석. 서울대학교 박사학위 논문.
- 이현정, 안영수, 여관현. (2021). 서울시 전통시장 변화의 영향요인 탐색과 정책적 함의. 서울도시연구, 22(4), 23-42. 서울연구원.
- 이찬영. (2018). 인구유출입 결정요인 분석. 산업경제연구, 31(2): 707-729.

- 이치키 고이치로. (2017). 아타미의 거리 활성화: 소멸 위기 온천마을의 기적(김현정 역). 앨피. (원서 출판 2015)
- 이호준, 임병호. (2018). 세종시 건설에 따른 수도권 인구 분산 효과 분석. 한국지역개발학회지, 30(1):47-66.
- 이태리, 조정희, 장요한, 최진도, 유승동, 주승민. (2020). 4차 산업혁명 시대의 상업용 부동산 수요 및 이용행태 변화 연구. 국토연구원.
- 앨런 말라흐 지음, 김현정 옮김. (2024). 〈축소되는 세계: 인구도, 도시도, 경제도, 미래도, 지금 세계는 모든 것이 축소되고 있다〉, 사이.
- 마스다 히로야 지음, 김정환 옮김. (2015). 〈지방소멸: 인구감소로 연쇄붕괴하는 도시와 지방의 생존전략〉, 와이즈베리.
- 문새하. (2024). 지방자치단체의 청년정책이 청년인구 유출 감소에 미치는 영향에 관한 연구. 한국지방행정학보, 38(2): 45-67.
- 문화체육관광부·한국국제문화교류진흥원KOFICE. (2025). 2025 해외한류실태조사. 한국국제문화교류진흥원.
- 서울특별시. (2020). 서울-지역 협력강화 과제 발굴을 위한 청년 지역 격차 실태조사 보고서. 서울:서울특별시.
- 신기동. (2012). 세종시 건설에 대한 검토와 대안의 모색. 국토계획, 47(5): 463-476.
- 신기동, 유민지. (2020). 서울시 저이용 상업·업무 공간의 현황과 활용에 관한 연구. 부동산분석, 7(3): 185-202.
- 세종특별자치시·충청지방통계청. (2022). 2022년 세종시 청년사회경제실태조사.
- 조달호. (2012). 서울시 전통시장 현황 및 활성화 방안. 서울시정개발연구원.
- 한국부동산원. (2025). 상업용 부동산 임대동향 조사(2024년 4분기).
- 최영숙, 이선영. (2017). 도시재생과 커뮤니티 기반 조직의 역할: 런던 쇼디치 트러스트를 중심으로. 국토연구, 93, 43-59.
- 최성은. (2023). 세종시 출범 10년에 따른 지역 인구변화 진단을 위한 상생협력 연구: 충청지방통계청과의 협동연구 사례. 대전세종연구원.

2. 영문

- Angotti, T. (2005). Up-Zoning New York City's Mixed Use Neighborhoods: Property-Led Economic Development and the Anatomy of a Planning Dilemma.

- *Journal of Planning Education and Research*, 24(4), 379-393.
- Avila, E. (2004). *Popular Culture in the Age of White Flight: Fear and Fantasy in Suburban Los Angeles*. University of California Press.
- Avison Young. (2025). *Millennials and Re-Urbanization of the City – Closer to the core: Millennials' preference for amenities and connections reshaping communities in the U.S.* https://www.avisonyoung.com/example-report-url
- Battersea Power Station Development Company. (2021). *Positive Energy: Economic, Social and Environmental Benefits of the* Redevelopment *of Battersea.*
- Battersea Power Station Development Company. (2023). *Generating Opportunities: Local Employment Agreement Annual Report 2022/23.*
- Bay Area Council Economic Institute. (2019). *The Bay Area Innovation System.* https://www.bayareaeconomy.org/files/pdf/BayAreaInnovationSystem2019.pdf
- Bond, L., Sautkina, E., & Kearns, A. (2011). Mixed messages about mixed tenure: Do reviews tell the real story? *Housing Studies*, 26(1), 69-94.
- Borough Market (n.d.). *Trustees and senior management.* Retrieved June 27, 2025, from https://boroughmarket.org.uk/trustees-senior-management/
- Brisbane City Council. (2014). *City Centre Master Plan.* https://www.bganz.org.au/assets/uploads/2017/05/20150212-_city_botanic_gardens_master_plan.pdf
- Brisbane City Council. (2016). *The vision for Brisbane.* https://iwa-network.org/wp-content/uploads/2016/12/FINALCWS-Approved-by-Brisbane-City-Council.pdf
- Brisbane City Council. (2018). *Creative Brisbane Creative Economy Strategy.* https://www.brisbane.qld.gov.au/sites/default/files/20191126%20-%20Creative%20Brisbane%20Creative%20Economy%20Strategy.PDF
- Brisbane City Council. (2023). *Creative Brisbane Creative Economy Strategy.* https://www.brisbane.qld.gov.au/content/dam/brisbanecitycouncil/corpwebsite/about-council/documents/creative-brisbane-creative-economy.pdf.coredownload.pdf
- Brisbane City Council. (2024a). *Brisbane. Clean, Green, Sustainable. Brisbane.* Brisbane City Council.
- Brisbane City Council. (2024b). *Inner city planning and urban renewal.* https://www.brisbane.qld.gov.au/building-and-planning/planning-and-design/inner-city-planning-urban-renewal
- Brisbane Economic Development Agency. (2024). *State of the City Report.* https://

beda.brisbane.qld.au/news-and-events/state-of-the-city-launch
- Brisbane Powerhouse Pty Ltd. (2023). *Night Feast 2023 impact summary*. Brisbane Powerhouse. https://brisbanepowerhouse.org/night-feast-impact-summary-2023
- Brisbane Powerhouse Pty Ltd. (2024). *Directors' report and auditor's report for the year ended 30 June 2024*. https://docs.brisbane.qld.gov.au/Council%20and%20Committees/2024/10-October/29%20October%202024/Council/Tabled%20document%204.pdf
- Brueckner, J. K. (2000). Urban sprawl: Lessons from urban economics. *Urban Affairs Review*, 36(2), 65–97. https://doi.org/10.1353/urb.2001.0003
- 50 best startups to work for in San Francisco, CA 2025. (2025, May 25). *Built In*. https://builtin.com/awards/san-francisco/2025/best-startup-places-to-work
- Burchell, R. W., Downs, L. A., Mukherji, S., & Galley, M. C. (2005). *Smart growth in a changing world*. APA Planners Press.
- Camden Council (2022) *Camden Highline Masterplan*. London: Camden Council.
- City of New York. (2023) *New York City's economic recovery*. https://www.nyc.gov/assets/operations/downloads/pdf/mmr2023/economic_recovery.pdf
- City of Toronto. (2022). *St. Lawrence Neighbourhood Heritage Conservation District Plan*. https://www.toronto.ca/wp-content/uploads/2022/08/8efb-city-planning-st-lawrence-neighbourhood-hcd.pdf
- Clancy, I. (2021). *The community of Battersea in the shadows of an icon* [Undergraduate dissertation, Ravensbourne University London]
- Cohen, S. (2016). Greenwich Village. In Oxford Research Encyclopedia of American History. Oxford University Press.
- Council of Europe (2023) *European Urban Charter III: Urban living in the era of transformations*. Congress of Local and Regional Authorities. https://rm.coe.int/cg-gov-2023-1-04-european-urban-charter-iii-en/1680aa8a9d
- Darchen, S. (2016). Regeneration and networks in the Arts District (Los Angeles): Rethinking governance models in the production of urbanity. *Urban Studies*, 54(15), 3615–3635.
- DC Department of Transportation. (2024) *Open Streets DC*. https://openstreets.dc.gov/
- DeLisle, J. R., & Grissom, T. V. (2018). *An empirical study of the efficacy of mixed-use development – The Seattle experience*. NAIOP Research Foundation. https://www.naiop.org/research-and-publications/research-reports/research-reports/an-empirical-

study-of-the-efficacy-of-mixed-use-development-the-seattle-experience/
- Dinardi, C. (2015). Urban Imaginaries and City Branding in Buenos Aires: Creative City Policy and its Discontents. *Urban Studies*, 52(14), 2616–2632.
- Dines, N., & Cattell, V. (2010). Place – material and the urban imaginary. In *Public spaces, social relations and well-being in East London* (Chapter 3). University of East London.
- District of Columbia Office of Planning (2009) *Pedestrian Master Plan*. Government of the District of Columbia.
- District of Columbia Office of Planning (2018) *District of Columbia public space activation & stewardship guide*. Government of the District of Columbia.
- District of Columbia Office of Planning (2021) *Land use element. In The Comprehensive Plan for the National Capital: District Elements (Chapter 3)*. Government of the District of Columbia. https://planning.dc.gov/sites/default/files/dc/sites/op/publication/attachments/03-LU.pdf
- D.C. Policy Center (2021, November 23) *Is mixed-use the future of downtown D.C.?* https://www.dcpolicycenter.org/publications/mixed-use-future-downtown-dc/
- D.C. Policy Center (2024, March 8) *Labor force participation in the District of Columbia: Six key facts you need to know*. https://www.dcpolicycenter.org/publications/labor-force-participation-in-the-district-of-columbia-six-key-facts-you-need-to-know/
- Duany, A., Speck, J., & Lydon, M. (2010). *The smart growth manual*. McGraw-Hill.
- European Commission (2006) *Thematic strategy on the urban environment* (COM(2005) 718 final). https://eur-lex.europa.eu/legal-content/EN/TXT/?uri=celex%3A52005DC0718
- Everts, J., Jackson, P., & Juraschek, K. A. (2021). The socio-material practices of the transformation of urban food markets: Economic diversification, traditionalisation, and technological innovation. *Area*, 53(2), 389–397. https://doi.org/10.1111/area.12707
- Ewing, R., & Burchell, R. W. (Eds.). (2000). *Smart growth: Form and consequences*. Lincoln Institute of Land Policy.
- Finn, J., & Frew, M. (2014). Glastonbury: Managing the mystification of festivity. *Leisure Studies*, 33(4), 418–433. https://doi.org/10.1080/02614367.2013.863898
- Florida, R. (2002) *The rise of the creative class: And how its transforming work, leisure, community and everyday life*. New York: Basic Books
- Florida, R. (2017) *The new urban crisis: How our cities are increasing inequality,*

deepening segregation, and failing the middle class – and what we can do about it. New York: Basic Books
- Florida, R., & Rodríguez-Pose, A. (2022) Cities in a Post-COVID World. *Urban Studies*, 59(1), 3–24.
- Freemark, Y., Gwam, P., & Noble, O. (2022) *Redefining walkability: Examining equity and creating safer streets for all in DC.* Urban Institute. https://www.urban.org/research/publication/redefining-walkability
- Glaeser, E. (2011) *Triumph of the city: How our greatest invention makes us richer, smarter, greener, healthier, and happier.* New York: Penguin Press.
- González, S., & Dawson, G. (2018). Resisting gentrification in traditional public markets: Lessons from London. In S. González (Ed.), *Contested markets, contested cities: Gentrification and urban justice in retail spaces* (pp. 54–71). Routledge.
- Greater London Authority. (2003). *Mixed Use Development and Affordable Housing Study.* London: Greater London Authority.
- Greater London Authority. (2012). *Battersea Power Station planning report*. London: Greater London Authority.
- Greater London Authority. (2017). *Understanding London's Markets.* London: Greater London Authority.
- Greater London Authority (2024, July). *Transport for London.* London: Greater London Authority.
- Grodach, C. (2017). *Urban cultural policy and creative city making.* Monash University. https://www.monash.edu/__data/assets/pdf_file/0007/2974444/Grodach-CC-Making.pdf
- Hackney Council. (2024). *Future Shoreditch Area Action Plan* (Draft). https://hackney.gov.uk/future-shoreditch/
- Hamidi, E. (2020). Visualizing Narratives of Art as Gentrification in the "Artwashing" of Boyle Heights. *Berkeley Undergraduate Journal, 34*(1).
- Hatherley, A. (2018). Urban regeneration and gentrification in Brisbane's inner suburbs: A case study of New Farm and Teneriffe. *Journal of Urban History, 44*(3), 547–568.
- Heathrow Airport Limited. (2024) *Heathrow: The UK's Gateway to the World.* https://www.heathrow.com/company/company-news-and-information/company-information
- Hyslop, D. (2012). Culture, regeneration and community. *Gateways: International Journal of Community Research and Engagement, 5,* 158–170.

- Jacobs, J. (1961) *The Death and Life of Great American Cities*. New York: Random House.
- Kang, J. (2012) *A Study on the future sustainability of Sejong, South Korea's new administrative city*. Master's thesis, Uppsala University.
- Kotler, P., & Kotler, M. (2013) *Market your way to growth: 8 ways to win*. Hoboken, NJ: John Wiley & Sons.
- Kumar, R. (2017). "Jane Jacobs Geographies of Place – Jacob's Special Lens on the City". *International Journal of Humanities Social Sciences and Education (IJHSSE)*, 4(10), 1-7.
- Landry, C. (2008) *The creative city: A toolkit for urban innovators (2nd ed.)*. London: Routledge.
- LA Conservancy. (2013). *The Arts District*. LA Conservancy.
- Lee, Y., Lee, B., & Hossain, S. M. T. (2019). Urban revival by Millennials? Intraurban net migration patterns of young adults, 1980–2010. *Journal of Regional Science*, 59(2), 269–291.
- Lederman, J. (2015). Creative, sustainable, and competitive city policies in Buenos Aires. *City & Community*, 14(1), 47–70. https://doi.org/10.1111/cico.12095
- Lonely Planet (2024) *Buenos Aires City Guide(10th ed.)*. London: Lonely Planet
- Iotti, A.-S., Steele, W., Sipe, N., & Dodson, J. (2015). *Greater Brisbane: Housing Displacement in Australian Cities: A Brisbane Case-Study*. State of Australian Cities Conference.
- Malot Chantry, J. Z. (2021). *Contested spaces and artistic places – The aestheticization of wall space in LA's Arts District* (Master's thesis, University of California, Los Angeles).
- Marshall, S. (2005) *Streets and Patterns*. London: Spon Press.
- Mercer, K. (2017) *Hippieland: Bohemian space and countercultural place in San Francisco's Haight-Ashbury Neighborhood*. Master's thesis, University of Central Florida.
- Metcalf, G. (2015) Sand Castles before the tide? Affordable housing in expensive cities. *Journal of Economic Perspectives*, 29(4): 77-98.
- Monk, S., Clarke, A., & Tang, C. P. Y. (2011). *Mixed communities: Literature review*. Cambridge Centre for Housing and Planning Research, University of Cambridge.
- Mori Memorial Foundation, Institute for Urban Strategies. (2024). *Global Power City Index 2024. Mori Memorial Foundation*. https://mori-m-foundation.or.jp/english/ius2/gpci2/index.shtml
- New York City Department of Transportation. (2014, November). *Protected bicycle*

lanes in NYC. https://www.nyc.gov/html/dot/downloads/pdf/2014-11-bicycle-path-data-analysis.pdf
- NYC Department of City Planning. (2023). *Atlantic Avenue Mixed-Use Plan: Community Priorities Report.* https://www.nyc.gov/assets/planning/download/pdf/plans-studies/atlantic-avenue-mixed-use/2023-community-prioritites-report-final.pdf
- OECD. (2020) *The Governance of Land Use in France: The Case of Paris.* OECD Publishing.
- OECD (2021) Perspectives on decentralisation and rural urban linkages in Korea. Paris: OECD Publishing.
- OECD (2022) *Measuring the attractiveness of regions (OECD Regional Development Papers, No.27).* Paris: OECD Publishing. https://doi.org/10.1787/cc2921e6-en
- Office of the New York City Comptroller. (2024). *NYC's shifting population: The latest statistics.* https://www.osc.ny.gov/files/reports/osdc/pdf/report-15-2024.pdf
- Peeck-Ho, C. (2021) The negotiation of belonging in San Francisco's public space: Discursive constructions of sanctuary cities. *New Diversities,* 23(1): 67-83.
- Pfeiffer, D., Pearthree, G., & Ehlenz, M. (2018). *Cementing Millennials Downtown: Expressions and Impacts.* Rice University and Kinder Institute for Urban Research.
- Phillips, J., Robert, F., Monteith, R., Brooks, M., Youdan, S., Duckett, M., & Eckhart, T. (2024). B*attersea Power Station – regeneration of an icon.* Proceedings of the Institution of Civil Engineers - Civil Engineering.
- Porter, M. (1990) *The competitive advantage of nations.* New York: Free Press.
- Queensland Government. (2022). *Creative Together 2020–2030: A 10-Year Roadmap for arts, culture and creativity in Queensland.* https://www.arts.qld.gov.au/creative-together
- Reich, D. T. (2019) *Transportation is more than traffic: Measuring the impact of development on walkability.* D.C. Policy Center. https://www.dcpolicycenter.org/publications/measuring-impact-development-walkability/
- Reithmayr, M. (2025) The invention of gay community in San Francisco, 1960-1970. *The Historical Journal,* Published online 2025:1-21. doi:10.1017/S0018246X24000621.
- Resonance Consultancy (2023) *World's Best Cities Report 2024. Resonance Consultancy.* https://www.bestcities.org/reports/worlds-best-cities/
- Rollman, L. (2024). Creative city: Interrogating the influence of property. *Journal of Urban Affairs,* 46(2), 123–145.
- Rosen, G. and Sullivan, D. M. (2014) The impact of Airbnb on San Francisco. *Urban*

- *Studies*, 51(15): 3297-3316.
- Sabouri, S., Hamidi, S. and Ewing, R. (2021) Evaluating Citizens' Vitality Rate Based on Physical and Activity Components in Creating Citizen Vitality. *Journal of Urban Management*, 10(2): 123–138.
- Saxenian, A. (1994) *Regional advantage: Culture and competition in Silicon Valley and Route 128*. Cambridge, MA: Harvard University Press
- Sayin, Y. (2024, January 9*) The future of Downtown and the future of D.C. are inseparable*. D.C. Policy Center. https://www.dcpolicycenter.org/publications/the-future-of-downtown-tesimony-2024/
- Sinkienė, J., & Kromalcas, S. (2010) Concept, directions and practice of city attractiveness improvement. *Public Policy and Administration*. 31, 147-154.
- Shen, Q., & Sun, F. (2020). *What makes mixed-use development economically desirable?* (Working Paper WP20QS1). Lincoln Institute of Land Policy. https://www.lincolninst.edu/publications/working-papers/what-makes-mixed-use-development-economically-desirable
- Soja, E. W. (2000). *Postmetropolis: Critical Studies of Cities and Regions*. Blackwell.
- Soja, E. W. (2014). *My Los Angeles: From Urban Restructuring to Regional Urbanization*. University of California Press.
- South Bank Corporation. (2024). Future South Bank Master Plan. https://southbankcorporation.com.au/cmsb/uploads/future_south_bank_master_plan_final_2024.pdf
- South Bank Parklands. (2024). In Wikipedia. https://en.wikipedia.org/wiki/South_Bank_Parklands
- Steil, J. & Delgado, L. (2019). Limits of Diversity: Jane Jacobs, the Just City, and Anti-Subordination. *Cities: The International Journal of Urban Policy and Planning*, 91: 39-48.
- Stein, S. (2019) *Capital city: Gentrification and the real estate state*. London/New York: Verson.
- Sung, H., & Lee, S. (2015). Residential Built Environment and Walking Activity: Empirical Evidence of Jane Jacobs' Urban Design Theory. *Cities*, 44: 28-39.
- Time Out (2024) *The 50 Best Cities in the World*. London: Time Out.
- Transport for London (2024) *2024 Business Plan. Transport for London*.
- Tunali, T. (Ed.). (2021). *Art and gentrification in the changing neoliberal landscape*. Routledge.
- Vijay, A. (2018). Dissipating the political: Battersea Power Station and the temporal

aesthetics of development. *Open Cultural Studies*, 2(1): 611–625.
- Wandsworth Borough Council. (2019). *History of Battersea Power Station*.
- Wandsworth Council & Stantec UK. (2024). *Nine Elms Battersea Development Infrastructure Requirements Refresh*.
- Wendt, M. (2009). The importance of Death and Life of Great American Cities (1961) by Jane Jacobs. *New Visions for Public Affairs*, 1: 15–26.
- White, Christopher. (2013). *Greenwich Village: A Guide to America's Legendary Left Bank*. New Brunswick: Rutgers University Press.
- World Bank Group. (2015). *Competitive cities for jobs and growth: What, who, and how*. Washington, DC: World Bank. https://hdl.handle.net/10986/23727
- World Bank & UNESCO. (2021). *Cities, culture, creativity: Leveraging culture & creativity for sustainable urban development & inclusive growth*. https://documents.worldbank.org/en/publication/documents-reports/documentdetail/104121621556036559/cities-culture-creativity-leveraging-culture-and-creativity-for-sustainable-urban-development-and-inclusive-growth
- Yuen, B. (2021). Revisiting Jane Jacobs's Urban Complexity in Global Sustainability Discourse. *Architecture_MPS*, 19(3): 1-16.
- Zipp, S. (2019). Jane Jacobs Geographies of Place – Jacob's Special Lens on the City. *International Journal of Humanities Social Sciences and Education*, 6(9): 33-41.

3. 미디어

국문

- 김규원. (2013, 3월 3일). 새도시 세종시의 실패: 한겨레 프리즘. 한겨레신문. https://www.hani.co.kr/arti/opinion/column/576315.html
- 김지나. (2017, 4월 14일). 최초의 특별자치시 세종시의 변화는 현재진행형. 시사저널. https:// Angotti, T. . Up-Zoning New York City's Mixed Use Neighborhoods: Property-Led Economic Development and the Anatomy of a Planning Dilemma. Journal of Planning Education and Research, 24(4), 379-393. 2005.www.sisajournal.com/news/articleView.html?idxno=167585
- 김재중. (2016, 3월 25일). 무채색의 세종시가 아름다운 이유. 세종포스트. https://www.

sjpost.co.kr/news/articleView.html?idxno=11750
- 나인문. (2022, 4월 14일). 1조3천억 들인 세종청사, 겉멋만 부린 비효율의 극치. 중부매일. https://www.jbnews.com/news/articleView.html?idxno=1358954
- 대한민국 정책브리핑. (2017, 6월 21일). 세종시 보행환경 개선···안전·편리하게. 대한민국 정책브리핑. https://www.korea.kr/news/interviewView.do?newsId=148838342
- 박영문. (2021, 6월 8일). 중앙행정기관 과반 세종 이전··· 효율성 향상 명분 충분. 대전일보. https://www.daejonilbo.com/news/articleView.html?idxno=1474782
- 박수빈. (2022, 8월 25일). 세종시 관광 정책, 리셋이 필요하다. 굿모닝충청. https://www.goodmorningcc.com/news/articleView.html?idxno=275016
- 박소현. (2019). Living Sejong, Reading Sejong: Question after one year 2. Space. https://vmspace.com/eng/report/report_view.html?base_seq=NjMy
- 이윤수. (2016, 1월 22일). "하나만 낳자"에서 "셋이 행복하게"로 – 산아정책 흑역사. 동아일보. https://www.donga.com/news/Culture/article/all/20160122/76062447/1
- 이주현. (2016, 11월 18일). 갈길 먼 세종시 문화 인프라. 세종경제뉴스. https://www.seenews365.com/news/articleView.html?idxno=9531
- 이재림. (2017, 5월 21일). 세종신도시는 건축박물관··· 특화사업 이어진다. 연합뉴스. https://www.yna.co.kr/view/AKR20170519108051063
- 이희택. (2017, 10월 9일). 세종시민 문화×예술욕구는 최고, 인프라는 최악. 세종포스트. https://www.sjpost.co.kr/news/articleView.html?idxno=21169
- 서울특별시. (2025, 3월 10일). 내 손안에 서울: 1월 서울 외국인 관광객, 코로나19 전보다 늘었다 [보도자료]. 내 손안에 서울. https://mediahub.seoul.go.kr/archives/2013686
- 서울경제. (2023, 7월 12일). 서울 다신 안 가··· 대만 여대생이 꼽은 10가지 이유는. 서울경제. https://www.sedaily.com/NewsView/29S3OCYXI5
- 세종특별자치시. (2024). 2040년 세종도시기본계획. https://www.sejong.go.kr/thumbnail/depart/2024%EB%85%84_%EC%84%B8%EC%A2%85%EB%8F%84%EC%8B%9C%EA%B8%B0%EB%B3%B8%EA%B3%84%ED%9A%8D_%EC%B5%9C%EC%A2%85.pdf
- 최윤상. (2022, 9월 14일). 널리 세상을 이롭게, 세종특별자치시 10년을 돌아보다. 서울시립대신문. https://press.uos.ac.kr/news/articleView.html?idxno=13317
- 최성은. (2024, 4월 26일). 행복이 이어지는 도시 세종, 어떻게 만들어 가야 할까? 세종시정소식지. https://news.sejong.go.kr/news/articleView.html?idxno=3891

영문

- ArchDaily. (2017, May 23). London to follow in New York's footsteps with Camden High Line. ArchDaily. https://www.archdaily.com/871770/london-to-follow-in-new-yorks-footsteps-with-camden-high-lin
- Barragan, B. (2014, July 30). Arts District's changing landscape is worrisome to longtime residents. Los Angeles Times.
- Battersea Power Station Development Company. (n.d.). The Masterplan - Battersea Power Station. https://batterseapowerstation.co.uk/about/building-battersea-the-masterplan/
- Battersea Power Station Development Company. (n.d.). History & regeneration. https://batterseapowerstation.co.uk/history-regeneration/
- BBC News (2022, December 12). London tourism faces winter challenges as cold snap disrupts travel. https://www.bbc.com/news/uk-england-london-63947320
- BBC (2023, January 19). Camden Highline walkway plans approved by council. BBC News. https://www.bbc.com/news/uk-england-london-64323340
- BBC Travel (2023, December 15). Europe's best Christmas markets: London vs Vienna, Munich, and Cologne. https://www.bbc.com/travel/article/20231215-europes-best-christmas-markets-london-vienna-munich-cologne
- BBC News. (2012, July 4). Battersea Power Station sold to Malaysian consortium. https://www.bbc.com/news/business-18700230
- Bisnow. (2019, September 11). Cultural Heritage Commission Approves Making LA's Grand Central Market a Historic Cultural Monument. https://www.bisnow.com/los-angeles/news/mixed-use/cultural-heritage-commission-to-consider-las-grand-central-market-a-historic-cultural-monument-98510
- Bliss, L. (2021, May 4). Paris Mayor's plan to make the city 100% cyclable. Bloomberg CityLab. https://www.bloomberg.com/news/articles/2021-05-04/paris-mayor-s-plan-to-make-the-city-100-cyclable
- Botel, M. (2024, January 4). How Grand Central Market has evolved over the years. LAist. https://laist.com/news/food/las-original-food-hall-how-grand-central-market-has-evolved-over-the-years
- Borough Market. (n.d.). Our story. Retrieved June 26, 2025, from https://boroughmarket.org.uk/our-story/ 1

- Brews News (2018a, June 19). Brisbane's Howard Smith Wharves unveils Felons Brewing. https://brewsnews.com.au/brisbanes-howard-smith-wharves-unveils-felons-brewing/
- Brews News (2018b, November 21). Felons opens on Brisbane waterfront. https://brewsnews.com.au/felons-opens-on-brisbane-waterfront/
- Bridgett, S., Leeman, T., & Breach, A. (2022, October 10). Learning from King's Cross Regeneration. Centre for Cities. https://www.centreforcities.org/reader/making-places/learning-from-kings-cross-regeneration/
- Brisbane City Council. (n.d.). Brisbane Powerhouse: A power station fueled by culture. https://www.brisbane.qld.gov.au/about-council/your-brisbane/things-to-do-and-see/art-and-culture/brisbane-powerhouse-a-power-station-fuelled-by-culture
- Brisbane City Council. (2016). Urban Renewal Brisbane: 20 Year Celebrations. Retrieved July 16, 2025, from https://www.scribd.com/document/330391123/UrbanRenewal-20yearMagazine-BRISBAN
- Brisbane City Council (2025). Brisbane. Clean, Green, Sustainable - Summary. https://www.brisbane.qld.gov.au/content/dam/brisbanecitycouncil/corpwebsite/about-council/documents/brisbane-clean-green-sustainable-summary.pdf.coredownload.pdf
- Brisbanedevelopment.com.au. (n.d.) Howard Smith Wharves to Inject Life into River Edge. Retrieved June 15, 2025, from https://brisbanedevelopment.com.au/howard-smith-wharves/
- Brisbane Economic Development Agency (2024) Our Work: Destination Marketing. https://beda.brisbane.qld.au/our-work/destination-marketing
- Brisbane Economic Development Agency (2025, March 17) Brisbane drives visitor economy recovery with bold tourism campaign. https://beda.brisbane.qld.au/news-and-events/brisbane-drives-visitor-economy-recovery-with-bold-tourism-campaign
Brisbane Powerhouse. (n.d.). Our story. https://brisbanepowerhouse.org/our-story
- British Heritage. (2018, June 26). Reinventing Borough Market. https://britishheritage.com/reinventing-borough-market
- Brown, M. (2017, September 19). Tate Modern hit a record 6.4 million visitors thanks to new extension. Evening Standard. https://www.standard.co.uk/culture/tate-modern-reports-record-visitor-numbers-of-6-4-million-thanks-to-new-extension

-a3637286.html
- Camden Highline. (2024, October 16) In Wikipedia. Retrieved June 4, 2025, from https://en.wikipedia.org/wiki/Camden_Highline
- Fincher, R. (2016, November 24). Reinventing density: Bridging the live-work divide. The Conversation. https://theconversation.com/reinventing-density-bridging-the-live-work-divide-66406
- Flood, A. (2019, August 20). Richard Booth, self-declared king of Hay-on-Wye, dies aged 80. The Guardian. https://www.theguardian.com/books/2019/aug/20/richard-booth-hay-on-wye-king-dies
- Forbes, A., Dabrowski, J., & Mansfield, R. (1994). Tranceplant 1994 Event & Tranceplant History Project. ARI Remix. https://ariremix.com.au/tranceplant-1994-event-tranceplant-history-project-brisbane-powerhouse/
- Frank, J. (2019, September 13). Essay: The King of Hay-on-Wye. The London Magazine. https://thelondonmagazine.org/essay-the-king-of-hay-on-wye/
- Frearson, A. (2021, February 16) New York High Line designers to create Camden Highline. Dezeen. https://www.dezeen.com/2021/02/16/camden-highline-james-corner-field-operations-vppr-architects-new-york-high-line/
- Goodman, J. D., & McKinley, J. C. (2021, May 16) New York's Pandemic Exodus Was Temporary, Data Suggest. The New York Times. https://www.nytimes.com/2021/05/16/nyregion/nyc-population-census.html
- Government of the District of Columbia Government. (2021, April 26). 2020 Census data shows DC's population growth nearly tripled compared to previous decade. https://dc.gov/release/2020-census-data-shows-dcs-population-growth-nearly-tripled-compared-previous-decade
- Grant, J. (2002). The limits of mixed use: Can industry and housing be combined? Dalhousie University. http://theoryandpractice.planning.dal.ca/_pdf/suburbs/working_papers/limits_mixeduse.pdf
- Greater London Authority. (2023. June 21). The culture sector and creative industries in London and beyond: A focus on levelling up, provision, engagement and funding. https://www.london.gov.uk/business-and-economy-publications/culture-sector-and-creative-industries-london-and-beyond-focus-levelling-provision-engagement

- Hay Festival. (n.d.). Hay Festival. https://www.hayfestival.com/
- Hay-on-Wye. (n.d.). Hay-on-Wye – The Official Website. https://www.hay-on-wye.co.uk
- Hay-on-Wye. (n.d.). In Wikipedia, The Free Encyclopedia. Retrieved June 26, 2025, from https://en.wikipedia.org/wiki/Hay-on-Wye
- Hay-on-Wye Tourist Information Bureau. (n.d.). A brief history of Hay-on-Wye. Retrieved from https://www.hay-on-wye.co.uk/tourism/history
- Hays, R. (2016, September 17). Vendors sue Grand Central Market, say gentrification caused lease terminations. ABC7. https://abc7.com/asian-american-gentrification-grand-central-market-lawsuit-racism/1515813/
- Heathrow Airport Limited. (2024, September 12). Heathrow crowned the most connected airport in the world for the second year running. Heathrow Media Centre. https://mediacentre.heathrow.com/pressrelease/detail/20739
- Heart of London Business Alliance. (2022) West End's creative economy: Economic impact report. https://www.heartoflondonbid.london/creative-economy-report
- Historic Districts Council. (n.d.). Greenwich Village. Retrieved June 9, 2025, from https://hdc.org/neighborhoods/greenwich-village/
- HistoricPlaces.ca. (n.d.). Gooderham Building. Retrieved June 8, 2025, from https://www.historicplaces.ca/en/rep-reg/place-lieu.aspx?id=8311
- How immigrant fuels London's cultural and economic growth. (2024. October 16). London Post. Retrieved June 2, 2025, from https://www.londonpost.co.uk/how-immigration-fuels-londons-cultural-and-economic-growth
- How Waymo's autonomous ride-hailing services are shaping San Francisco's tourism sector, fueling economic growth and enhancing visitor transportation. (2025, March 21) Travel and Tour World. https://www.travelandtourworld.com/news/article/how-waymos-autonomous-ride-hailing-services-are-shaping-san-franciscos-tourism-sector-fueling-economic-growth-and-enhancing-visitor-transportation/
- Hutchinson Builders. (n.d.). Howard Smith Wharves / Hutchies. Retrieved June 15, 2025, from https://www.hutchinsonbuilders.com.au/projects/hospitality-and-tourism/howard-smith-wharves
- Hyde Park Winter Wonderland (2025) "About Us and The Experience." https://hydeparkwinterwonderland.com/about/

- Hyde Park Winter Wonderland. (n.d.). In Wikipedia. Retrieved June 26, 2025, from https://en.wikipedia.org/wiki/Hyde_Park_Winter_Wonderland
- Greenwich Village. (n.d.). In Wikipedia. Retrieved June 26, 2025, from https://en.wikipedia.org/wiki/Greenwich_Village
- Gooderham Building. (n.d.). In Wikipedia. Retrieved June 26, 2025, from https://en.wikipedia.org/wiki/Gooderham_Building
- IMG. "Hyde Park Winter Wonderland." n.a. https://www.img.com/culture/portfolio/properties/hyde-park-winter-wonderland
- Innes, M. (2023, June 4). Tranceplant – The cultural revolution that transformed Brisbane Powerhouse into a world-class arts space. scenestr. https://scenestr.com.au/music/tranceplant-the-cultural-revolution-that-transformed-brisbane-powerhouse-into-a-world-class-arts-space-20210506
- Katz, J. (2016, October). Inside the Gentrification of Grand Central Market. Los Angeles Magazine. https://lamag.com/news/grand-central-market-gentrification
- King, K. (2013). Jane Jacobs and "The Need for Aged Buildings": Neighborhood Historical Development Pace and Community Social Relations. Urban Studies, 50(12), 2407-2425. https://pmc.ncbi.nlm.nih.gov/articles/PMC3808089/
- King's Cross Central Limited Partnership.(n.d.). About the development. King's Cross. https://www.kingscross.co.uk/about-the-development
- Klinenberg, E. (2024, June 26) The secret ingredient: Safe, pedestrian-friendly Streets. Vital City. Retrieved May 18, 2025, from https://www.vitalcitynyc.org/articles/the-secret-ingredient-safe-pedestrian-friendly-streets
- Kolakowski, N. (2022, April 1). Waymo's San Francisco self-driving tests highlights engineers' work. Dice. https://www.dice.com/career-advice/waymos-san-francisco-self-driving-tests-highlights-engineers-work
- Kornel, I. (2021, June 23). From rags to riches: How this Brisbane suburb became an upmarket favourite. Domain. https://www.domain.com.au/news/from-rags-to-riches-how-this-brisbane-suburb-became-an-up-market-favourite-1062168/
- LAist. (2024, January 4). How Grand Central Market Has Evolved Over The Years. https://laist.com/news/food/las-original-food-hall-how-grand-central-market-has-evolved-over-the-years
- Lazo, L. (2022, October 6). D.C. to expand Open Streets program, closing more

- roads to cars. The Washington Post. https://www.washingtonpost.com/transportation/2022/10/06/dc-open-streets-program/
- Londontopia. (2021, November 15) A brief history and overview of Hyde Park Winter Wonderland. https://londontopia.net/christmas/a-brief-history-and-overview-of-hyde-park-winter-wonderland/
- London Evening Standard. (2019, November 20). Everything you need to know about The Borough Market Kitchen. https://www.standard.co.uk/going-out/restaurants/the-borough-market-kitchen-traders-street-food-restaurants-a4287616.html
- Los Angeles Business Journal. (1999, April 18). Case study: Grand Central Market. https://labusinessjournal.com/news/case-study-5/
- Los Angeles Philharmonic Association. (n.d.). Walt Disney Concert Hall History. Retrieved June 23, 2025, from https://www.laphil.com/about/our-venues/walt-disney-concert-hall/history
- LA Weekly. (2015, March 17). Here's a map of L.A's most gentrified neighborhoods. LA Weekly.
- Malanga, S. (2004, Winter). The curse of the creative class. City Journal. https://www.city-journal.org/html/curse-creative-class-12496.html
- Marketplace. (2023, September 11). Feeding gentrification. https://www.marketplace.org/2023/09/11/feeding-gentrification/
- McGreevy, P. (2002, September 11). Ira Yellin, 62; Civic leader and longtime champion of the city's historic core. Los Angeles Times. https://www.latimes.com/archives/la-xpm-2002-sep-11-me-yellin11-story.html
- Mitchell, J. (1993, April 26). Rebuild L.A. after the riots: What worked, what didn't. Los Angeles Times. https://www.latimes.com/archives/la-xpm-1993-04-26-me-27049-story.html
- National Grid. (2024). The history of energy in the UK. https://www.nationalgrid.com/stories/energy-explained/history-of-energy-UK
- Nelson, V. J. (2007, July 14). Joel Bloom, 59; activist helped shape the arts district in L.A. Los Angeles Times.
- O'Brien, O. (2015, December 8). The Camden High Line. Urban/Rural. https://oobrien.com/2015/12/the-camden-high-line/
- O'Malley, S. (2018, March 14). Adele Yellin. AGEIST. https://www.ageist.com/

- profile/adele-yellin/
- Pacific Coast Architecture Database. (2013). Grand Central Market, Downtown, Los Angeles, CA. University of Washington. https://pcad.lib.washington.edu/building/1467/
- Peterson, L. K. (2020, July 8). How L.A.'s historic Grand Central Market is handling its reopening. Los Angeles Times. https://www.latimes.com/food/story/2020-07-08/grand-central-market-downtown-los-angeles-reopening
- Planning Institute of Australia. (2020). Revitalisation of Howard Smith Wharves Brisbane City Council – National Judges' Citation. https://www.planning.org.au/piashop/award-winners/revitalisation-of-howard-smith-wharves-brisbane-city-council
- Rose, E. (2024, June 24). Glastonbury Festival – From the Beginning to the Current Day – A History Through the Years. Rose Calendars. https://www.rosecalendars.co.uk/news/glastonbury-festival-from-the-beginning-to-the-current-day-a-history-through-the-years/
- Rowe, A. (2015, September 29). International food the focus of London's Borough Market. The Boston Globe. https://www.bostonglobe.com/lifestyle/food-dining/2015 09/29/international-food-focus-london-borough-market/Pi2mOypp9XYI7IyP2waNgO/story.html
- Roy, P. (2000). Funk and Functionality. Architecture Australia. https://architectureau.com/articles/funk-and-functionality/
- Rumble, J. (2023, June 4). Tranceplant – The cultural revolution that transformed Brisbane Powerhouse into a world-class arts space. Scenestr. https://scenestr.com.au/music/tranceplant-the-cultural-revolution-that-transformed-brisbane-powerhouse-into-a-world-class-arts-space-20210506
- Seamon, D. (2019, October 5). A phenomenological reading of Jane Jacobs' Death and Life of Great American Cities. Mediapolis: A Journal of Cities and Culture. https://www.mediapolisjournal.com/2019/10/phenomenological-reading-jane-jacobs/
- Sharp, S. (2023, March 20). Pedestrian-friendly makeover of Broadway begins between Madison Square and Herald Square. Urbanize NYC.
- Shoreditch. (n.d.). In Wikipedia. Retrieved June 26, 2025, from https://en.wikipedia.org/wiki/Shoreditch
- Shunina, D. (2024, May 23). A culture of innovation: Inside the Bay Area's thriving

- tech scene. Forbes. Retrieved June 9, 2025, from https://www.forbes.com/sites/dariashunina/2024/05/23/a-culture-of-innovation-inside-the-bay-areas-thriving-tech-scene/
- Silicon Valley. (2025, May 27). In Wikipedia. https://en.wikipedia.org/w/index.php?title=Silicon_Valley&oldid=XXXXX
- Spice News. (2017, May 29). Howard Smith Wharves rejuvenation begins. Retrieved June 15, 2025, from https://www.spicenews.com.au/hotel-venue-news/howard-smith-wharves-rejuvenation-begins/
- Strata. (n.d.). The rise of mixed-use developments in the GTA. Retrieved June 8, 2025, from https://strata.ca/blog/the-rise-of-mixed-use-developments-in-the-gta
- Swan London. (2024, October 31). The history of Borough Market: London's oldest food haven. https://swanlondon.co.uk/the-history-of-borough-market/
- Swanbank Power Station. (n.d.). In *Wikipedia*. Retrieved July 15, 2025, from https://en.wikipedia.org/wiki/Swanbank_Power_Station
- Tate. (2001, May 1). The economic impact of Tate Modern [Press release]. https://www.tate.org.uk/press/press-releases/economic-impact-tate-modern
- The death of Detroit: how Motor City crumbled in the 90s – in pictures. (2015, February 11). The Guardian. https://www.theguardian.com/artanddesign/gallery/2015/feb/11/the-death-of-detroit-how-motor-city-crumbled-in-the-90s-in-pictures on 3. 24. 2025
- The Guardian. (2022, December 19). Heavy snow and travel chaos hit London ahead of Christmas. https://www.theguardian.com/uk-news/2022/dec/19/london-snow-travel-chaos-christmas
- The Guardian. (2023, December 10). London's Christmas markets: Festive, but can't beat Germany's tradition. https://www.theguardian.com/travel/2023/dec/10/london-christmas-markets-vs-germany
- The Planning Report. (2000, June 2). Ira Yellin champions a revitalized downtown and worries about tapped-out L.A. CRA. https://www.planningreport.com/2000/06 02/ira-yellin-champions-revitalized-downtown-and-worries-about-tapped-out-la-cra
- The Planning Report. (2014, April 11). Adele Yellin: Reinvesting in Grand Central Market and Revitalizing LA's Historic Broadway. https://www.planningreport.com/2014/04/11/adele-yellin-reinvesting-grand-central-market-and-revitalizing-la-s-

historic-broadway
- The Urban Developer. (2014, October 22). Brisbane's Historic Howard Smith Wharves Gets Luxury Upgrade. Retrieved June 15, 2025, from https://www.theurbandeveloper.com/articles/brisbanes-historic-howard-smith-wharves-gets-luxury-upgrade
- The Urban Developer. (2022, November 2). Parks up, roads cut under South Bank evolution. https://www.theurbandeveloper.com/articles/south-bank-brisbane-master-plan-redevelopment-olympics
- Tourism and Events Queensland. (2023). Visitor Economy 2031 – Vision for the Brisbane Region. https://teq.queensland.com/content/dam/teq/corporate/corporate-searchable-assets/industry/strategies/destination-strategies/2031_BNE_Visitor_Economy_Guide.pdf
- U.S. Census Bureau. (2022, March 24). New York City's population declined by over 300,000 during the pandemic. U.S. Census Bureau. https://www.census.gov/newsroom/press-releases/2022/population-changes-nation.html
- Vincent, R. (2017, November 1). Downtown's historic Grand Central Market is sold to a local investor. Los Angeles Times. https://www.latimes.com/business/realestate/la-fi-grand-central-market-sold-20171101-story.html
- Visit Brisbane. (2024). About South Bank. https://visit.brisbane.qld.au/places-to-go/inner-city/south-bank/about-south-bank
- Wandsworth Council. (2019, June 10). History of Battersea Power Station. https://www.wandsworth.gov.uk/business-and-licensing/regeneration-projects/nine-elms/history-of-battersea-power-station/
- Wikipedia contributors. (2025, July 3). Battersea Power Station. In Wikipedia, The Free Encyclopedia. https://en.wikipedia.org/wiki/Battersea_Power_Station
- Willsher, K. (2020, June 28). Anne Hidalgo re-elected as Paris mayor with plans for greener city. The Guardian. https://www.theguardian.com/world/2020/jun/28/anne-hidalgo-reelected-paris-mayor-greener-city
- Woocher, J. (2019, October 16). This map shows how LA politicians have created a city for the rich. Knock LA. https://knock-la.com/this-map-shows-how-la-politicians-have-created-a-city-for-the-rich-5f7f8b3c1f60/
- Woodstock Festival. (2024). In Encyclopaedia Britannica. https://www.britannica.com/event/Woodstock

- World Construction Network. (2024, May 3). Battersea Power Station Redevelopment, London, United Kingdom. https://www.worldconstructionnetwork.com/projects/battersea-power-station-redevelopment-london/

소멸하지 않는 도시

축소의 시대, 세계 도시들은 어떻게 다시 살아났는가

초판 인쇄　2025년 11월 5일
초판 발행　2025년 11월 15일

지은이　경신원
펴낸이　이소영
디자인　studio fttg

펴낸곳　투래빗
주소　서울 도봉구 방학로3길 13, 3층
전화　070-4506-4534
팩스　050-4360-6780
이메일　2rbbook@gmail.com

© 경신원, 2025

ISBN　979-11-995283-0-7 03300

· 이 책 내용의 전부 또는 일부를 재사용하려면
　반드시 저작권자와 투래빗 양측의 동의를 받아야 합니다.
· 인쇄·제작 및 유통상의 파본 도서는 구입하신 서점에서 바꿔드립니다.